财经新闻写作

鲁小艳　张　璐 / 主编

中国纺织出版社有限公司

图书在版编目 (CIP) 数据

财经新闻写作 / 鲁小艳，张璐主编 . -- 北京：中国纺织出版社有限公司，2023.11
ISBN 978-7-5229-1122-9

Ⅰ . ①财… Ⅱ . ①鲁… ②张… Ⅲ . ①经济—新闻写作 Ⅳ . ① G212.2

中国国家版本馆 CIP 数据核字 (2023) 第 194706 号

责任编辑：郭婷　　责任校对：魏晨晨　　责任印制：储志伟

中国纺织出版社有限公司出版发行
地址：北京市朝阳区百子湾东里 A407 号楼　邮政编码：100124
销售电话：010—67004422　传真：010—87155801
http://www.c-textilep.com
中国纺织出版社天猫旗舰店
官方微博 http://weibo.com/2119887771
三河市宏盛印务有限公司印刷　各地新华书店经销
2023 年 11 月第 1 版第 1 次印刷
开本：787×1092　1/16　印张：12.25
字数：270 千字　定价：98.00 元

前言 PREFACE

随着互联网的出现，国内外经济信息的更新和传递速度发生了巨大变化。在各种形式的新闻报道中，作为一个被大众所接受和关注的重要窗口，财经新闻正日益引起人们的注意。

在经济全球化的背景下，财经新闻在媒体报道中的比重逐渐增加，国内外媒体也越来越重视财经新闻报道。为了满足受众的需求，帮助学习者快速掌握财经类新闻的写作要点，本书根据中国受众的实际情况，参考国际国内主流财经新闻报道的相关著作，介绍了财经新闻报道的基本文本框架和思维逻辑。本书的词汇范围较广，对财经新闻报道的概念、新闻写作的基本规律进行了较为详尽的论述，包括专题、财经新闻、电子传媒等，对财经新闻写作的各个方面进行了较为系统的整理。时代在不断发展，撰写者也要与时俱进。为了使受众更明确地理解本书所表达的内容，笔者在撰写过程中不断收集新闻中的各类财经资讯，找出有价值的信息点，活用经济术语，对写作题材、写作要点、访谈要点等进行了全面的分析和解释。

本书共分十二章，第一章为财经新闻概述，第二章为财经新闻的报道特色，第三章为财经新闻的发展与现状，第四章为财经新闻工作者的职业素养，第五章为财经新闻的写作特点，第六章为财经新闻的写作语言，第七章为财经新闻的写作题材，第八章为财经新闻写作的角度与界限，第九章为财经新闻写作的采访与特写，第十章为财经新闻的传播媒介，第十一章为财经调查性报道写作，第十二章为大数据下的财经新闻写作。

本书综合了大量的文献资料和工作实践，分析了财经新闻在采访和写作中的具体观点，可帮助读者提升财经新闻的采访与写作技巧。一方面，根据财经新闻写作的特征，读者逐步提升自身专业知识与写作能力，并对经典的财经新闻作品进行深度剖析，探索和把握财经新闻写作的内在规律；另一方面，读者可更好地利用新闻传播的相关知识和技术，通过传统纸媒和新媒体的形式向受众提供更多、更准确、更完善的资讯。

主　编

2023 年 4 月

目录
CONTENTS

第一章　财经新闻概述

第一节　什么是财经新闻

一、财经新闻的定义

（一）财经的定义

要定义什么是财经新闻，我们必须首先理解什么是“财经”。

一般来说，“财经”可以拆分成“财”和“经”。“财”是指财政、金融；“经”是指经济。经济是一个大家熟悉的概念，它通常指的是所有的民生活动，《现代汉语词典》（第7版）中的解释是：“财政和经济的合称。”“财经”是随着国家的出现而产生的一种经济管理手段，属于一种政府行为，其定义是“政府部门对资产收支的管理活动”。金融是现代经济生活的核心，涉及资本的流动。具体来说，它指的是经济活动，如货币的发行、流通和提取，贷款的发行和回收，存款和提取，交换交易和证券交易。从概念的延伸来看，经济明显大于金融，并且金融只是经济的一个方面。

此外，从金融（finance）和经济（economy）的英语词汇中，我们也可以大致看出两者之间的区别和联系。事实上，经济领域中存在着细分与一体化的关系，金融的内涵更接近于现代经济。因为它更多地涉及现代经济的核心内容，如证券、银行和保险等复杂的业务形式和领域。相对而言，经济则更接近于传统的经济学范畴，是一个比金融更为广泛的整体经济概念。

在中国，“财经”的概念最初是狭义的，即“财政与经济”，根据马克思列宁主义的基本原理，财政与经济的关系可以归纳为：经济决定财政，财政影响经济。随着我国经济体制改革的逐步深入，社会经济范围越来越大，活动越来越频繁。宏观经济的发展与人民的日常生活息息相关，在这样的大环境下，大众对财经的内涵理解更加宽泛。金融经济学逐渐摆脱了狭隘的范畴，开始指代一切与经济有关的行为、活动和现象，包括宏观意义上的货币政策和金融手段、中观企业经营和产业动态，甚至是相对微观的个人金融行为。从这个意义上讲，金融和经济、商业和经济已经成为可以同时使用的词语。

（二）财经新闻的定义

对于财经新闻，无论是国内国外，在业界学术界，并没有一个统一的概念或公认的定义。

财经新闻是相对于社会新闻、娱乐新闻、体育新闻、法律新闻等范畴而言的专业新闻。它是随着资本市场的兴起而出现的，是市场经济发展到一定阶段的产物。随着经济的发展，人民与经济的联系日益密切，从国家战略到柴米油盐，人们的日常生活都离不开经济。因此，其受众面和影响度相对较大。

财经新闻有两类：一类是广义的，另一类是狭义的。广义的财经新闻，又称“泛经济新闻”，它涵盖了社会经济和经济生活各个方面，从宏观到微观，从生产到消费，从经济工作到政治，从社会生产到发展，从城市到乡村；而狭义的财经新闻，主要集中于资本市场、金融市场以及与其相关的要素市场，包括中国金融行业的专业金融市场。在整个经济和社会发展过程中，财经新闻必然扮演着一个重要的角色，并且它在经济活动中不断地发展和完善，并不断地充实它的内容。

（三）国内对于财经新闻的关注

曾任中国人民大学博士生导师的蓝鸿文教授认为，财经新闻应该从广义上理解：在经济活动中，生产、流通、消费等环节产生的一切有关财经信息的内容，都可以定义为财经新闻。

《人民日报》前副主编周瑞金认为，财务报道与新闻改革密切相关，它实际上是经济报道。他认为：“金融和经济不能只狭义地被理解为财经领域的报告，在市场经济体制改革的历史新阶段，财务报告必须被视为具有新特点的经济报告。”财经新闻是一种新的新闻报道方式。它旨在建立市场经济体制，注重培育生产要素市场，尤其是资本市场。

复旦大学新闻学院教授李本谦将财经新闻定义为：报道经济活动、经济现象和经济发展的最新事实和情况决策。它涵盖了广泛的象征性资产，在现代经济生活中发挥着越来越重要的作用，如货币、股票、期货等。

整个市场格局都属于财经新闻的视野。上述解释实质上是对广义财经新闻的解读，对财经新闻的外延和内涵做出了更准确的界定。尤其是李本谦教授的解释更为详细，并指出了财经新闻和经济新闻之间的微妙区别。一般来说，经济新闻通常指更传统的经济活动领域（如工业、农业、商业等）的报道。这些报道往往站在政府和管理者的立场上，着重反映经济建设的成就、问题和经验教训，报道的视野和角度相对狭窄。而财经新闻是随着市场经济的发展而产生的，它从诞生之初就对市场的变化十分敏感，着重于对市场中各个主体的行为、它们之间的关系、博弈进行研究，并对新闻事件进行深度的剖析和趋势的判断，力求将各种错综复杂的关系呈现给受众，为人们的决策和行为提供参考。因此，本书所讨论的财经新闻（有时称为“财经报道”）在大多数情况下是指广义的财经新闻，或者可以称为“大财经新闻”，涵盖了社会经济生活和经济相关的所有领域和各个方面。

二、财经新闻的发展

（一）诞生

按照物质形态可以将经济划分为“实体经济”和“虚拟经济”。随着世界经济一体化的不断深入，经济虚拟化的趋势逐渐显现，虚拟经济逐渐从实体经济中脱离，独立发展，虚拟经济与实体经济之间的关系相互分离，构成了一个二元的市场格局。虚拟经济规范的定义是：“指货币的发行、流通和回笼，贷款的发放和收回，存款的存入和提取，汇兑的往来等经济活动。”而现在通行的说法是：“市场经济从本质上讲就是一种发达的货币信用经济或金融经济，它的运行表现为价值流导向实物流，货币资金运动导向物质资源运动。”所以产生了一种说法：“金融在现代经济中的核心地位。”但是必须指出的是：科技研发和实体产业才是经济发展坚实的基础；没有实业基础的虚拟金融市场，是玩不转的。虽然其当前经济总量很小，财政也主要是“吃饭财政”，但其涉及国家行政体系运行和社会经济整体发展，也包括货币发行管理等。

财经新闻是人们最直接的获取信息的途径，在大数据、信息化社会中，财经新闻的传播将对虚拟经济和实体经济产生重大的影响。英国汤森路透（Thomson Reuters）环球版主编史进德称，现代财经新闻是一种“生命的报道”。20 世纪 70 年代，美国石油价格不断上涨，通货膨胀加剧，老百姓对货币的保值问题也越来越关注，于是财经新闻应运而生。员工可以将其税前所得的一部分存起来或者投入股票债券中，直到他们到退休年龄才能取出，这一举措进一步激发了美国人对金融的重视，使得财经新闻得以首先在美国蓬勃发展。

（二）高校发展

此后 30 余年间，财经与新闻的融合在中国浅尝辄止，并没有取得实质性的突破。进入新时代以来，高校新文科建设成为高校改革创新的重要举措，也是以财经类新闻学科为代表的新闻学学科建设的新要求。《新文科建设宣言》提出，要明确新文科的总体目标，强化价值引领，促进专业优化、夯实课程体系、推动模式创新、打造质量文化。

自从 1998 年中央财经大学率先开设了新闻学专业后，各大财经院校陆续开设了新闻学专业，其中，财经新闻曾是一门热门学科。但现在，新闻专业的学生只有 20% 进入了传媒学院，最多的一年还不到 30%。人才培养与社会需求的脱节，是其困境的一个重要因素。如何解决我国高校财经新闻专业人才培养的困境已成为当务之急。如何从观念上突破创新，开拓新的途径，提高我国财经新闻专业人才的素质，是当前媒体教育亟待解决的问题。如何培养高素质的财经新闻专业人才，已成为当前财经新闻学研究的热点。高校新闻学科建设要从专业优化、课程提升、模式创新三大方面首先入手，逐步进行人才培养模式的转变、专业课程特色的构建、理念创新路径的探寻等，并将其与新闻传播的价值关怀相结合，从而达到理念创新和高质量培养的目的。

（三）新媒介发展时代

在信息技术飞速发展的今天，新媒介的时代已经到来。作为新媒介的发端和最重要的载体，新闻媒体所面对的冲击与挑战无疑是巨大的，尤其是在当前的融媒体改革浪潮中，各类新闻形式都要根据自己的角色和位置进行发展与创新。财经新闻涵盖了整个社会和经济的各个方面，因此，在这一过程中，我们必须寻求一种切实可行的发展战略。在新的经济形势下，财经新闻面临着新的发展机遇。

在大数据时代，人们已经不能完全依靠传统的信息平台来获得金融信息，而微博、微信、App 等技术的不断发展，使得大众获得财经信息的渠道也越来越多样化，而这些新媒体也通过大数据技术来改进财经信息的表现形式，使其具有全新的含义。在这一假设条件下，财经新闻的特性主要体现在以下四个层面：

第一个层面，数据已经成为构成财经新闻的基础要素。

第二个层面，可视化是财经数据新闻新常态；面对大数据时代的新闻财经报道，其面临的问题与挑战是复杂的数据可能会冲淡其新闻价值。

第三个层面，“数据寻租”是一种很容易发生的监管制度。面对这些挑战与困难，媒体必须认识到财经数据的重要性，并运用专业的方法构建财经媒体数据库。

第四个层面，要使财经数据的可视化表达形式更加丰富。

三、财经新闻写作的作用

在公共生活中，财经新闻的主要作用就是将社会、经济、财政等方面的动向传递给大众。财经新闻的受众主要是金融行业的从业人员，他们对经济学有一定的了解，因此，财务信息中往往含有大量的经济词汇。但是，在飞速发展的时代背景下，财经新闻的受众群体也在不断扩大。所以，财经新闻必须在相应的信息收集与编辑工作上取得共识，并对其进行革新，从根本上满足不同层面受众的需要。

在媒介融合的背景下，形态各异的新型媒体层出不穷，财经新闻成为人们日常获取政治信息、交流政治观点、反馈政治偏好的重要工具。人们对新闻信息的个性化需求越来越多，获取信息的渠道也越来越广。

1. 财经报刊专业性与可读性的矛盾

在撰写财经新闻的过程中，我们经常会遇到这样的问题：专业性和可读性的冲突。在现实生活中，这种情况率先呈现在对撰著主体的掌握上。财经新闻是综合性、全面性都很强的新闻门类。财经新闻报道既要具有社会新闻报道面对公众的可读性和传播广度，也需要科学技术新闻报道所应有的专业性和理论深度。传统的财经新闻报道注重严谨度而欠缺趣味性，这通常会使财经新闻记者在选择材料和文笔风格时更注重实质性内容，保证了专业性却忽略了可读性。如果在写作财经新闻的时候能够把两者有机结合起来，不仅可以避免二者的矛盾对立，还能提高报道质量。

2. 从语言形态上来看

财经新闻的语言形态是“新闻 + 财经专业语言 + 数字 + 图形表格”的综合系统体系。就专业术语而言，财经相关术语涵盖了金融专业术语、财经学科术语和技术专业概念术语，而数字、图表等在财经领域是必不可少的辅助语言。在《21 世纪经济报道》上，一篇将近 300 字的财经报道中，数字占据了十分之一。财经新闻语言是这四种子语言交融而形成的一种独特的系统语言，具有较强的专业性。图表分为图形与表格，因为我国多年形成的传统图形，其功能通常限于版面的美感与装潢，而对内容的解释主要侧重于使用数字表格，既能帮助解读新闻，又能让人觉得更专业、更直观。但是，我们有些财经报刊对于数据材料和形式，不管其来自国外还是国内，照搬照抄，甚至直接复制粘贴，没有任何转化和解读，令人望而却步。

3. 从财经新闻的特性和所反映的内容来看

财经新闻最突出的特点就是财政和经济解读的专业化。与其他专业类新闻相比，财经新闻涉及的行业范围最广，包括农业种植业，矿产能源综合利用业、工业制造业、房地产业、电力水务公用事业、交通旅游商业服务业、金融证券保险业等。每一产业链可以说都是由诸多子系统组建的大型的功能系统。从这个意义上讲，财经新闻报道就是一个极其庞大的系统工程。在这个庞大系统中，经济活动和社会生活都会产生各种各样的信息。这些信息有正面的，也有负面的；有静态的，也有动态的。从经济角度看，它涉及生产要素在社会各方面的流动和配置；从政治角度来看，它关系到国家利益、民族权益，乃至整个国民经济发展全局；从文化传统看，它影响着人们的思维方式和生活方式。因此，对财经新闻进行研究，不仅具有理论上的意义，而且具有现实意义。各子系统各有其“行规”与“学问”。在表现经济法则时，其文体必然会呈现出厚重、精确、稳定的特征，但如果语言内容和表达方式单调，就会显得生硬、枯燥，缺少可读性。

然而，如果从另外一个角度来看，就会看到与财经新闻霄壤之别的特性。在财经报纸期刊的目标用户群体阶层中，固然有不少专业人士和学者，但更多的是普通人。在社会经济环境已是作为普通大众的日常生活中的话题背景以后，大众迫不及待地试图了解财经领域的详细信息和理论知识。但在现实的经济生活中，参与者很难达到完全理性和获取对等信息的条件。因此需要大量具有专业知识的人士为他们提供专业意见。对于没有多少专业知识却拥有对财经信息渴求的受众来说，大众化和可读性就显得尤为重要。因为从报纸记者的出发点来看，它的主要目的就是传播信息，提供大量的财经资讯，这就需要财经新闻不仅仅作为一种仅限于一部分顶尖“消费市场”的资本，还要作为一种集体社会公共理论知识。这就要求财经新闻的撰文应当考虑所有的社会要求，做到专业性和可读性的综合考量：我们的财经报社同样也肩负着培养像《华尔街日报》等诸多著名财经报刊那样的稳定受众群体的责任。我国目前还没有形成一个稳定的财经新闻受众群体，要吸引更多的受众，提高其可读性是非常必要的。但是稳定的受众群体也需要有专业性的分析和思考，所以在财经新闻的写作上，我们要深入受众的日常生活，深入“结合部”的经济领域，做到专业性和可读性的内在平衡，培育稳定的受众群体。具体来说，我们需要从两个方面着手。

从文本层面来说。第一，在撰写时要注重其解释性和分析性，财经新闻工作者应该意识到，财经新闻的著书立说要始终坚持“通晓、领略、修整、变更、翻译、细致”的综合过程，按照新闻记者的甄选和措置，使成型传播的“硬要闻”达成“软着陆”。在这种前提下，记者的社会新闻敏感性，财经讯息的察觉力、判断力尤为重要。特别是要加强财经术语的解释和财经现象的分析，在普通的新闻背后，挖掘出有价值的信息。第二，注重文笔的练习，文笔扎实，并不只限于文艺作品，财经新闻也要讲究语言的精练和形象，国外优秀的经济新闻都讲究文笔流畅，风格轻快。这是一种很有趣的写作方式，这种手法值得国内的财经报刊在撰写时借鉴。

虚拟和图像的行使，确凿、简捷、强劲、清晰的新闻措辞，在财经新闻的创作中可提高说服力和可信度。传统媒体对经济新闻报道都很注意用数字图表“说话”，一来图表可以直观地表现众多数据之间的关系，辅助受众的理解；二来数字可以精确地反映财经现象的变化程度，尤其是金融股票波动的数据非数字不能表现。然而，与西方的金融报纸相比，这种“亲和力”的表现方式，则显得生硬古板。

第二节　财经新闻的特性

随着科学技术的发展和社会的发展，人们对新闻内容的质量提出了更高的要求。准确、生动的语言文字表达，是财经新闻的中枢和灵魂，其文本的严谨性、营销技能和意义品质，都能发挥相当大的的作用。在工作实践中，应全面考虑新闻措辞的艺术性、实用性、集体舆论导向、辩证视野和民众阅读习惯等层面的因素，精准地运用新闻传播的内在逻辑，优化财经新闻的文本结构和质量水准，加强与新闻媒介的联系与合作，提高新闻宣传的质量。

一、主要特性

（一）财经新闻的核心内涵

“每个人都在追逐自己的最大利益，这样才能为整个社会带来最大的好处。”早在200多年以前，亚当·斯密就已经深刻地揭露了市场经济制度存在和发展的内在动力。

200年后的今天，在探讨应市场经济运行要求而衍生的财经新闻报道时，要从众多的经济现象中把握其本质，必须牢记“效益”这个词。事实上，经济的实质就是为了满足个人的基本需求，保障社会发展的动力。个人的利益最大化是经济活动的动机和目标。这种效益包括了经济上的福利、实惠，以及信息消费、情感消费、心理消费等方面的满足与快乐。亚当·斯密早在《国民财富的性质和原因的研究》中就谈到了人类劳动分工的由来，他一针见血地指出：“请您满足我的要求，您也能得到您想要的——这是一种贸易的通用术语。”所以，财经新闻不仅关系到国家的宏观发展，也关系到人民的切身幸福。

由于财经新闻直接关系到人民群众的“腰包”，因此也对其专业性提出了更高的要求。如果财经新闻的发布者是不专业的，是别有用心的，其后果和伤害可是极具打击性的。2015年中国股票市场动荡，2016年，网络技术金融P2P平台出现问题，很多“独立媒体人”

在其中扮演着不光彩的角色，有些人甚至因此犯罪成为害群之马，直接影响证券市场秩序，戕害公众利益。上海知名的证券主播廖英强因操纵市场，非法获取巨额私利，在 2018 年 5 月 6 日被中国证监会罚款 1.3 亿元，这无疑是财经新闻行业一个深刻的教训。

财经新闻具有与公众利益紧密联系的特性，这就决定了其对自身的需求更精确、更高质量。关注投资者与消费者，为不对称信息下的弱势人群发声是财经新闻工作者的职责。财经新闻工作者不仅要有"以财经为中心、为大局服务"的根本立场和职业操守，还要有独立的思维和判断能力。独立思考与判断需要有专门的财经知识，例如股票、基金、债券等投资与金融管理，了解市场操作与公司治理的基础，了解公司的股票、基金、债券等。新闻与财经报道要做到深度化、专业化，能够查询企业股权结构信息，具备一定的会计知识，能够阅读财务报告等。随着各种新媒体和自媒体的蓬勃发展，快节奏不再是传统媒体的法宝。媒体应该鼓励记者成为各自关注领域的专家，新闻财经报道只有做到深度化、专业化，才能发挥更大的引导价值和传播效果。

中国大部分的媒体从业人员都是从事新闻工作的，因此在财政金融、经济运作等方面都缺少专业知识。在持续的学习与训练中，传媒必须与权威机构、金融机构、大学等机构共同努力，借助"外部大脑"，构建"高水准、可信赖"的专家资源，以保证财经新闻的专业性和权威性。

（二）财经新闻的受众需求特性

第一，最重要的特性是客观。客观理性是新闻逻辑的关键影响因素，特别是财经新闻。在金融市场跌宕起伏的今天，大众览阅财经新闻的主要意图，也就是希望通过财经新闻获得有价值的投资和消费参考。因此，要使财经新闻的效用最大化，就必须严格地确保其内容的准确性和客观性。

第二，不可忽视的特性是专业和通俗并重、类专业浅近、有重点的风格特点。财经媒体平台是一个针对全市场的信息与文化的传播传媒，其受众面的优质素养与解析幅度也都存在相当大的差异。同时，财经新闻的具体报道也多与股票、投资等金融活动有关。这就要求财经新闻在语言文字上，要善于将专业信息转化为通俗信息，增强内容的人性化和可读性。根据媒体的风格和各类信息的特点，合理配置，既能充分利用各种信息，又能避免使受众反复接受相同的信息而产生厌倦感，使专业投资者在阅读时能够"解渴"，让一般的受众也能读懂。例如，《华尔街日报》把受众的阅读能力定义为"8 岁以上"，这是普通大众也能够理解和了解的程度。

二、独有特性

（一）财经新闻的特点

1. 内容的真实性

真实是新闻的生命，也是财经新闻的本质特征之一。一方面，财经新闻报道的事实必须完全符合客观实际；另一方面，作者对事物的分析和概括必须准确恰当。只有真实可靠的财经新闻，才能为人们提供有价值的信息。财经新闻必须坚持正确的舆论导向，为社会传递真实的、准确的、及时的重要信息。

2. 传播的时效性

财经新闻的写作和发表要迅速及时、讲求时效。一篇消息，尤其是动态消息的公开发表离事实发生的时间越近，它所具有的新闻价值就会越大，所能产生的社会效益和经济效益就会越高。

3. 篇幅的简短性

财经新闻写作时特别强调选择合适的角度，简洁生动地反映财经工作中的各种新事物、新情况、新问题。一般以叙述为主，但也可以运用恰当的议论和生动的描写，尽量使专业性很强的财经信息能够表达得富有生气和情趣，给人耳目一新的感觉。只有这样，才能真正吸引受众。

（二）新时代发展中的财经新闻

1. 基础需求大，受众增加不多

传统媒体尽管得益于历史积淀的厚重，占有媒体深度融合的主导地位，仍然有很大的群众基础和市场基础，但其主要受众群体却早已呈现出老化的特征。最典型的电视、报纸、杂志的调查结果表明，大部分的受众年龄都超过了 40 岁，这一人群尽管具有很高的投资和消费能力，但是总量却没有增加，反而越来越少。“90 后”的年轻人几乎不看报纸，对于财经新闻，他们更多地依赖于智能手机和平板电脑等手持移动终端设备进行了解。从社会发展的趋势来看，青年受众群体是媒介变革的主要力量，也是媒介变革的目标受众群体。所以历史上长期依赖传统媒体的财经新闻必须认清这一严峻的现实，提前布局和做好准备。

2. 新媒介的快速发展

在信息技术的推动下，新媒介的发展速度越来越快，科技的进步也越来越大，尤其是智能手机、社交网络等新媒介，对传统媒介的影响尤其明显。与传统媒介相比，新媒介自身就具备了快速的特性，而技术上的优势则更为突出。尤其是财经方面的资讯，虽然新媒体传递的信息“快餐式”“碎片化”，而且真实度和准确性都难以保证；但新媒体雄厚的资金和流量，以及“标题党”的吸睛手段，还是让新媒体得到快速的发展，传统媒体受到了很大的冲击。

3. 打造有特色的品牌活动

新媒体在一定意义上对传统媒体产生了一定的影响，同时也为其发展提供了契机。因为传统媒体可以通过新媒体的传播途径，在原有的基础上，建立自己的品牌，扩大自己的特色，并提供更多的个性化的定制服务。例如，《重庆晨报》就将经济发展、社会影响等因素融入原来的品牌活动中（“渝商评选”是一种人气的象征，但现在变成了一种综合的经济指标），以新媒介为依托，以新媒体为载体。而《成都商报》则是依托于“红星新闻”，与央视财经频道合作，在推动传媒融合发展的同时，也扩大了自身的“商业新闻”品牌影响力。

4. 整合传媒改革的成效

媒介的基本目的仍然是向受众提供新闻资讯，而提供资讯的过程就是为受众服务。所以新媒体和传统媒体实际上都是融媒体的一部分，而作为融媒体的媒介，也要借助这两个方面来发布和传播新闻。财经新闻是一种具有高度专业化特征的媒介，它在媒体深入融合方面应该更注重精准化的发展，比如在对不同的受众进行细分的基础上，根据特定的、个性化的需要，采用独特化的服务，以提升受众的舒适度和满意度，而不是把目光放在融媒体所支持的各类移动终端设备，因为过度的偏移也会带来相反的效果。所以在媒体整合的大环境下，更有必要对其进行调整和优化。在优化的同时，要使传统媒体的内容和形式更加丰富，从而使受众更加关注。

三、财经新闻的流行特征

纵观财经新闻的流行趋势，比较简洁、精彩的财经新闻报道皆有各种各样的特征。

首先，主题平民化。让经济活动和人民群众之间的联系更加显而易见，通俗的财经新闻具有这样的功能。茅于轼曾说：“一篇好的财经报道，必须善于发现经济和人民的生活密切相关。”茅先生的这句话说明了财经新闻和大众受体的密切关系。特别是地方党报，既要关注国家的宏观政策，又要注意地区的经济发展。对于百姓理财、民生消费服务等大量涉及经济生活的新闻，都应该是财经报道涉及、覆盖的领域。

其次，题材全方位。财经新闻是以广大人民群众为对象的，它具有丰富的信息，来源于人民群众的日常生活，对于民生金融、民生消费服务等许多涉及经济生活的信息，都应该是财经报道涵盖的范围。

最后，语言通俗化。财经新闻是面向大众的，并与人们的日常生活息息相关；其内容丰富、生动、快速地反映着人民群众的经济生活，具有区别于传统的经济报道的优越性。事实上，财经新闻的受众大多不是金融行业的专家，因此，在报道、文字、叙事等方面，都应该根据新闻的表达内容，斟酌选取恰当的方式。例如，《华尔街日报》将小说的叙述方式由外到内延伸发展，不断在事实的基础上增强受众阅读的趣味性，充分将悬念和各种细节放在受众眼前，提高受众的参与感。国内部分媒体尤其重视在标题方面的创新，以快速吸引受众，拉高受众的兴趣。例如，陕西日报《经济观察》专刊（2014 年 12 月 4 日），以《减免税十个亿：“轻骑兵”轻装前进——陕西小微企业借力发展做大做强》为标题，让受众点击的同时产生强烈好奇心。

第三节　财经新闻的职能

一、财经新闻的基本职能

（一）金融信息的传播

财经新闻对国民经济的发展能够起到很大的促进作用，它可以传递国家财政政策、国家经济运行态势、地方经济发展动态、民生理财消费等各种信息，而随着社会的前进和生产力的发展，财经新闻与人民的生活联系越来越紧密。在不同层次的信息中，金融信息的变量更大、更复杂、更抽象，且关联到各行各业，因此也成为财经新闻的重要成分。财经新闻可以从复杂的信息中挑选出人们最感兴趣的话题，然后对其进行深入的分析和整理，让人们能够了解到最新的财经信息。

（二）对经济现象的理解

中国游客是世界上最主要的旅游消费群体；旅游城市、大众餐厅、特色餐厅人山人海；从南到北由东至西的农家乐、古镇游供不应求；中国人是智能手机消费最多的国家；等等，这些都是财经类的新闻。中国毕竟是世界上最大的消费市场，也是最有消费能力的国家之一。中国经济的增长速度是显而易见的，中国游客的消费能力与日俱增，早已引起了全球资本的关注。与民众衣食住行、日常生活息息相关的财经信息，要广泛收集、分析整理，充分利用起来，进而通过创造加工，提炼出具有积极引导意义的，让民众最快速简洁地理解吸收财经新闻的内涵。

（三）金融知识的普及

在市场经济快速发展的今天，产生了各种各样的理财手段，每个人都可以根据不同的情况选择不同的理财产品。正因如此，人们才会对金融有更深的认识，而对类似理财产品等稳健型产品的需求也越来越高。所以，财经新闻应该将自己的财务知识发挥到极致。在这个人人都想投资的时代，投资的渠道和产品层出不穷，但作为一个普通的工薪阶层，对投资的要求却永远不会变：低门槛、低风险、稳收益。

二、金融信息在大数据环境中的转换

（一）公布财务方面的权威资料

在大数据时代，各种各样的金融信息充斥着媒体和网络，让人们眼花缭乱，看不清“机会”与“陷阱”。不少心浮气躁的人，难免被误导，觉得下一个被“幸运”砸中的就是自己，结果误入歧途，下场悲惨。

财经媒体一定要担当起积极引导的重担，为社会和受众提供真实、权威的财经新闻报道，这是财经新闻的社会责任和意义所在。准确地分析当前的经济形势，正确地判断国家宏观经济的政策导向，这样才能使受众获得确实可靠的信息，从而实现稳定的收益。政府的每一项政策，都发挥着对宏观经济的指导作用，它代表着党和政府的意志，也代表着全社会的根本利益。任何社会团体、企业和个体经营者，都必须了解最新的政策信息以开展工作。所以，在这样的形势下，财经新闻要正确把握自己的市场，积极地履行责任，即：对经济政策的解读与宣传，让受众把握正确、明确的政策方向。并且在该基础上，尽可能使用浅显易懂的语言表达方式，以此来解答公众的问题。中国人口数量众多，消费能量巨大，就目前的世界经济形势来讲，在世界范围内，中国人民生活水准的不断提升，必将给消费市场带来一定的影响，造成势不可当的冲击。

金融信息的获取不应局限在国内，也应放眼发达国家和发达地区。另外，财经新闻不仅必须覆盖国家的股票市场、中央银行的利率、金融信息等，还要涵盖老百姓的房价、物价、衣食住行等，以满足人们的个性化需要。

（二）热点问题的解读和关注

特别要注重对热点问题进行解读，保障国家的经济政策平稳“落地”。把财经新闻作为一个重要的窗口，把人们的注意力集中在财经新闻上，把老百姓的注意力和国家政策联系在一起，并体现出明确的舆论导向。比如对政府房价、物价、储蓄等调控政策的具体数据，不强求数字的全面和精准，关键是对数据变化的分析解读，说明与民生的关系和社会意义，以此来激发民众的关注，让他们能够更好地理解和拥护相关政策的实施。总之，经济新闻要以通俗易懂、贴近生活的方式来解读热点问题，并且充分体现其社会功能和价值。

（三）与网络相关的开放式交互

在大数据时代，人们每天都要接触大量的信息，财经新闻要向新的媒介迅速转变，就需要与网络相联系、开放、互动。“报网互动”是十多年前就已经提出来的，是将互联网和报纸结合起来的运营模式，从最近几年的发展趋势来看，“报网互动”是一种营销策略，即品牌营销。数字化报纸是传统报业最主要的转变方式，它通过将报纸的信息扩展到网上，逐步调整其内容和结构，从而使其具有更高的价值。同时，财经新闻的报网连通性、开放性、互动性得到了发展，使受众可以随时随地了解财经金融信息，从而实现新闻财经资讯的开放与共享。财经新闻应把报纸的活动观念融入新闻编辑的计划管理中，在此基础上，把迥然多变的网络元素，引入新闻记者的第一评价和采编管理中，以此确保记者创作出保质保量的优秀稿件。

（四）提高财经新闻的可读性

当前，新闻资讯的竞争日趋激烈，衡量新闻品质的标准也在不断地改变。在对财经新闻进行评价时，应以内容丰富、分析细致、文章可读性为主要评价指标，什么都比不上财经新闻的可读性，只有拥有了可读性，财经新闻才能发挥其效用，方便人们将财经新闻转化成自己可以利用的消息数据。

财经新闻唯有展示创意、策划，才能吸引更多的受众。以往的财经版块上，经常出现大量单调又枯燥的市场信息，对于大多数普通受众来说，这些信息并没有什么实际价值。因此，要想让民众能够快速地获取更有价值的信息，就必须从繁杂的数据信息中寻找生活的切入点，将财经新闻与百姓的日常生活紧密结合，使其更具亲和力，让大众能够将复杂难懂的数据转化成自己所需要的讯息，便利生活。

（五）综合性金融资讯服务增强

目前，应继续加强金融信息的综合性服务，为广大民众提供全面的资讯，为广大商家提供数据，利用财经资讯，多方面推动社会经济发展。

全面的经济服务是充分发挥财经新闻潜力的重要条件，也是大众对其社会价值取向的期望。财经新闻要顺应大众的个性化需要，提供全方位的投资策略和建议，因此，要把财经新闻作为一种皆具综合性和实践性的新闻报道，展示最真实的数据，正确引导大众进行理性投资，起到促进大众增加财富的作用。此外，在频频出现的商品售后维权方面，要通过多种方式帮助消费者充分维护自己的权益，这才是财经新闻真实的、健康的魅力所在。

在大数据时代，财经新闻更要保持警惕，为大众提供精练、真实、有效的信息，为广大民众带来实际的经济效益，从而促进国家经济运行的平稳健康和可持续发展。

在经济全球化的今天，经济与人民群众的关系日益密切。在这种大环境下，人民群众对经济发展的关注程度不断上升，推动着财经新闻节目走向大众传播，为实现可持续发展战略的目的打下了坚实的基础。事实上，《华尔街日报》和《第一财经周刊》等国内外优秀媒体都已经进行了有益的探索，取得了很好的效果。对其成功的经验进行有效的学习，再加上自身的特点和不断的创新，是财经类新闻栏目发展的必然选择。

第四节　财经新闻写作的原则

财经新闻是一种严格的硬新闻，要求严谨、准确、可靠。最关键的是在报道时要做到真实准确，这也是对新闻真实性的基本要求。

一、保持真实性的必要性

（一）新闻存在的真实性

若要判断新闻的真实和必要程度，毫无疑问：先有事实，后有新闻。真实的事实是一切新闻、讯息存在的前提条件，新闻只是对事实的客观报道。如果向大众传达的信息并非是真实的，那么新闻等资讯的传播毫无意义，带来的只有危害。

（二）新闻传媒只有保持真实性才能够长久发展

真实性决定新闻资讯的“生死存亡”，对传播的影响起着决定性的作用，对新闻传媒存在和发挥影响力具有决定性的作用，也是媒体人所追求的重要目标，更是获得大众信任度的必要基础。

二、新闻创作的真实性

（一）所报道传达的必须是真实准确的具体事实

（1）新闻报道中所传达的具体事实必须有真实准确的事实依据。

（2）新闻报道中所引用的各类资料必须准确无误。

（3）新闻报道中所传达的具体事实的构成要素必须完全真实。

（4）新闻报道中所涉及人物的思想和心理活动等，必须是当事人的真实表达。

（二）新闻所述的内容分析总结等应与客观真实的事实保持一致

1. 结合现象（外在）真实与本质（内在）真实辩证统一

（1）真实性：新闻的生存依据。真实的事实与真实的消息的差异点具体在于：具体的事实，是新闻内容的来源和依据；真实的事实是新闻的生存之本；新闻是对具体事实的客观报道，也是更进一步的完整表述的真实消息。人们可以凭借新闻去正确、客观、全面地认识新闻事实的本真全貌。

（2）新闻媒体应坚持的真实性原则。新闻的真实与否，直接关系到新闻媒体的生存和媒体传播的影响力，是新闻传播的基本目标和获得受众信赖的基础。

具体事实是“表象”，是指“感觉”能够被感觉到的外在的“真实”，本质事实是“实质”，则是不容易被“感觉”的与特定时空因素相联系的内在的“真实”。具体的事实一定是真的，是真实的客观现象，是微观真实；本质的事实则需要与背景环境和相关因素联系起来进行观察、分析、判断，才能够获得，即宏观的真实。也就是说：具体事实的意义和价值，是由特定时空背景所决定的。孤立的具体事实，并不能客观地反映其真实性。

2. 微观真实与宏观真实要有机结合

对个体事实的真实报道，反映了微观真实；全面真实的报道体现总体现实，反映宏观真实。微观真实和宏观真实必须是一个有机的整体。

3. 新闻报道的多层次真实

新闻真实性是由浅到深、由表及里的认知过程，它是随着事实的发展而发生的。因为在真实的事件发生的过程中，随着事态的发展，就会不断地释放相关讯息，当这个讯息释放完毕时，或者说事件终止了，这个事件的真实性才会完全暴露。换个说法，事件发展的程度，制约着新闻报道的真实程度。虽然并不排斥对事态发展的预测，但这只是虚拟的“真实”。所以，所谓的“新闻真实”，必须是多个层面的“真实”，有“基础”的“真实”，“第二本质”的“实质”与“真实”。这是一种境界的划分，不存在什么是真的，什么是假的。在新闻事实的发生和发展过程中，财经新闻重在即时报道事件的发展动态——现象层次的真实；不要急于做主观的定性分析或绝对的推论式预测，因为事态的发展并不一定如你所愿，还是静观时变，“让子弹飞一会儿”，待尘埃落定，事情的真相才能完全显露出来。而财经新闻报道不但需要反映具体的真实，还应当据此揭露和阐述其本质的意义，以起到积极的引导作用，彰显媒体影响力的社会功能。

新闻作品的组织形态和新闻的真实程度是相应的。越是真实的风格程度，其结构就越是复杂，反之也是如此。一条简单的新闻报道，仅能反映某一层面的真相。要把事件的前因后果说清楚，需要相对全面的综合性新闻报道，所谓“综合性”就意味着必须处理好“现象真实”“本质真实”和“微观真实”“宏观真实”的关系。

第二章　财经新闻的报道特色

随着《中国经营报》《21世纪经济报道》《经济观察报》等财经媒体的相继崛起，中国财经新闻报道的格局在历史的长河中发生了天翻地覆的变化，同时也冲击着发展中的中国新闻界。日趋完善的财经新闻报道，不仅是中国未来财经业界的重要组成部分，同时也为中国媒体的财经新闻运营、管理、运作等提供了一种崭新的思路。

第一节　报道领域不断丰富

进入21世纪，财经金融领域不再是从前的内容单一、覆盖范围狭小的纯粹的表达传递数据信息的范围。相比传统的新闻媒体，现在的财经新闻报道所包含的是经济民生的各个关注点，如劳动工资福利、货币、基金等；各行各业的经济政策；政府宏观经济政策、财税制度、财政预算与收支等；国家的发展趋势、人才与劳动力等。只要有经济活动发展的地方，就有财经新闻与之跟进。

2004年的"审计风暴"，可谓是我国财经体制改革、财经新闻报道中的一个火爆话题。一方面表现在扩展报道领域，另一方面表现在重点的变迁，如跟进股市、同步金融、更新债券、关注并购等。财经报道在资本市场的报道中从未缺失，从建立社会主义市场经济体制入手，着重于培育市场因素，尤其是资本市场。所以，要把所有经济现象都用"财经"眼光来看待，也就是要关注分析宏观经济行业的更新与变迁，在此内容上，进行充分的对资本市场的分析，对企业、个人投资、金融等资本增殖行为的分析，从而实现实证性的有价值的分析，包括生产发展、货币流通、民生消费等方面的金融信息。比如，2002年"两会"，《经济观察报》就"WTO新政"做了一篇特别报道，特别从本次大会和WTO的角度，对社会保障、招商引资等迫切的财经问题进行了深入的剖析。从诸如"中国问题的地方解决之道""社会保障体系应讲究四两拨千斤""衢州：买断工龄与招商引资"等标题即可看出，这些报道选择了财经与新闻双重视角将时政新闻加以财经化处理。

第二节 报道理念完善发展趋于成熟

无论做什么，都要保持创新，跟市场发展的步调保持一致。新闻报道同理，财经新闻的文体表达与内容的思维方式应不断地适应市场的需要，充分运用现代技术、财务思想、媒介传播、运作方式，积累经验，借鉴优秀媒体成功内容。

结合“复调”的主题，充满个性化的事件的创新型的说明，不断革新的主体的纵横表里的相互关系，市场化经营方式，都有很强的传播效应。内容涉及宏观经济政策、财经改革等热点问题，也涉及引导投资者行为的具体细节。财经新闻报道对经济变化非常敏感，能够从多个角度、多个领域、多个价值维度挖掘金融问题的背景、前景。

财经报道具有强烈的市场意识和平民化的观点视角，应注重权威性、可读性、个性化和实用性，可以在定位策略、报道技巧、版面设计上学习国际著名财经报纸成功案例，并加以创新。例如《21世纪经济报道》的版面特色是端庄沉着中略带圆润的大标扁宋报头，从颜色的多样性入手，着重冷色调的表达。如墨绿色、湖绿色、深青色、深蓝色等，《经济观察报》在当时的市场基础上，大胆创新，提高成本预算，突破性地采用进口的橙色新闻纸去表达，给受众强烈的视觉冲击感。利用活灵活现的表现手法来吸引受众，留住受众，如利用图片和生动的漫画、图表等。举例来说：《每日经济新闻》2023年7月17日的微信公众号上发布了这篇文章《砸人、砸车！多地高层住宅外墙发生脱落，致多人受伤！谁该担责？》用三分之二的版面，描述了房屋建筑老化这项突出的问题不仅严重干扰了居民的正常生活，也给公共安全造成严重威胁，并就外墙脱落谁该担责这一问题进行讨论。此外，在新闻标题的处理上也更加生动活泼，如《21世纪经济报道》在2023年8月的几篇报道《中国车企“东南飞”》《暴雨下的北京旅人万象》等。

而上述种种的改变，从报纸的经营发展理念和变化的经营发展定位中得以窥见。《21世纪经济报道》主打的口号是注重“新闻创造价值”，该报社曾制定的宣传语是“与加入WTO之后的中国一起成长”。《经济观察报》强调新闻报道的“理性、建设性”，其内涵在于“八不”：不冲动、不破坏、不媚俗、不虚伪、不偏激、不炒作、不盲目、不骄傲。《财经时报》坚持“提供真实、扎实的商业新闻，让经济简单明了”。而成立最早的《中国经营报》则坚持“为改革开放鼓与呼，为实践者出谋划策”的办报理念。

第三节 报道架构层次内容多样化

根据陆小华所撰述的《整合传媒——传媒竞争趋势与对策》可知，目前国内的财经报刊类别大致存在以下四种。

第一种是经济新闻版块，主要由全国、地方两种报刊组成，如《经济日报》《市场报》《国际金融报》《北京经济报》《上海经济报》等。该类全国性报刊和地方性报刊以权威的专业经济报刊为基础，以宏观角度为导向。因为其官方的优势，使得其在获得第一手权威资讯方面具有独特的优势，同时，其新闻报道更多的是关注政府的政策与决策，而不是以实际行动为导向，满足大众的资讯需要。当然，由于定位宏观和立意高远，对注重追求现实经济利益的投资人来说，就不够“解渴”了。

第二种是随着互联网的发展，依托行业、行政等研究机构构建的存在数量较多的经济型媒体，大多数是以《中国经济时报》《中国经济导报》《中国工商时报》等报刊为依托的经济传媒。这种媒介既注重市场需求，也注重受众的需要，更注重服务于经济建设，把它当作引导经济工作的舆论阵地。比如《中国经营报》，定位是“老板报”。但是，因为其所依赖的是一个特定的领域或产业，所以它常常以一个特定的视角来审视经济现象、政策等。

第三种是专业类媒体，具体表现在金融投资、证券等领域，该类媒体大多数集中在资本市场，如《金融时报》《价格报》等专业性较强的媒体。这类媒体着重观察股票期货等市场，并从中分析其影响和价值，选择适当的角度，论述看待宏观和微观的经济消息。而对政策的观察和分析则是以资本市场的观点来进行的。其所发布的资讯非常专业化，以股票期货等市场的变动为重点，以普通的股民或企业为目标群体。

第四种是新财经媒体，包括已经发展较为成熟的主流报刊，如《21世纪经济报道》《财经时报》等有一定受众基础的报刊媒体。与传统的经济新闻相比，新的金融传媒最大的不同之处在于，它们不再追求全面的内容，而是采用“分众化”的差异化传播战略，然后依据整体的风格、版面、内容、价格来确定自己的定位。

《21世纪经济报道》的目标群体是高收入、高学历的人群；《经济观察报》针对的是“四有新人”，即有钱、有权、有理想、有前途。当前，财经新闻不仅满足了普通受众的需求，也满足了投资者的需求。它包括了一般的、全局性的、专业化的、综合性的资讯；它不但具有宏观的理论知识，而且具有很好的可操作性；它既能满足一般人的需求，又能满足社会精英的需求。各种报刊分别从微观、中观、宏观三个方面对中国经济的发展情况进行了全面的报道。

目前，国内绝大多数关于经济新闻报道的内容，普遍存在将中观报道和宏观报道结合并进行相互比较论述的表达倾向。但是其实，应该要使所有的有存在价值的媒介都变成可利用的新的金融财经媒介，为我所用；而不是选择把所有的媒介同一化，都变成一种满足投资需求的单一媒介，失去多样性，也就失去了存在价值。

第四节　报道手法不断创新

《经济观察网》2023年8月3日发表了一篇名为《涿州应当被“看见”》的文章，这篇文章的导语是："这几天，涿州——这个不知名的河北小城，因为暴雨和洪灾成为焦点。聚光灯下，人们看到这座小城所承受的灾难：洪水吞噬家园，灾民乘坐皮划艇被疏散，更多人还在等待救援；作为中国出版业库房重镇，一本本图书飘荡在泛滥的洪水中，这意味着，很多人的财富打了水漂。"此段显示出撰写者对新闻事实的主观判断和总结，跳出了经济新闻"客观叙述事实"的传统报道方式，更能吸引受众。接下来的正文部分更多地阐述了在自然灾害中，很多像涿州这样的小城，被看见才是希望的开始。接着引出在救援涿州的过程中，看到了民间自发的力量。在此文章中，作者将"看见"结为两个点：一个是小城的灾情，另一个则是民众的财产损失。

这篇报道最后的结尾"前一段的极端高温和最近的暴雨洪灾，都在提醒我们极端天气越来越常见，这与气候变化有关，而气候变化又与人类活动有关。如何克制人类对自然不友好的活动以减缓其负面影响，如何正视并应对当下已经形成的巨大不确定性，是一道更深入的思考题。"此段一出很值得我们所有人深思。这是一个很好的表达方式，用时也在表达撰写人的主观倾向，在阐述经济新闻的同时增加了新闻的可读性，以通俗易懂的方式，将受众带入一个全新的认知经济平台。

《21 世纪经济报道》总编刘洲伟曾概括过财经报道的这种报道手法："大事张扬，通过文体与包装将新闻效应无限放大，注重以内在冲突与矛盾的展开揭示商业逻辑，但不是虚构式的，而是将通过采访拿到的核心材料以秘法炼制，不肯以粗糙底色示人，对文字的重视与逻辑链条、调查过程并行。"

这种方式已经被很多财经传媒所借鉴吸收，而且它的影响力不仅仅体现在语言层面，也进一步体现在对新闻的采访中。首先，重视现场访谈的直接表达。在早期的经济报道中，财经报道选择的方式是往往会把政府的方针公之于众，让受众进行自己的选择。因此，只要新闻工作者掌握了事实的真实和准确，就可以不需要到现场去采访，进而导致经济新闻只是纯粹的传递信息，枯燥乏味、缺乏趣味性。21 世纪，伴随着我国经济的快速发展，财经媒体的产生、传播方式的日趋成熟。一方面，通过大量的实地访谈，把被访者的行为、表情、姿态等所传递的讯息公布于众；另一方面，在写作过程中，又以新闻题材的情节或细节为切入点，以吸引受众进入。其次，重视多种渠道的信息来源。单方面的信息源不能全面反映冲突与矛盾的真相，在早期的经济新闻中，只有权威的信息发布这一个消息来源。而今天的财经新闻，则是从不同的角度收集不同层次的新闻，既从高层的角度，也从普通人的角度，挖掘出不同的故事。当然，这种报道方式也是一种体现新闻可信度、确保新闻客观公正的一种手法。

第五节　社会干预力增强

在我国社会经济转型的过程中，不可忽视的是快速的发展伴随着突出而尖锐的矛盾，财经新闻报道必然会对此给予足够的重视。在目睹中国经济转型的同时，财经传媒也加强了对公众事件的关注和舆论监督的力度，不少媒体以深入的、犀利的、探索性的报道为特色，在众多的经济新闻媒介中快速成长。这些报道从时间上关注将来的情况，从深度上关注表层下的深层次内涵。

大众传媒可以直接监督证券公司，发现其违规行为，保护广大投资者的利益。调查性报道在中国的出现，以 1980 年《工人日报》对“渤海 2 号沉船事故”的报道为开端，此后的十多年，针对社会热点和公众事件，调查性新闻报道逐渐增多，有报告文学，也有长篇通讯，代表性的有关于唐山大地震的多篇相关报道等。20 世纪 90 年代中期以来，我国的新闻调查事业发展迅猛，很多新闻报道对社会产生了巨大的冲击。

在金融领域，财经新闻舆论监督的对象主要是上市公司、金融机构和政府监管部门，而上市公司则是其中的首要监督对象。上市公司是股票市场中的一个重要组成部分，它的存在与发展直接影响着股票市场的兴衰与投资者的权益。但是，由于种种原因，公众是弱势群体，对上市公司的监督总是难以实现。因此，缺乏有效监管的上市公司将会出现许多违规问题。《中国证券新闻》在 2001 年对全国 10% 的上市公司进行了调查分析，结果显示，存在的问题有：发行时间过长、公司管理不规范、财务体系不健全、会计核算方法不够科学、上市公司的独立性和对控股股东行为的控制，等等。只有加强对相关部门的监督和管理，才能有效地解决这些问题。所以，媒体舆论监督对规范上市公司的行为是很有必要的。大众媒体舆论监督上市公司的行为，是一个具有时代意义的事件。

媒体可以通过网络直接监督证券公司的运作，及早发现违规行为，保护大量投资者的合法权益。国务院发展研究中心“金融改革与金融安全”系列报告之十一“应高度重视大众传媒在金融监管中的作用”中指出，大众媒体对金融监管的积极影响可以通过五个方面来实现：第一，大众传媒传递的金融信息以及发表的金融市场评论，是金融监管部门进行决策时的重要参考；第二，大众传媒以不同方式对金融市场和金融机构进行舆论监督，有助于发挥其对金融监管部门的辅助监管作用和强化市场机制的约束作用；第三，大众传媒可以对金融监管部门及其官员进行监督，促使金融监管部门及其官员依法行使监管权力，防范腐败产生；第四，大众媒体可以反映民意，成为金融监管部门与社会公众相互沟通的重要渠道：第五，大众传媒作为政府的政策宣传工具，可以为新政策的出台营造良好的新闻舆论监督的舆论氛围。

近年来，媒体“无情”地揭露了股票市场上的一些黑幕、潜规则，各大传媒形成的强大舆论，发挥着舆论监督的功能，使社会各界更加重视金融市场的健康发展，促进了国家监管部门整顿金融市场，健全相关法律法规。从这一点可以看出，财经媒体媒介在履行某种公共义务方面所起的作用。

正是大众媒体这种强力干预，政府相关部门加强了对证券机构和股票市场的监管，逐步规范了金融市场。《财经》杂志以其犀利和专业性，所向披靡，赢得了社会的认可和海内外的普遍关注，《大公报》称它是“新锐而有个性的财经杂志”，《华尔街日报》称它是“中国领先的金融出版物”，它以“关注绝大多数人福祉的进步”为主旨，以“独立采访、独家报道、追求翔实公正”为特点，以解释性手法进行调查性报道为模式，“为成功者鼓掌，向受损害者、受侮辱者张开臂膀。转型的欢乐与痛苦，需要公正的规则来衡量”。但是，总的来说，全国性金融财经报纸的专业性还不高，具体表现在新闻深度不够，金融、股票等行业的事情容易做评论，且评价也相对轻松随意。虽然财经新闻发布了大量的信息，但是有效的信息并不多；由于媒体处理信息的水平较低，过于表面化，对所提供的信息的价值没有进行深入的挖掘，进而也就难以提供前瞻性的预测。

第三章　财经新闻的发展与现状

第一节　国外财经新闻的发展与现状

一、新闻传播的萌芽

“拜占庭帝国的都城被攻破，欧洲与亚洲的陆地运输被切断，欧洲的商人被迫寻找亚洲的航线，寻找世界运输的道路，导致了欧洲的商业和工业向全球贸易和工业的发展，欧洲的文艺复兴运动、王权与地方贵族之间的战争，是许多原因造成的。”这是恩格斯对1453年奥斯曼帝国占领君士坦丁堡后欧洲局势的分析。借此，可以说是欧洲现代新闻传播的一个大的历史背景。

意大利在15世纪时曾是欧洲地中海地区的贸易中心，而威尼斯城则以其独特的地理位置而成为全球的运输和货物交易中心。人们对商品的市场和价格很感兴趣，所以就有专门的人去打听、收集这些信息，把这些信息抄录下来，再分别出售给需要的人。15世纪末，法国与西班牙争夺亚平宁半岛（也称意大利半岛）的矛盾激化，展开了一场激烈的争斗，导致在1494年到1559年期间，发生了一系列的战争，史称“意大利战争”。在长达60年的战争期间，各国为情报收集供养了一批情报贩子。所谓“情报”就是“（有可能影响战争态势的）有价值的实时信息”，情报贩子们手写的动态信息，范围从商业、价格、船期，扩展到政治、战争等方面。

1566年，有规律的手写新闻开始在威尼斯兴起，《威尼斯新闻》是全球最早的商业情报新闻。它是一种具有划时代意义的现代印刷品，它标志着当代报纸的诞生，也是财经新闻的雏形。

随着大西洋新航线的开通，大西洋海岸的商业和贸易重心也随之转移。被称为“海上马车夫”的荷兰人，善于经商，为了实现财富的快速增长和加快流通，他们发明了一种新的资金流通体系。1609年，荷兰在阿姆斯特丹成立了世界上首家证券交易所。后来，荷兰创立了银行，创造了信贷，并逐渐形成了一个完整的现代商品经济制度体系。这是近代金融的开始，它为金融信息的产生创造了客观条件。

哈贝马斯认为，到了 17 世纪末期，人们才能获得较多的资讯，也就是“真正的新闻”。17 世纪中叶，英国以工业国家的身份设立了殖民地，在世界范围内发展了工商业，不断地传播文化，把报纸带到了全世界，使报纸这种传媒形式不再只限于欧洲。

二、国外财经新闻发展的历程

（一）来源

17—19 世纪是资本主义经济发展的黄金时代，也是西方现代新闻业兴起和发展的时代。资产阶级报刊逐渐占据了现代报业的主导地位，而在资产阶级统治的时期，报纸的作用却是政党斗争的工具。18 世纪后期，随着资本主义国家的迅速发展，现代通信、汽船火车等交通工具、印刷机等先进技术的出现，极大地促进了经济往来和贸易的发展，使人们对经济信息的需求急剧增加，同时也提供了相应的技术手段。而随着报刊广告的兴起和迅速扩张，报纸在经济上的自主性得到了加强，逐渐发展成一种有利可图的商业产业。

商品化报纸的出现，标志着经济新闻的独立发展。早期的商务报章，以政治、经济为主要内容，以政界、知识界、商界为主体，被称为“上层报纸”。在大众报业出现后，报刊开始重视地方新闻、经济新闻和社会休闲新闻。像《每日广告报》这样的英国知名商业报刊，以经济资讯、商业行情、金融市场为主体，以广告收益为依托，开创了独立经营的先河。法国最早的报纸《巴黎新闻》（1777 年 1 月），由两名工业人士创办，主要集中在商务资讯，包括金融市场。美国是 1833 年 5 月创办的《纽约先驱报》，它开创了财经领域的先河，创建者詹姆士·戈登·贝尔特对华尔街的金融市场发表了自己的观点和看法。

（二）发展

19 世纪末，西方资本主义国家出现了一系列的垄断现象，资本和商品之间的关系越来越密切。随着报业向现代化的转型，其集中化、商品化、社会化、国际化的趋势越来越明显。经济新闻逐渐成为各大报刊的主要内容，并逐渐占据了新闻整体的比重。

以美国为例，在以电气化为标志的二次工业革命中，这个新兴工业国家在 19 世纪末期，迅速追赶并超越了两个世纪以来一直遥遥领先的欧洲大国。1894 年，美国的工业产出在所有国家中排名第一，成为世界上最强大的经济体。1889 年，《华尔街日报》创办了一份专门报道华尔街股票市场动态的报纸，在此后 100 多年的发展中，目睹和报道了美国的整个经济发展，对其发展作出了无可替代的贡献。

20 世纪以来，世界财经领域出现了三家有影响的杂志：1917 年创办的《Forbes 福布斯》、1929 年创办的《Fortune 财富》、1930 年创办的《彭博商业周刊》。这些杂志不但记载了美国和世界经济的变化和发展，还创造了许多商业奇迹，成为杂志行业中无可争议的楷模。它们虽然都是以财富为中心，但也都有自己的特色和个性。《财富》杂志的重点是关注全球 500 强公司的变化和发展。《福布斯》推出的“世界富豪排行榜”都是备受关注的《商业周刊》所提供的，它以具有前瞻性和突发性的新闻为特点，例如，在 1997 年 3 月，它就以“知识经济”为主题，开创了一个新的时代。

（三）繁荣

20 世纪 70 年代的两场石油危机，使得全球油价大幅上涨，由每桶 3 美元上升至每桶 35 美元，由此导致了某种程度的通胀。由于通胀的影响，居民的存款意愿逐渐降低，投资、理财需求增加，保险、房地产、股票等行业也随之繁荣，为金融信息的传播开辟了广阔的空间。随着广播电视、网络等新媒体的出现和迅速发展，财经新闻的传播手段日趋多元化，报道手段日趋成熟，消费群体逐渐向投资群体转化，财经新闻在传媒和受众之间得到了前所未有的发展。最具代表性的是美国彭博资讯公司。该公司成立于 1981 年，由道琼斯和美国 NBC 共同创立。无论是电视还是财经传媒，都不依赖于传统的广告，而是从财经数据、专家分析、历史资料、金融资讯等方面获得收益。电视仅仅是其一个窗口和平台，它的背后，是一条巨大的财经资讯产业链。两者不同的是，前者道琼斯集团是从商业起家，进军财经行业的，主要的收入来源是自行研发的财务数据终端服务；而后者则是依托着庞大的广播和电视台产业，向受众提供专业的信息服务，而其利润的主要来源，还是受众和广告客户的付费。

但是，不管是哪一种，在其发展的历程中，我们都能清晰地看到两者融合所做的努力。一名分析师说："彭博公司收集了全球所有公司的详细信息，甚至还收集了一些非上市公司的信息。"

日本《日本经济新闻》、英国《金融时报》、美国《华尔街日报》是世界三大财经报纸。纵观三大财经报纸的发展历史可以看出，在激烈的市场竞争中，它们已经逐步形成了自己独特的核心能力，因此成为国际财经新闻的领军旗手。

财经新闻是市场经济发展到一定阶段的必然结果，财经新闻的发展历程，是新闻事业发展的必然，也必然要贯穿于经济社会转型的整个过程。

财经新闻是以资本流动为中心的新闻，与股票市场的发展密切相关。从其历史发展来看，财经新闻起源于发展中的证券报道，从内容上看，是对证券报道创新型的拓展与延伸。从总体上看财经金融新闻，首先是以经济新闻的形式产生的，这与全球的经济发展、科学技术的发展密不可分。

第二节　成长中的中国财经新闻

纵观中国财经新闻的发展历程，可以看出，中国大众化的财经新闻正在蓬勃发展，其自身的价值与特点日益突出，已逐渐成为中国新闻传播领域不可忽略的一个重要内容。

一、中国财经新闻的发展

"大众化"是中国财经新闻发展过程中不可缺少的一个概念，它经常与精英化、专业性相联系。在新闻传播学的特殊解释中，"大众"一词的特征是：它的成员组成非常复杂，地域分布也比较广；它的成员很多，没有固定的组织，他们的性格、兴趣、动机都不一样。“大众化”这一概念在现实生活中是随着我国经济社会的一系列发展变化而形成的，它与我们的经济条件向好、国家的发展速度加快、国际地位稳步上升紧密相连，从中华人民共和国成立、百废待兴，改革开放、经济建设的全面恢复，市场经济的建立，以及中国在2001年加入WTO后的四个里程碑时期。

（一）中华人民共和国成立后财经新闻萌芽时期（1949—1978）

在这蓬勃激荡的三十年里，我们走过了新中国筚路蓝缕的艰难奋起。在这段时间里，所有经济、金融的新闻都是围绕着政府的实际行动展开的，主要是为了宣传国家的经济政策，由于实行的是计划经济制度，一切经济活动都被国家经济计划所限定，所以，对于经济的规律、现象、趋势的分析研究，并不在传媒界的视野之中。

中华人民共和国的前三十年，风风雨雨、一路坎坷，百废待兴、奔突奋进。社会传媒包括国家开办的纸质报刊（多为各级政府机关报）、无线广播电台和刚刚起步的无线电视广播，城市里一般人所能接收到的是会议传达、读报会，有收音机都是很奢侈的。而广大农村则只有迟到的报纸和村社的有线大喇叭。

即便如此，财经新闻的萌芽已经出现。1954年，中共中央关于报刊工作的决议明确规定：“经济广告空间不得少于报刊版面的40%。”在1956年的新闻改革中，报道范围的扩大是一个重要的内容，其中最重要的是经济新闻的增加。据统计，1956年7月至8月，《人民日报》共61个头版头条，其中财经新闻31条，占50%以上。1974年，经济新闻只占该报全部报道的13%。

（二）改革开放后财经新闻兴起时期（1978—1992）

自从1972年美国总统尼克松访华开始，中美相互隔绝的局面终于打破，随着1978年12月16日中美两国同时发表《中美建交公报》，欧美国家对我国三十年的政治对抗、经济封锁和军事讹诈顷刻土崩瓦解。1978年12月18至22日，中国共产党十一届三中全会在北京召开。这次会议决定把全党的工作重心和全国人民的注意力转移到社会主义现代化建设上，提出了“对内改革，对外开放”的方针和任务。此后中国进入了一个经济体制快速转型的阶段，先后经历了放开市场准入、价格双轨制、鼓励民营个体经济、通货膨胀、股市动荡等阶段，经济体制的激烈变革影响着社会的稳定和谐，社会的需求推动着财经新闻的快速兴起。

改革开放的伟大方针，极大地促进了中国社会的发展，同时也给新闻传媒带来了春天，使其在报道方法上发生了重大转变。从1979年《人民日报》创办了第一份《市场报》开始，如今已有40多年的时间。在此期间，一大批专门的经济报纸，都为中国财经新闻的兴起打下了坚实的基础。1987年5月，由中国人民银行主管八大金融机构共同出资联办的第一个以股份制新闻媒体《金融时报》创刊后，不仅经济类报刊，综合性报刊、都市类报刊也纷纷抢滩金融、股票、货币、期货等方面的前沿新闻报道阵地。

毋庸置疑，媒体的广告收入也是新闻传媒快速扩张的“兴奋剂”。1979年1月在《天津日报》的第三版中刊登了一则“蓝天牙膏”的广告，成为改革开放后中国内地发布的第一个商业广告。从某种意义上讲，商品广告也是财经新闻，而广告可以给媒体带来发展扩张的动力和底气。如今，无论是传统媒体还是新兴的媒体，毫不讳言广告收入是“生命线”，财经新闻媒体也不会例外。

（三）社会主义市场经济体系与大众财经新闻兴起时期（1992—2001）

从中共十四大圆满举行，到2001年中国入世，在此期间中国的社会主义市场经济体系基本建立，股票市场在这种背景下快速发展，民众纷纷涉足金融市场，市场的需求导致大量的大众财经媒体应运而生，如《中国证券报》《上海证券报》《证券时报》等，都是在1992年前后建立起来的。同时，各地的报纸，也都加强了对财经新闻的关注，纷纷开设了专门的财经专栏。

20世纪90年代，我国商业广告迎来了黄金时期，1993年7月10日，国家工商行政管理局、国家计划委员会联合印发了《关于加快广告业发展的规划纲要》，这一规划集中了有关方面的政策和规划，使广告业成为我国经济发展的一个重要组成部分。而在这段时间里，中央电视台的广告也迎来了竞标的黄金期，1993年的收入为5.6亿元，到1998年已上升至48亿元。商品广告作为财经新闻，也催生了一批人们耳熟能详的广告产品词。比如1993年，康师傅主打的广告词：“康师傅，好吃看得见”；也是同年，天津蓝天六必治牙膏广告推出的耳熟能详的广告词：“牙好，胃口好，身体倍儿棒，吃嘛嘛香”；1995年的大宝广告：“想要皮肤好，早晚用大宝”；等等。

2001年，堪称“财经媒体年”，近百个新型纸质媒介进入了竞争市场。在电视媒体上，电广传媒将8600万元的募股资金投入“财富中国”项目，为电视财经的热度增添了一把新的活力。国内很多电视台都开设了金融财经栏目。同时，互联网媒体也不甘落后，各大财经期刊纷纷开设了自己的网站，以增强其时效性。

（四）从2001年加入WTO后，财经新闻的大众化蓬勃发展阶段

自中国加入世界贸易组织以来，至今已有20多年的历史。“入世”给中国的经济带来了新的发展机会，国际分工和资本交易日趋活跃，全球化的趋势日趋明显，外资的涌入推动了工业体系的完备，中国制造从仿制到创新畅销全球，使我国的经济发展所处的历史和空间环境都发生了空前的变化。同时也给媒体提供了一个更加广阔的视野和平台，中国财经新闻也因此呈现出一种全新的生机。纵观整个中国，数以百计的财经媒体如同雨后春笋一般出现，大量的财经传媒在遵循清晰的办刊原则和目标指导下，向中国的众多财经媒体提供了大量的、多元化的、通俗的服务，如《21世纪经济报道》《财经时报》等，迅速成为财经媒体的旗手。

中国证券市场和金融市场日趋成熟，投资者的主体极为多样化，市场的历练使人们的经济行为更加理性和成熟。所以，单纯的讲故事和资本市场的技术信息已经无法满足社会的需要，更需要财经新闻行业掌握国际国内宏观政策、行业前景以及企业的总体经营情况，提供全面准确的分析报告，供投资者参考。

而网络新媒体的兴起，一方面，在冲击传统媒体市场的同时也扩大了财经新闻的受众

面；另一方面，新媒体的“平民化”“碎片化”信息传播也促使传统媒体注重财经新闻的“通俗性”与“大众化”，内容和形式更加贴近日常生活，语言和风格更加真诚、朴实。

二、财经新闻的代表和发展现状

中国财经新闻的主流是《中国经营报》《21 世纪经济报道》《财经时报》《经济观察报》四大财经报刊。

它们的共同特点：一是都是以财经为主，将经济现象、经济战略等转化为新闻；二是都具有很强的专业性和实践性，能够为不同领域的人群提供国内外经济发展趋势预测，产业和行业的经济状况分析等信息。

它们的区别点在于：首先，它们的受众群体是不同的。《中国经营报》的目标受众是商务管理层，多为受过高等教育但缺乏经济经验或缺乏专业知识的人士，主旨是“为改革开放呐喊助威，为实践者出谋划策”，立足经济前沿，捕捉财经资讯，挖掘商业价值。《21 世纪经济报道》在“入世”的背景下，强调“与国际接轨”“注重商业、企业文化”，回避敏感话题，在大众化、商业化方面表现较为突出。受众群体定位于富有决策能力、消费能力、有着高学历且极具影响力的政府官员、企业中高层人员，大部分是中青年骨干。《财经时报》的受众多为商业人士以商业投资者为主，特点是观点新颖、独到、严谨，但缺乏普遍性。而《经济观察报》追求的“理性、建设性”的受众，更注重实用性和专业性，面对的受众群则是能够独立“研究”“思考”的新成员。

当前财经新闻的发展状况并不乐观，中国财经传媒日益丰富、强大，其特点与重点也与过去有所不同。如何持续提升自己的竞争优势，最大限度地吸引受众，这是目前财经传媒的一个重要课题。

《中国经营报》是我国四大财经媒体中最早创办的一家，其从计划经济向市场经济转变，经历了激烈而又残酷的市场经济竞争。从整体上来看，财经新闻在内容和形式上都表现出了明显的特点：《中国经营报》的报道风格是：稳扎稳打、圆润、厚重、传统；《21 世纪经济报道》《经济观察报》等新兴传媒纷纷跳出了传统的“舒适圈”，大胆、新颖、时尚。各种风格，都可以在这里找到。

《21 世纪经济报道》2023 年 8 月 3 日刊载记者吴文汐，实习生梁艳琼《武汉港上半年集装箱吞吐量同比增长 15.1%，跻身全国 20 强》：近日，交通运输部公布 2023 年上半年港口货物、集装箱吞吐量数据。数据显示，2023 年上半年，全国港口完成货物吞吐量 818880 万吨，同比增长 8.0%；完成集装箱吞吐量 14919 万 TEU，同比增长 4.8%。与此同时武汉港两项指标增长速度均高于全国平均增长水平。

《中国经营报》2023 年 8 月 3 日刊载记者谭伦《驰援涿州防汛　三大运营商抢修通信设施》：7 月 29 日以来，京津冀地区受台风“杜苏芮”袭扰，迎来持续强降雨，导致河北涿州全境断网断电，8 月 1 日，工信部进一步安排部署防汛通信保障工作。随后，三大通信运营商迅速响应，驰援涿州防汛通信恢复。截至 8 月 3 日清晨，中国电信河北公司已向涿州派出应急通信保障人员 452 人次，通信抢修车辆 358 辆次、应急通信车 3 辆次，各类应急保障装备 218 台、发电油机 159 台，调用卫星电话 32 部。

《经济观察报》2023 年 8 月 1 日的刊载文章记者周婧《北京暴雨下的骑手："天气补贴由雨量决定"》：7 月 31 日，北京城区暴雨，外卖小哥姚俊文在平台上线接单。他是美团众包旗下乐跑的一名签约骑手。上午 10 点 30 分，姚俊文准时接单，暴雨导致订单量比平常多出一倍，中午时分，吃完饭，来不及休息，他继续接单，直到晚上 8 点下线。一天下来，共跑了 71 单。此文中举例说明天气与算法，至于骑手的收入问题，也会根据算法所判定的距离、分派单量而动态调整。

财经新闻的宗旨与普通民众的日常生活"亲密接触"，既要在写作时有财经专业的思维和分析，又要在语言表达上与受众的日常生活相契合。从财经新闻语言综合融汇发展的四大种子语言中创新，进而迸发形成一种特有的独属于财经新闻的体系语言。

纵向上来看，四家财经报社都在传统的经济新闻文体上有所突破，已经形成了自己鲜明的注重解释性、分析性报道的文体特征。但放眼望去，这四家财经报社在写作上也有一些值得深思的地方，那就是在专业性和可读性之间的冲突。在处理这种矛盾的时候，财经报刊往往会面临一个既不够专业又缺乏可读性的困境。

三、我国财经新闻的不足

经营好财经报刊，既是当前经济全球化的必然要求，也是我国"入世"后与世界经济一体化的必然要求。当前，国内财经报刊的专业化报道缺乏指导性，重披露而轻解析，尚不能满足受众的需求。新闻报道的内容要再丰富些，比如，全球投资、买卖外汇、个人理财等，都有很大的空间可以利用，财经新闻要得到受众的认可，必须要做到专业性的分析解读和形式语言的易读性。如果没有专业性的分析解读，那么受众的兴趣就会大打折扣，而报道语言文字易读性太差，缺乏服务性，也不能成为受众欢迎的财经新闻。深入的新闻财经报道，为了让分析和解读让人信服，就需要征引经济学的理论来支撑，以体现其专业性；而现有理论往往滞后于鲜活的现实生活，有时就显得苍白无力。经济生活中每天都有海量的财经信息，敏锐地发现有价值的信息，加以专业性的分析解读，再以清晰明确的表述，形成当天的有价值的财经新闻。

（一）不足之处

1. 起步晚

19 世纪中叶，《香港船头货价纸》报刊创立，这是我国经济新闻撰写百余年的历史起源。中华人民共和国成立后，我国的财经新闻媒体对人民群众社会主义建设的热情进行了大量的宣传，显示了繁荣的经济景象，对我国经济的复苏与发展起到了积极的作用。但是，我国的经济新闻写作起步较晚，过于强调教条主义、官僚主义，以概念化、形式化为主，甚至存在一些失实的报道。值得高兴的是，改革开放后，我国财经报刊逐渐开始呈现繁荣态势，财经新闻越来越成为各大媒体的主要报道内容，其写作水平也进入了一个崭新的发展阶段。

2. 可读性差

新闻报道的可读性，是吸引受众的一个重要因素。缺乏可读性，也就丧失了新闻报道的社会价值。财经新闻与政治新闻不同，它有很强的商业价值和一定的趣味性。虽然不像娱乐节目、体育活动那样有炫目的场景，但是，财经新闻以其天天都有“新看点”冲击受众的记忆，具有相当大的用户黏性。以经济发展、商业数据为主要内容的财经新闻，对刚入门的受众来说，或许会有一定的难度，但随着时间的推移，知识不断积累增加，人们也会逐渐习惯。从财经新闻社会实践的角度来看，应遵循三条原则：准确、有趣、平衡。许多以专业名义出现的财经新闻，如数字过多、语言单调等弊端，令受众感到厌烦。

美国报纸学会经过多年的调查，得出一个结论：要使新闻具有可读性，最重要的是要写短句。按照央视财经主持人对《经济观察报》《中国经营报》《21世纪经济报道》等四大财经报刊的统计分析，发现这四大财经报社每期的头版头条都是两三千字。《21世纪经济报道》平均每条简讯53个字，而《中国经营报》则是平均50个字。可见，好的财经新闻应当短小精悍，具有可读性。除非是深度解剖财经新闻事件的调查报告或行业阶段运行报告等题材，需要一定的篇幅才能包容。但也不是越短越好，太短，信息量过少，必然会令人难以理解，更遑论其可读性。当然，“一句话新闻”不是不可以，不过只适用于时效性极强的“即时简讯”，并且需要后续的报道来补充解释信息背景和意义。

3. 缺少专业化知识支撑，缺少对经济规律的发掘

财经新闻就是从对实际经济活动的观察和分析出发，依据已被证明的经济法则进行分析和阐释，向受众进行准确的解读。所以，财经新闻从业者需要学习和积累更多的专业知识。著名学者、中国人民大学荣誉教授、博士生导师蓝鸿文认为：“‘财经新闻’这一概念，从更宽泛的角度来看，应当涵盖所有与金融相关的生产、流通、消费等经济活动，财经金融等行业专业是我国财经报社立足的根本，也是其鲜明的身份标志。”

但是，大部分的财经新闻都是介绍性的，缺少启发性的指导意义，其中一些只是简单地报道了近期的经济状况，没有进行必要的分析和解释，有些则是过多地纠缠于细节，而疏于深入的理性探讨，丧失了启迪启蒙等教育意义。同时，金融报告的预测性和反馈性也不强。由于缺少远见和宏观性把控，财经新闻在很长一段时间里都处于蹒跚前行的成长阶段，还没有足够的实力去与国外优秀的媒体集团抗衡，争夺话语权。

（二）借鉴世界知名媒体，着力本土建设

1. 借鉴国外

媒体工作者是新闻的发掘者，也是新闻报道的撰写人，如果坚持“为受众服务”的理念，那么，他们至少可以在一定程度上解决专业性和通俗化之间的矛盾冲突。在可读性和兼容性并重方面，国际著名媒体的成功经验是非常有价值的。

美国金融和传媒界巨头道琼斯金融公司成立于1882年，三位创始人是爱德华·琼斯、查尔斯·道、博格斯·特莱斯，他们具有一个共同点——都曾经是财经金融工作者。道琼斯是一家集财经、资讯、服务于一体的国际媒体公司，拥有《华尔街日报》《远东经济评论》、CNBC（美国消费者新闻与商业频道）等多家知名媒体。道琼斯公司认为，受众是最大的利益群体（股东、广告商、消费者），但他们的目标是“服务于受众，保障受众的利益”。该集团“行为规范＋商业划分”的指导方针规定，“新闻和信息行业的基本胜利是：我们的客户认为我们所说的是真的，假如我们不提供事实，或是他们能够以任何正当的理由、

正确的渠道相信我们没有告诉他们真相，而不仅仅是他们的主观臆测，那道琼斯就无法发展。因此，排在第一位的是，新闻必须具备基本事实，客观准确；第二，要有独立的判断能力，不能依靠资料的来源；第三，舆论只体现了报纸的编辑理念；第四，从事新闻工作不得牵扯利益等”。这些知名的国际性报刊，尤其是《华尔街日报》，在不断地拓展其综合性新闻的同时，也没有丧失其以受众群体为重的成功经验，具有很好的借鉴意义。

2. 立足本土

我国的财经报刊不仅存在专业水平低的问题，还存在着“普遍性”不足、“大众化”欠缺等问题，严重影响了报刊的发展，限制了受众的市场。

中国人民大学舆论研究所《财经类报刊竞争力调查的报告》指出：受众在阅读经济类报纸时，最想要的是实际的资讯，实用性、可读性和时效性、指导性是人们选择财经报纸的首要要素。要使媒介获得真正的受众，进而占据一定的市场份额，就必须使受众的客观信息需求得到最大程度的满足。尤其是财经新闻，“满足”是指最大化地为受众提供真实有效的信息服务，以减少客户的不确定因素，从而获得较好的经济收益。专业资讯传播的内涵实质在于：及时、可靠、高效、大规模地向受众传达专业资讯，逐步建立一个灵活、多样、方便的规则化传播路径，则是决定专业资讯能否对受众产生有效影响的重要环节。

因此，财经新闻必须与受众的需求密切相关，以简洁、清晰的形式将专业信息传递给受众，深入地分析媒体与受众所面临的共性问题，寻求一种稳定而又充满生机的表达方式，在每个栏目中寻求这种发现，并以简洁、清晰的形式向受众推送有价值的专业资讯，以满足受众群体的需要。

财经报道的价值取向，是指在最大限度地传达信息时，用最通俗化的方式提取其中的核心要素，在满足受众信息需求的前提下，通过形象的、通俗的“软”方式，传播推动经济发展，服务财经金融信息需求广泛的受众。它以传统的商业受众和一般受众为大范围数据目标，最大化减少并且规避陷入模式化的创作误区，在表达方式上进行创新迭代，以更直白、更通俗易懂的方式，实现财经新闻发展的目标，如采用个人化的语言风格来“表现”新闻，充分体现财经报道的价值取向。

目前国内财经新闻相对于一般专业性不高的受众而言，可读性较差。本书认为，有深度的财经新闻，一定会牵涉到经济理论和深入的理论思考，目标受众范围必然狭小；中国的传媒业从本质而言，是“为人民服务”的，是面向最大多数人民群众的，“大众化”“可读性”既应该是必然的选择，也是财经媒体兴旺发达的必经之路。如何将“专业性”“可读性”两者有机地联系起来，相互补充，这就需要财经新闻工作者在新闻稿件的组织和写作中，兼顾新闻的价值和专业解读的通俗表述，并融合三个方面进行创新和突破。

《财经类报刊竞争力调查报告》还指出：“受众最想要的是实际的资讯。”可见，在财经新闻中，实用性是提高媒体竞争能力的重要因素。因此，在财经报道的写作上，必须以经济、实用的资讯为依据，让受众能以直观的方式来接纳。如果以实用新闻为基础，扩大其广度与深度，就会让财经新闻更加鲜活、生动，引人入胜。在市场经济的背景下，很多非财经类的新闻信息都可以为财经新闻所利用，例如区域性灾害、气象灾害预警、局地突发疫情等，这些都会对社会经济和人民正常生活产生一定的影响，从而为财经新闻提供一个重要的消息来源，同时也能在某种程度上满足受众对实际信息的需求。

3. 接近现实

《财经郎眼》是一部以八卦、家常、时事为方向讲述时下最热门的财经热点和社会热点问题的电视新闻评论栏目。自从 2009 年播出后，这个节目受到了很多受众的欢迎，也引起了《金融时报》的注意。《财经郎眼》以通俗的对话方式对财经新闻进行评论，其内容与现实生活密切相关，是一种值得学习的贴近大众的媒体传播理念。国内知名经济记者艾丰将其描述为："一觉睡醒后，躺在病床上读经济报道，仍肯读，且能读懂。"

一位《华尔街日报》的主编曾经说过，二流的记者可以向专业人士解释事件的发展，而顶级的新闻工作者则可以同时让一位小学生听明白事情的来龙去脉。接近群众的认知水平，应该是每个国家经济新闻写作的共同准则。因此，在经济新闻报道中，要尽量贴近大众的认识层次，尽量使用短语，以提高其节奏感。

常言道："文如看山不喜平。"财经新闻怎样才能把枯燥单调的数据信息撰写得活灵活现，使受众恍如身临其境呢？实践表明，"三贴近"是财经新闻写作应坚持的特色，也是使受众关注的切入点。关注财经新闻的专业性，突破传统的模式化写作套路，以通俗、个人化的语言来书写财经新闻，同时兼顾财经新闻的可读性和专业性，并善于运用创造性的思维来思考金融问题，将会取得意想不到的成果。

随着我国经济社会的迅速发展，财经领域的研究也越来越受到重视。在内容上，包括投资、理财、证券、商业等多个领域。现在，又有一种看法：只要是跟金融、经济有关的新闻信息，都可以被人们归为财经新闻来源。目前，我国各种媒体都在争相报道财经新闻。财经新闻的特点是涉及范围广泛、抽象、提示性强。而要想在这场信息时代的竞争中站稳脚跟，提高其专业性、可读性、感染力，是媒体人今后一段时间内必须练就的基本功。

第三节　网络时代财经新闻的发展

随着网络技术的不断发展，新媒介技术的运用也随之发生了巨大的变革。目前，随着信息传播方式和渠道的不断更新，信息的数量迅速增加，传递速度越来越快，财经新闻作为传统传媒的一种重要形式，也在经受着新媒体的猛烈冲击。和新媒体相比，传统媒体在内容的更新和信息的传递方面，速度都要慢得多。新媒体信息处理的"碎片化"，更适于现代都市快节奏的生活。灵活的设计和新鲜的内容，大大解构了人们对传统纸质媒体的依赖性。新媒体依托互联网，借助电脑、iPad 平板等移动终端，特别是智能手机的出现，更是让新媒体信息的接受极其便捷，信息传播面急剧扩张。目前，传统上以纸质媒体和电视媒体为主的新闻媒体，自上而下全面推动了网络资源的融合，进行与网络媒介的深度融合，即融媒体的建设。网络新媒体也在寻找自身的品牌发展优势，巩固阵地，持续发展。

一、UGC时代，内容生产仍是传统媒体的优势

在美国，传统媒体受到了网络的严重冲击，但真正有价值的新闻仍然是传统的主流媒体，这一点从2018年度“普利策新闻奖获奖作品榜”的获奖者名单中就能看出来。在14个奖项中获奖的作品有：《纽约时报》及《纽约客》关于好莱坞制片人哈维•韦恩斯坦（Harvey Weinstein）的性侵报道获“公共服务奖”；圣罗莎报《民主新闻》关于美国加州圣罗莎和索诺玛县森林大火的报道获“突发新闻报道奖”；《亚利桑那共和报》和《今日美国》关于美国与墨西哥边境修建隔离墙的报道获“解释性报道奖”；路透社关于罗兴亚难民在逃离缅甸时所面临的暴力事件的一组照片获“专题摄影奖”；GQ的自由记者瑞秋•卡迪兹•加沙关于伊利诺伊州杀害9人凶手的报道获“特稿写作奖”。总之，获奖机构大多数为传统媒体，只有社论漫画奖被一位自由撰稿人和一位独立画家合作的“以图形叙述记录难民家庭斗争与恐惧的漫画”拿下。这说明，传统媒体的长处在于对重大主题、社会热点问题的报道和深度调查仍然是他们的拿手好戏。

二、财经新闻可视化的发展趋势

随着互联网时代的到来，新媒体的优越性越来越明显，传统报纸必须积极顺应网络财经新闻发展，并通过互联网技术和大数据的优势，使其能够更好地与受众的日常生活相结合，为受众群体提供更加便捷的服务。

四川“天味食品”有限公司于2019年8月5日发布了其《2019年上半年度主要经营数据公告》。与以往不同，本半年度报告中，主营业务收入按销售渠道分布情况、主要产品收入变动情况、主营业务收入分地区构成情况、经销商变动情况等采用图表的形式，文字语言表达简洁，虽然只有三页，各项数据却一目了然。

据《证券时报》披露：在监管的鼓励支持下，一些上市科创板公司在企业官网、上证e互动等平台上，尝试发行“短视频”的2020年年度报告。在对35家科创板公司进行的问卷调查中，11家公司增加了“一张图”的可视化披露；7家企业增加了“图片＋短片”；许多公司都尝试了半年报、三季报的可视化披露，其中也包含了年报；23个企业称，它们将会持续或者尝试以图片和视频形式呈现它们的年度报告。

比如天准科技、美迪西、君实生物、凯赛生物等公司的微信视频号，通过生动的动画方式，形象地展示了公司的经营业绩、公司治理、研发成果等，具有良好的传播效果。上市企业发布年度可视化报告，可以看作未来公司业绩公布的一种趋势，一是尽可能优化用户的使用体验，二是以智能手机为核心的手持终端设备的传播优势，三是尽可能地将所需的信息传达给客户。

上海文广集团副总裁、上海第一财经集团总裁李蓉对新闻社说，新一轮的改革，将以信息、影像、数据为核心。2018年末，第一财经与蚂蚁金服联合打造了一款针对金融新手的财经短视频IP“知芝视频”，不仅有第一财经自己的原创可视化产品，也有来自PGC（专业生产内容）用户提供的初始视频。第一财经的编辑始终保持着专业眼光和技术标准，对网络短视频的内容和表达形式难以接受，经过反复的辩论和摸索，终于在专业性和实用性

上取得了一个平衡点。

四川日报报业集团《金融投资报》旗下的《金评天下》是一个具有悠久历史的老牌栏目。以前，这个栏目都是在纸质报纸上发行的，但最近几年，报社推动了传媒的深度融合，从视觉上进行了创新，成立了一个综合融媒体直播平台，定期发布《金评天下》，与主流报刊相互推介，在一定时间段内，将视频嵌入微信公众号里，极大地提升了用户体验，受到了极大的欢迎。

三、财经新闻迎来内容价值时代

对于受众而言，目前存在的问题，并非是信息匮乏，而是信息过载。如何从复杂的信息中甄别出真伪，避免被误导，就在各类的信息辨别中显得格外的重要。财经新闻领域也不例外，“标题党”“哗众取宠”“泛娱乐化”一度赚取了无数眼球和流量，真正的高质量新闻、深度调查、独立而理性的客观评价，在纷繁复杂的资讯海洋里确实是一件难得一见的珍品。无论哪个内容领域，能够火起来的，大概就是那些门槛不高的娱乐性内容了，而技术类的实用性内容虽然成长速度比较慢，但两者之间内容创作的联系却是紧密相连的，既有娱乐性，也有实用价值。在经历了互联网媒体带来的短暂的轰轰烈烈之后，我们正在从流量的价值竞争转向内容的价值竞争。

财经传媒的转型应该是从内容服务商、品牌服务商、整合营销商转变为品牌资源的整合营销。正如财经作家吴晓波曾说的：“没有所谓的传统行业，也没有所谓的新兴行业，有的是你能不能跟上这个时代的步伐，不断进行自我革命。”变革从来都是一个不能逃避、不能退缩的问题，唯有变强、变通，以融为进，创造一种全新的网络时代的财经新闻阅读环境，实现凤凰涅槃。

自从改革开放后，社会经济快速发展，人民大众与经济资讯的联系开始密切，对财经新闻的关注度随之也在不断提高。财经新闻报道从出现在人们的眼中到融入人们的生活。随着信息技术的不断发展，财经新闻报道要把握住机会，积极转型，往新的方向发展，促进我国社会经济可持续发展。

第四章　财经新闻工作者的职业素养

第一节　财经新闻写作者培养

在互联网时代，新闻工作者要牢记自己的初心，坚守自己的职责使命，坚持采访优先，事实优先；精心策划选题；采访因人制宜，因时制宜；新老媒体融合，汇时聚力；坚持记者的初衷。保持在采访的路上不停滞，让自己切身感受到时代的变迁，见证国家经济建设的发展，见证社会的繁荣昌盛。日新月异的经济现象涉及的经济专业术语越来越多，社会的发展带来财经新闻的受众也更加广泛，这就需要记者和编者具有成熟的经济知识观念，并具有一定的业务技能和信息转化的能力。

新闻采访与新闻写作有着密切的联系。新闻采访是新闻界的一种特殊活动，它可以为新闻工作者的创作提供精确、详尽的材料和信息。新闻写作的精练，是新闻制作的一个重要方面。财经新闻是新闻的一个重要方面，也是人们认识社会、体验经济发展的一个重要渠道。在这个过程中，财经新闻记者必须高度关注采访和编辑环节，只有如此，新闻财经报道的主题内容和思想观念才能够准确地传递到社会受众，发挥出良好的传播效果。在实际生活中，财经新闻的受众不一定是有丰富经济知识的人，多数看不懂专业的经济术语，与其瞎猜误读不如解释明白。所以，财经新闻的记者要做的，就是在采访和编辑的过程中，尽量使用平实的语言，让受众能够明白报道中所传达的经济状况、财经知识。这样做，也可以有效地提高新闻工作者的采访能力和编辑写作水平。

另外，也要按照受众对财经知识的理解程度来进行适当的写作。这是财经记者和编者必须要注意的问题，这样才能保证文章既有专业性，又能让大多数人理解，在写作的过程中要注意把握好专业性与大众性的平衡。在当今的融媒体时代，我们还可以对受众群体进行细分，采取“分众化”的方法，在不同的新媒体平台上分层次地发布不同专业深度的新闻财经报道，以满足不同层次受众的需求差异。财经信息是人们获取有关经济发展的信息、认识和理解经济发展的一个重要渠道。作为一名记者，要更好地向受众传递经济信息，必须要提升自己的职业素养，然而，在如何培养其优秀的采编技能方面，却成了一个棘手的问题。

一、财经新闻工作者的职业素养

采访与编辑工作是记者必须掌握的基本技术，但与其他类型的新闻相比，财经类新闻采访具有较强的专业性，需要具备丰富的专业金融知识和新闻编辑技能。此外，编辑要及时掌握国内外的经济状况，并根据受众对新闻对象的接受程度，选择恰当的措辞，以确保目标受众都能轻松理解。上述要求对记者的工作提出了更高的要求。

在培养财经新闻记者的采编能力时，要多角度、多层次地进行。第一，要提高财经新闻的专业知识和分析能力，鼓励记者提出自己的独特见解；第二，要把财经知识与新闻学理论有机地结合起来，使用多元的分析方法，挖掘有价值的信息；第三，要拓展视野把握大局，学会从大局着眼保持定力，从小处入手微言大义，能够撰写有深度、有价值、有分量的高质量财经新闻作品。

对记者来说，写作和采访是必须要学会的基本功，要不断地总结和积累工作经验，不断地进行自我分析和总结，以提升自己的采访和写作水平。但是，财经新闻不同于其他的专业新闻，不仅要有扎实的新闻学基础知识，还要有敏锐的财经新闻眼光。所以，财经记者要随时了解和把握国内外的总体经济趋势，并善于深入浅出，以便于受众迅速理解。因此，对于财经新闻的写作和采访技能的掌握比较困难，必须具有金融学、管理学等方面的专业知识，并能掌握经济发展趋势。财经新闻必须要有远见，相当多的受众对财经新闻的关注，是希望能够为自己的投资和消费提供有价值的资讯。当新闻一出，人们就会做出自己的判断，而当一个财经记者在报道中所说的仅仅是大众可以猜测到的东西，那就是一篇失败的报道。因此，财经新闻工作者要时时注意经济发展，掌握经济发展趋势，抓住受众最关注的话题，对所报道的主体信息进行深度分析，挖掘经济现象背后隐含的意义，并且做出合理的判断和预测，提升报道信息的实用价值。当你报道股票市场的时候，你都不知道“套牢”是怎么回事，你就不能进行采访，不能和受众沟通，也不能把你的话说出来、说清楚。所以，掌握和运用金融专业知识是一项重要的工作。

（一）重视财经新闻的知识积累，熟练运用金融知识

从本质上来说，财经新闻的编辑工作是一种专业性很强的职业，要求记者必须具备一定的经济知识和实际工作经历，因此，在从事财经新闻工作时，要注重知识的积累：首先要学会的是金融方面的知识，要学会专业的术语和行业的规则。在进行财经新闻编辑时，应将经济学、管理学、金融学等多个学科的知识有机地结合起来；其次，财经记者要不断增强自己的经济型思维能力，在对某一特定的信息进行分析时，要做到对信息详细的经济学分析，做出成本与收益的理性思考与价值判断，才能确保专业性和功利性。

（二）把握经济趋势，提高分析判断能力

首先，财经新闻应当具有一定的前瞻性，即为受众在投资之前或在消费之前提供指导性意见。因此，财经新闻的准确与否，直接关系到受众的投资决策或消费行为，因此，要尽可能将与经济状况和财经事件相关的关键信息准确地报道出来，并提供分析依据和判断预测，供受众斟酌决定。同时，金融报道也应该就大众的投资方向提出指导性意见。假如

财经金融报道内容缺乏专业性、没有深度，受众无法从中获取有价值的资讯，那就是一次失败的报道。所以，必须要善于把握经济趋势，把握受众的心理，为受众的投资决策提供有益的参考意见，充分反映出财经新闻的价值。

从现实的角度来看，新闻记者的分析能力不仅关系采访的质量，也关系整个部门的工作业绩。因此，在现实生活中，财经记者要注重提高自己的分析能力。财经记者必须正确、有效地认识到自己的新闻分析能力的提高对采访和写作的质量至关重要，同时还要加强对自己的分析能力的培养。

其次，财经记者在工作的时候要加强自己的阅读能力，在平时的工作和生活中尽量多看一些财经方面的新闻，将新闻中的隐含内容和深层意义标记出来，培养自己的阅读习惯和分析判断能力。

因此，对新闻记者来说，要做到对时事要闻的把握、对其背后所蕴含的信息进行深度挖掘，进而对其进行有针对性的报道，才能确保新闻报道的质量。

（三）熟练掌握“分众化”差异化传播技巧

财经新闻在人们的日常生活中起着重要的作用，随着时间的推移，财经新闻的受众群体越来越多、越来越广，有许多受众对越来越复杂的经济形势虽然不甚了了，却兴致盎然。因此，财经新闻必须要适应不同阶层的受众的需要，才能保证其专业性和可读性。

依据建立在“分众理论”上的“分众化”新闻传播策略，我们可以借助互联网融媒体平台，通过差异化传播方式有效地解决这个问题。“要适应分众化、差异化传播趋势，加快构建舆论引导新格局。”“分众”一词是阿尔文•托夫勒于 1970 年在其著作《未来的冲击》中提出的。关于“分众化”，国内学界的理解是：传播者根据受众需求的差异性，向特定受众或受众群体提供差异性的信息和服务。分众化、差异化的传播模式，是以受众为中心，针对不同的受众特征，进行个性化的“信息定制”，相比于群体化、同质化的传播，这样则可以更迅速，更有针对性，更容易引起大众的关注。建立媒介融合平台后，我们就可以通过媒介融合平台，实现“分众化”的差异性传播。首先，要依据新闻的特征来选择不同的沟通方式。比如，对突发事件的快速报道适合于广播、电视和网络媒介，而新闻采访与深度报道，更适合于利用报纸媒体进行深度的挖掘。其次，按照受众的喜好来选择不同的沟通方式。比如，老年人喜欢看报纸，年轻人喜欢通过互联网获取资讯，上班族则喜欢用智能手机等移动客户端，而学生喜欢在社交平台上刷微博和微信。新闻媒介可以根据受众的喜好，将同样的内容分成不同的深度，在不同的媒介上进行分层次的精准投放，实现“一鱼多吃”，让不同的受众都能得到自己想要的信息，让主流观点占据更大的舆论空间。

（四）加强新闻工作者阅读能力的训练

在新闻财经报道中，搜集和挖掘有价值的信息，是新闻工作者工作的主要内容。所以，要想成为一名好的新闻工作者，必须从培养分析能力入手。同时，通过对别人的编辑方式进行分析，可以使自己的编辑能力得到提升。用自己的经济学知识阐释现实的经济活动与现象，撰写出具有专业化和可读性的财经新闻报道，满足不同层次受众的阅读需求，为受众提供有价值的参考。

中国人民银行在2017年第三季度货币政策实施报告中，对两大支柱的调控框架进行了分析，题目是《健全货币政策和宏观审慎政策双支柱调控框架》（图4-1）。澎湃新闻首先指出了这一框架在处理高通货膨胀方面的效果，分析了资产价格和金融市场的变化，然后对这一问题进行了一系列的客观探讨研究。

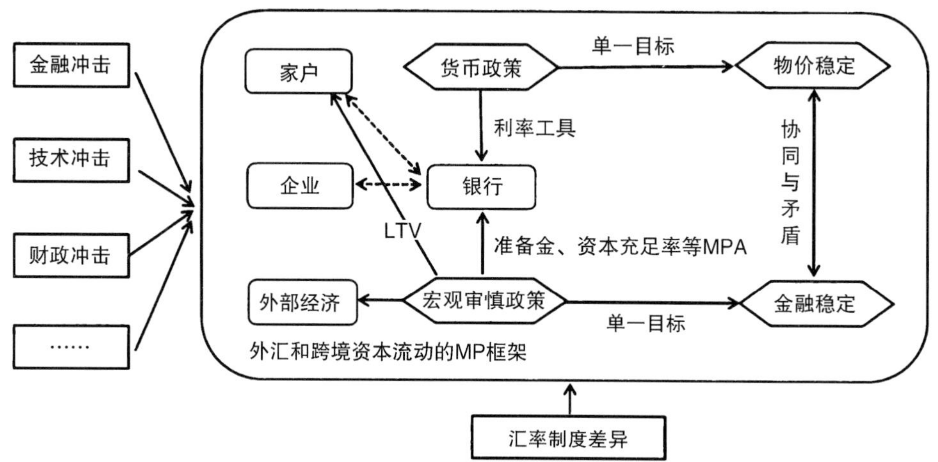

图4-1 健全货币政策和宏观审慎政策双支柱调控框架

通过全面地阅读财经新闻，分析其写作风格，增强自己的编辑能力，使自己对新闻知识的运用更加灵活和准确，所以，在进行采访前，必须要有足够的时间去阅读大量的相关新闻，并学习其他的分析方法和写作思路。此外，精力充沛的年轻记者，还可以结合最新的经济数据，随时对经济趋势进行判断和预测分析，以有效提升新闻工作者的理论素质和实践能力。

（五）充分整合经济与新闻的知识

一个好的财经新闻记者，除了要具备一定的新闻知识和经济知识外，还要能够将其灵活地应用到新闻报道的采编实践中去。财经记者应该在自己的思想中建立起一座连接现实经济态势和金融经济理论知识的桥梁。首先，要养成一种习惯，经常和周围的记者讨论金融领域的最新动态，发现潜在的问题，探索预控策略的习惯。要把握最新动态，研判未来发展，以此来强化财经领域的知识，提升自身的职业素养和专业能力。比如说，每天自觉至少看五篇财经新闻，挑选出两条财经新闻来进行比较分析，找出亮点，发现短板。

财经新闻有别于其他新闻，它最突出的特征是它所包含的专业经济术语数量更多。所以，要做一个好的财经新闻工作者，首先要在工作中提高自己对经济的认识，有一定的专业性和准确性。同时，要善于掌握新闻专业的相关知识，能够更好地传递出最好的新闻资讯。新闻记者应该充分利用业余时间，加强对经济知识的深入学习，学会运用报刊媒介向受众传递财经资讯。通过对财经知识的专门学习，积极构建以“新闻”为主体传播财经知识的写作模式。比如做股票动态报道的时候，就包含了很多的专业经济知识，需要经过记者的分析解读，然后才能通过新闻报道来有效地传递股票市场的信息。

（六）通过工作经验的积累，提高自己的技能

在财经新闻写作和采访技能培训中，要采用循序渐进的方法进行训练。一位出色的财经新闻工作者，在接受了专业训练之后，还要注意在工作中不断地积累工作经验，通过实际操作来提升自己的工作能力。比如，在财经新闻采访时，首先，要事先做好计划，明确采访对象；其次，详细了解被采访对象的特点；最后，按照采访目的和深度设定访谈的问题列表。只有构建合理的访谈程序，才能更好、更准确地与被采访者沟通，从而达到采访预期的效果。在后期编辑时，将有用的资讯抽取出来，并加以分析和整理，最后发布，以满足受众对财经资讯的需求。

每一次的采访结束之后，都要对自己的工作进行反思，从而提高自己的工作效率。此外，在编辑访谈时，需要根据自己的经济知识，将访谈中涉及的经济理论、专业术语转换成通俗易懂的文字，自己的学识不足就会捉襟见肘。财经新闻记者在进行编辑写作时，要把有关的财经资讯资源进行有效的整合，突出重点，条理分明。如果自己都不甚了了，更无法为财经新闻的受众提供有价值的资讯。

从现实的角度来看，特别是在财经媒体里，对编辑和记者的工作有着非常严格的要求，这就要求必须根据各自的工作特点，不断进行创新，才能适应市场的发展，满足受众获取有价值信息的愿望。不管是什么职位，工作经验都是非常重要的，必须要有足够的工作经验，才能适应这个行业的发展。在新闻编辑工作中，如何更好地实现自己的工作目标，提高采访和写作的质量，那就得有足够的经验。财经新闻记者的工作重心应集中于新闻采访、编辑、新闻报道，提高自己的工作能力、采访能力和新闻写作水平。

（七）强化新闻采访和写作培训训练，创新实习

在完成基本理论知识的系统学习和一定阅读技能的培养锻炼后，财经新闻工作者要有意识地提高自己的采访写作技能。

例如，可以让记者们在前一天就开始计划和采编《东亚经贸新闻》的经济板块，然后在正式版发布后，与自己的采写计划进行比较。同时，也要鼓励财经记者们平日里多关注自己的资源，多做些关于经济方面的报道。在从事财经新闻写作和采访工作中，会出现很多问题，这些问题在书籍和材料中是不存在的，所以要结合自己的知识去摸索，这样才能提高自己的写作和采访能力，积累经验。

财经新闻是新闻界新兴的一门学科，财经新闻采访和写作的特殊性，取决于其基本性质，即其功能性质。正是因为这种性质，使得财经新闻在采访和写作中，表现出高度的职业化；在采访过程中，最应采取“借嘴”的方法；采访的内容要准确、客观；注意收集、使用背景资料。

在财经新闻写作和采访技能训练中，应采取分层训练的策略，以培养新闻工作者的综合素质为终极目的，强化对新闻工作者的专业知识和理论知识的系统学习和应用。同时，还应该加强自身的实际操作技能，注重积累新闻写作和采访的经验，以增强自身的写作和采访技巧。

第二节　财经新闻报道中的问题及解决措施

一、目前财经新闻报道中存在的问题

（一）选题上的偏误

首先，某些方面的内容不能很好地适应受众的需要。更大的偏离是，所需的资讯无法获得，而无关资讯则漫天飞舞。其次，一些不正确的新闻内容不仅会损害市场经济的正常发展，还会给国家的宏观调控政策带来负面的影响。在经济体制改革过程中，存在着许多与宏观经济政策不相符的问题，部分媒体和从业人员因服务意识、经济意识、宏观思维等原因，导致其新闻财经报道可能会对市场经济产生负面影响。

（二）新闻寻租

所谓“新闻寻租”，就是媒体机构受商业组织的贿赂，为其提供“有偿新闻”，或为牟取经济利益，主动要挟商业组织；另一种则是“封口费”，即市场主体有“负面事件”时，主动向媒体采访人员送贵重财物、高额礼金，以求“封口”“脱责”。目前，新闻传播领域的寻租现象时有发生，但大多是以财经新闻为主。一方面由于市场金融监管体系中的市场法规不够完善，这就造成了一些券商及其他市场参与者利用金钱与传媒进行交易，将金钱作为交易的筹码，换取媒体的“注水软文”，烘托市场形象，抬高自身的无形资产；另一方面，目前主流财经媒体面对着市场竞争和财政困难，有些财经媒体受不了利益的诱惑，走上了“寻租”的道路。这种现象的发生，与新闻从业人员的职业道德缺失相关。

（三）缺少受众反馈机制

受众反馈是指在新闻报道的过程中，受众通过阅读、收听、收看，发表自己的意见、要求和评论，再通过媒体的反馈，形成一个互动的过程。在网络技术日趋成熟的今天，人们在日常生活中所接触的各种电视、广播、院线等，已经形成了较为完备的互动与反馈机制。然而，一些财经新闻媒体还停留在单一的传播模式，对受众的意见、诉求和反馈缺乏足够的关注。

（四）可读性差

新闻可读性是一个比较宽泛的概念，它的可读性主要有以下几个方面：一是越简单的语句，越容易阅读；二是词语越流行，越容易阅读；三是越有人文因素，越容易阅读。此外，可读性还包含许多其他的标准，如大众关注的、急需了解的、受众的心理满意等，以及其他与报道有关的因素，如标题、导语、报道语言、报道方式等。从目前的新闻财经报道来

看，新闻财经报道缺乏可读性。这些财经新闻都是罗列一些单调的数字，而且语言也过于专业，比如准备金率、贴现率、恩格尔系数、CPI、国内生产总值等。

二、应对措施浅析

目前，财经新闻在市场经济中的作用日益突出，但必须正视其存在的问题并提出相应的解决办法。

（一）新闻内容的适当选取

1. 面向受众的需要

财经新闻报道与其他类型的新闻报道具有相同的特征，即必须依据新闻的价值、政策、道德等因素，选择合适的、符合受众口味的报道，从而达到新闻的价值，满足受众的需要。在财经新闻领域，由于经济信息与人民的生产、生活有着紧密的联系，因此，如何更好地满足受众的需要，更具有现实意义。所以，在新闻报道的选择上，要充分考虑到受众的需要和心理等，并综合考虑其他因素，做出相应的取舍和选择。

2. 选择性结合

在我国宏观调控政策的指导下，以推动经济发展为目标，在市场经济条件下，财经新闻内容的选取，应注重对市场的影响与功能，要从社会和国家的集体利益出发，选取有利于市场资源配置、有利于市场经济发展、符合民众信息需要的内容；绝不能只选择不好的、对社会主义市场经济有害的内容进行报道，或者选择某些方面的片面报道。总之，在财经新闻报道内容方面，要立足于服务国家宏观调控、服务市场经济、服务民生，使其成为我国经济和社会发展的重要支撑。

（二）建立和完善反馈机制

1. 畅通信息反馈渠道

要完善和健全信息反馈渠道，首先要解决的是媒体的理念转变，拓宽多种反馈渠道，同时，它也为信息体系的建设与完善奠定了基础。

2. 建立一种互惠的回馈机制

一方面，财经新闻媒体，需要构建一种双向互动的回馈机制，这种机制必须建立在双方利益的基础上，使媒体和受众都能从中获益。另一方面，受众的参与互动，也能促进传媒在内容、角度、报道方式、报道形式等方面得到改善，从而促进传媒向满足受众需要的持续发展。通过这种回馈机制，受众能够将自己的感受反馈给媒体，进而得到自己所期待的回馈，会拉近和密切受众与媒体的感情，也有助于增强媒体的受众黏性。

（三）从多个角度解决财经新闻的寻租问题

目前的财经新闻报道中，许多寻租问题都是由人引起的，因此，要从多个角度进行应对。

1. 媒体本身

财经新闻媒体要坚持“以人民为中心”的方针，把“政府的方针”和“群众的心声”结合起来，把党和国家的重要经济决策及时准确地反映出来。在社会主义市场经济条件下，我们要做到独立、公平、公正、真实。与此同时，媒体内部要加强对其内部人员和新闻内容的监管，健全问责机制和新闻内容审查机制，对内部员工的寻租行为进行严厉的处罚。新闻从业人员在行使采编职权的同时，必须充分认识到自己所承担的义务和责任，做到严格自律，认真地采访、合理地报道，维护公众利益。新闻媒体中的“寻租”问题日益突出，其中一个重要原因就是采编和经营的融合。所以，要采取“采编”和“经营”相分离的方式。使新闻报道中的采编和运营环节不再有联系。

2. 国家层面

加强对财经新闻的法律责任追究，强化新闻传媒监管机制，为财经新闻的竞争与监督创造条件，以缩小其寻租空间。立法规制是法治建设的基本手段。要对新闻寻租行为进行具体的规制，严厉惩处违法者，加强惩治，警示广大新闻工作者，杜绝寻租行为。为了有效地控制新闻媒体的寻租，就必须加强对新闻业的监管。这就要求广大群众积极参与，通过教育，让他们认识到新闻寻租的危害，肩负起应有的道德责任，正确行使监督权力，对新闻媒介进行及时监督，防患于未然。

3. 市场主体

市场主体要加强对权力寻租的监督，强化自我监管，树立良好的法治风气，健全内部民主制信息公开制度，端正自己，不给财经媒体寻租滋生的空间。新闻媒介的竞争主要体现在报纸发行量和网站阅读量的争夺，而其本质上是由发行量、阅读量等流量所产生的广告收益。一些新闻媒体，要么是“赚流量”，要么是“吸睛”，要么是为了获取高额的广告费用，要么是发软文和有偿新闻，这就是新闻传播中的“寻租”。所以，要在新闻行业中强化市场主体的责任感，使新闻业走上正确的道路。

（四）增加阅读的途径

新闻财经报道作为一种具有较强专业性的新闻种类，准确、客观、即时、有实用价值是衡量其社会价值的一个重要指标。要想增加其阅读途径，必须以满足受众的需要和消除其信息的不确定性为目的，让受众可以理解、接受。

1. 积极探索新闻传播的新途径

近几年，国内新闻界正积极地寻求一种更具吸引力的报道方法，以“讲故事”为新闻传播思想已经得到了业界的广泛认同。事实上，财经新闻具有丰富的故事元素，在枯燥的数据后面，不为人所知的创业故事更能吸引受众。如何运用灵活、生动的语言进行新闻报道，是当前财经记者必须努力的方向。

2. 处理数字

财经新闻是一种具有高度专业性的新闻，它所包含的数据通常是非常复杂的，只有少数的受众才能理解。将其复杂、难以理解的数据，转换成统计图表、动画等信息，使原本单调的、专业的金融信息，变得生动、直观、易懂，让受众能快速地获取所需要的信息。

3. 如何处理专门词汇

财经新闻中常常会有一些抽象的经济名词，比如在财经新闻中，经常会听到或看见某个区域的“CPl”指数上升了几个百分点，而“CPP”又是怎么回事？许多人都不明白，如果不对它加以通俗解读，便会影响到这篇财经新闻的价值，也会降低它们的可读性。

《中新经纬》2023 年 8 月 20 日发表了此篇报道：“31 省份上半年人均收入：北京市首进‘4 万+’，上海增势最猛。”本系列报告选用国家统计局日前公布 31 省份 2023 年上半年人均可支配收入数据。这篇报道的成功之处，一是对数据的仔细筛选，而非单纯的堆叠和引用；二是视角贴近受众，通过生动的事例，体现出每个宏观数据对人民生活的影响。在此，数字的“娱乐性”体现在让枯燥的数字贴近生活。

财经新闻是当今信息时代不可或缺的一部分，它对国家的宏观政策、经济政策、经济和市场资源的分配、个人的选择和决策都起着很大的作用。但是，目前的新闻财经报道中存在的一些问题，严重地制约着它的价值实现。所以，我们要正视问题，分析问题，并针对问题提出相应的解决办法。

第三节　财经新闻写作中如何避免失实

针对大数据时代可能导致财经新闻的变化，下文将从技术、新闻内容、媒体管理、大众相关知识的培育这四个方面进行分析，以期解决当前财经新闻在大数据时代的“失真”问题。

一、加强数据库建设，实现数据共享

2013 年是“大数据元年”，从 2013 年起，互联网上每天产生的数据总量剧增，呈几何级增长。这是因为现在的世界，所有的一切都在“互联”，也就是所谓的“物联网”。所有的机械设备都在向着智能化的方向发展，在运行的同时，也会产生大量的数据，通过局域网、广域网，乃至更广泛的网络。随着越来越多的智能设备开始产生数据，我们需要借助数据库系统来解决数据收集、存储和理解数据的问题。《大数据时代》一书中，维克托·迈尔·舍恩伯格这样写道：“这是一个信息爆炸的时代。在大数据时代，数据源可以分成五大类型：一是互联网产生的各类数据，尤其是网络、社交媒体所产生的各类数据，其中还包含了用户在网络上浏览的、数据缓存（cookies）等；二是各类企业在经营活动中所形成的各种信息；三是官方网站上公布的各种数据，包括各种统计数据、数据报告等；四是各种公共场所、企业、个人所有的遥控传感器摄像头联网之后所生成的数据；五是公民个人、家庭在计算机互联网上保存的文字和视频资料等。

作为一名金融记者，必须要在海量的信息中，找到最有价值的信息，进行深度挖掘，才能得到最好的独家新闻素材。每天通过互联网生成的数据，大部分都是随机的，大量数

据的获取和存储是非常方便的，但要从这些数据中找出隐藏的规律，预测未来的发展趋势，却是一件相当困难的事情。表面上看起来没有任何联系，但实际上，它们的内部是紧密相连的。如果你想要理解它们之间的联系，首先要做的就是将它们储存在一个数据库中，然后让专门的分析师使用“爬虫”软件过滤筛选有用的信息，再对它们进行详细的分析。而这些分析师，必须要有足够的专业知识和丰富的工作经验。换句话说，这个世界上的数据，大部分都是和个人有关的，想要在海量的数据中分辨出个人和非个人，几乎是不可能的事情，即便是最可靠的“爬虫”软件，也不能保证不出错。因此，在各个行业中，建立一个数据库是非常有必要的。面对海量的、复杂的资料，若能把这些资料汇集在一起，进行独立的分析与处理，无疑是一件非常有益的事情。金融行业，对数据的重视程度是非常高的。这几年，国内的金融传媒已经从一开始较为广泛的、全面的金融报道，发展到了各个领域的金融传媒，有专门为股市服务的，也有为证券服务的。在这种背景下，系统的发展就必须要有数据。再加上现在的信息技术发展得很快，各国都有很强的金融监管和税务监管能力，利用信息技术进行分析，效率非常高，而且技术也在不断地进步。

在大数据时代的今天，西方媒体更加重视数据的运用。Reuters（路透社）、Bloomberg News（彭博社）、The Economist（经济学家）等不同的媒体都有自己的数据库。第一，可以让工作人员更容易使用，现在的媒体从业人员只有两个选择，要么在搜索引擎上搜索，要么在专门的数据库里搜索。不过，专业的数据库成本很高，比如万得的财务数据库，一年的租金就是十万，而且只能在一台电脑上使用。这对实践者来说是非常不方便的。如果有自己的小资料库，那么尽管建设和维护成本会很高，但也能让大家都能使用，从而大大提升工作效率。第二，也更有针对性，更值得信任。金融媒体的分类很详细，有A股的，也有港股和美股的。目前市面上的各类商务数据库，都是以全方位为卖点，并不会如同财经媒体一样细分。另外，由于企业自身不参与数据库的维护，导致数据造假难以追溯。“数据陷阱”也多是由于金融从业人员使用不靠谱的数据库搜索数据所致。财经新闻对数据的依赖性很强，不但要对新闻的内容进行严格的审查，还要对数据进行严格的“把关”。

总之，金融传媒在构建自己的资料库方面已成为一种趋势。值得注意的是，我国的财经媒体也在逐步加强企业的信息化建设，新华社就设立了“新华08”数据库，通过这些数据平台，可以保证新闻、财经报道更加准确、及时地进行数据分析和解读。

假如你是一位金融记者，你必须要写一份问卷，你会怎么做？在传统媒介时代，通常是将有关资料放在报纸和杂志上，并附一份答卷，受众勾选后，再用邮件寄回报社或杂志。该方法的统计工作量很大，而且误差也不小。随着人们进入了电脑网络时代，人们选择了网上投票。通过网上发布的调查问卷，由电脑软件程序对最终的结果进行统计，从而避免了烦琐的汇总统计和过程中的误差率。但这种调查的样本数量是否足够？统计结果是否可靠？进入大数据时代之后，我们回首过去，发现我们能得到的样本数量还是很少，得到的结果依然存在“或然性”。

在大数据时代，如果所有的数据库都能互联互通，那么我们就不需要专门的问卷调查了，只需要利用数据库中的搜索工具，根据用户在各种社交媒体上的“画像”，进行大量的数据分析，就可以得出想要的答案。这样的分析或许没有网友们自己做的那么精确，但大数据时代的一个重要特征，就是数据并不需要太精准，只要完善优化软件算法，并有足够数量的数据，就能将问题化为无形。当媒介拥有自己的专有资料库时，各资料库间的关系会更紧密。一旦事件发生，记者就能利用资料库与以往相似的事件进行对比，归纳、总结、分析，在最短的时间内捕捉到新闻热点。在发生新闻事件时，前线记者的工作是收集、整理新闻，然后由后方的工作人员对有关的数据进行分析和处理。

国内很多财经新闻的数据，都是来自不同的政府机构，所以，要建立自己的数据库，就必须要有一个系统的支持。同时，这些国家机构的数据库，也要向专业化媒体开放，加强与媒体数据库之间的联系。媒体只靠自己的独立数据库还远远不够，常常很难满足需要。

二、加强内部监管，采编分离多层次传播

财经新闻媒介的首要任务是将最新的市场信息传达给大众，并为大众提供一定的参考。财经新闻媒体是投资者与市场的“传话筒”，如果在新闻传播中存在着歧义、虚假新闻，这就造成了信息不对称，从而影响了市场经济的正常运转。不同的人所得到的信息存在着巨大的差异，信息丰富的人会占据优势，而信息匮乏的人则会处于不利的位置。信息经济学的研究表明，由于信息的非对称性，导致了市场中的交易主体之间的利益分配出现了严重的不平衡，从而影响到社会公平和市场资源配置的公平合理。

在传统媒介时代，为了确保新闻的绝对公正，新闻采编和运营已经被分割开来。这种做法既能保证新闻的专业性，又能保证媒体的正确性，不会因为某些利益而故意报道失实。而对出版商而言，这也是一种既不会受到新闻采编部门的影响，也不会影响到自己的业务的办法，这是一种既依赖又独立的关系。十年前，地球是“平（纸面）”的，十年后是“屏（数字化信息）”，大数据促进了“屏”的发展，新闻的终端不再局限于报纸、电视，智能手机、公共移动媒体等各种各样的媒介屏幕的不断产生，使得传播信息变得更加多种多样，这就是对新闻媒体的一次变革。在全媒体时代，要树立全媒体思维，构建全媒体的编辑队伍，做到一次采集、动态整合、多渠道、多层次立体发布的全方位传播模式。记者们收集了大量的采访信息，然后让编辑们进行各种形式的报道，包括数据的可视化、图片和音视频等，让新闻在全媒体平台上呈现出不同的形态，从而达到财经新闻价值的最大化。

由于观察角度和思考深度的差异，前方记者与后方编辑在处理新闻时，所关注的重点和侧重点也会有所不同。记者们通常会关注新闻的价值，值不值得做一条新闻。编辑更注重对受众的情感和对社会的影响，更着重于如何组织素材提炼“文眼”。采编分离，各负其责，这样才有利于生产出更好的新闻产品。记者不必考虑文章结构，只需要按照他们的专业知识精心收集、整理新闻素材；编辑不必拘泥于记者整理的新闻素材，可以从中选择出适合不同传播终端需求的新闻资源，进行专业化的二次编写，形成多渠道、多层次传播的财经新闻。一方面可以扩大受众面，也有利于发挥编辑的主导作用，加强新闻媒介的可信度；另一方面，也可以有效地遏制虚假新闻的传播。

媒体自身更需要建立完善的监管、把关机制，行业制订标准化体系，即由专门的人员负责，具体分工，明确各个环节的把关人。新闻媒介应建立健全内部机制，对发布虚假新闻、有偿新闻、新闻寻租、新闻敲诈等违法犯罪行为进行处罚，情节严重的可以移交司法机关。

由于金融传媒与资本市场的长期联系，很容易就会出现各种各样的“黑链条”，打着舆论监督的幌子，通过有偿新闻牟取暴利的例子屡见不鲜。2014年，《21世纪》杂志主编、副主编等相关人员被上海市公安机关以涉嫌新闻诈骗罪逮捕。据了解，犯罪嫌疑人是在网上找到了几家准备上市的公司，并“勾兑”了几家公司，利用21世纪网站做了“有偿宣传”。对那些想要和自己合作的公司，他们会收取高额的“正面推广”费用；而对那些不配合的公司，就会通过敲诈、勒索，甚至在平台上散布恶意的谣言来进行报复打击。21世纪网站的胡作非为，最终得到了严厉的惩罚。

随着新兴的互联网媒体的出现，专业人才开始稀缺，媒体的门槛也随之降低，只要有计算机（电脑），能联网，就能变成一个自媒体。尤其是财经类以观点、数据、分析来吸引读者的媒体，又直接与经济挂钩，难免成为众多媒体眼中的“肥肉”。随着时间的推移，越来越多的财经新媒体、财经自媒体纷纷登上了互联网，并获得了可观的关注度。但无论是传统媒体、新媒体还是自媒体，都必须有起码的新闻素养和职业操守，绝不能因为“赚眼球”“拼流量”而制造虚假新闻，扰乱市场秩序。传媒本身既要对员工的行为进行规范，又要对其进行适当的社会监督，以避免不良资本的腐蚀而导致行为失范。我国当前处于以国家为主导的经济发展阶段，政府在社会生活中扮演着举足轻重的角色，同时也是对社会传媒实施监督管理的主力。政府要从宏观调控的视角来构建传媒产业的组织架构，并通过政策引导传媒产业的运行和发展。

三、加强职业培训，提升职业准入

在大数据时代，需要的不仅仅是单一的专业人士，更多的是交叉学科的技术人才。例如，金融传媒，既需要有专门的采编人员，也需要有数据分析人才，还要有能将数据可视化呈现的技术人才。

（一）加强与大学教育的协作

在大数据时代，跨学科的产业开始出现，尤其是在金融领域，数据类的新闻尤其受到关注。数据新闻，也叫数据驱动新闻，是基于数据挖掘、统计、分析和可视化呈现的信息技术。目前，这一新的新闻报道形式在各类新闻报道中得到了广泛的运用，尤其是金融类的新闻报道。要建设一支能适应大数据时代、合理运用数据资源的队伍，光靠媒体本身是不行的，应该与高校共同努力，通过高校来培养相关人才。

在大数据时代，我国高校要顺应时代特征，顺应科技发展趋势，对当前的人才培养方案做出相应的调整。

1. 与传媒的协作

各大学新闻院校要加强与传媒的交流，充分了解传媒对各类人才的需要。传媒注重实战，大学注重理论，只有把理论和实践有机地结合起来，并根据传媒界的需求定向培养专业人才，才能造就一支高质量、适合时代发展的高水平人才。

2. 突破传统的文学和科学的限制

新闻专业是文科，计算机应用技术专业是工科，想要把这两个专业结合起来，还真有些难度。但网络时代，任何行业都离不开电脑的支持，新闻业要适应这个时代的发展趋势，必须要有一支能够从事信息采集和分析的优秀人才。只有具备这种高质量的人才，传媒才能在大数据时代取得更大的发展。

3. 开放全球课程分享

目前，国内的数据新闻课程教材，多来自美国和英国等发达国家，它们在这方面的研究处于世界领先地位。在全球联网的总体趋势下，我国大学可以与国外大学进一步加强合作，以网上授课的形式为本校提供专门的课程，并将线上与线下结合起来，加强人才的培养。

（二）加强对财经新闻的控制

财经新闻，很早以前被称为“经济新闻”。经济新闻涉及范围较广，以各类行业、经济形势为主，内容大多是一些专业性很强的财经类新闻，而且往往单调乏味，受众范围狭窄。后来，经济新闻的形式、内容越来越丰富，涵盖了时政、民生、娱乐等领域。随着改革开放的深入，建立完善社会主义市场经济体制转变了经济运行的模式，开始强调价值理念，媒体也主要从金融、资本市场的角度报道经济活动与现象（金融证券业每天都会产生大量的动态信息），“财经新闻”也就理所当然地取代了“经济新闻”。财经新闻的报道范围非常广泛，而记者所获得的资料也常常是模糊不清，而随着人们对财经新闻的重视程度不断提高，其所涉及的范围也逐渐扩大，从专业的知识到涉及宏观经济方面的问题。一般民众显然对专业化的分析不感兴趣，而金融传媒则要把专业化和大众化结合起来，既要有深度，又要有广度，更有吸引力。财经专栏作家贺宛男说：“经济新闻和财经新闻的材料通常都是枯燥无味、断断续续的。只有用‘讲故事’的方式，才能把枯燥乏味的财经新闻变成生动、精彩的新闻。”

以微信公众号、微博等为主要“战场”的一些财经自媒体，在这方面的做法值得借鉴。以财经自媒体“售楼处”为例，作为网络上知名的泛财经领域、地产领域的“意见领袖”（key opinion leader，KOL），在他的微博上，每一篇文章的点击量都超过了十万，如《疫苗之王》《北京终于折叠》《王健林的滑铁卢》等，都是内容质量与关注流量并存的新媒体财经新闻经典案例。如果仔细分析“售楼处”的写作风格，就会发现，言之要有物，言之要有理，言之要有序，言之要有趣，言之要有味。大部分的热门文章都是从一个热门话题开始，然后以一个小故事开头，再用一些带有强烈情感色彩的质疑、感叹，再加上对整个市场的分析。在这种情况下，每一次“画风”的转变，每一次“出格”的举动，都会产生蝴蝶效应，都会引起热烈的讨论。这种有故事感的文章，往往会吸引更多的受众，带来更多的流量。财经媒体的写作固然要借鉴国外的著名媒体，吸取它们的精华，但也要去除它们的糟粕，要用通俗易懂的语言把自己的观点融入文章之中。同时，我们也应该注意到，虽然“讲故事”的方式可以借鉴，但也不能“生拉硬扯”，为了故事化而故意捏造情节，导致新闻报道失实，影响媒体的公信力，引起民众的不满。追求“故事化”不能放弃真实性，否则就会失去受众，失去影响力，失去权威性，最终失去市场。

（三）加强数据认知

在新闻和金融报告中，数据是最重要的一环。很多金融记者都是学新闻的，本身对数据的敏感度不高，而在财经领域，数据又尤为重要。前面已经说过了，因为数据不够精确，导致了不真实的情况，所以，加强财经记者的数据能力培训，对于金融机构来说，无疑是一件非常重要的事情。在大数据时代，复杂的数据只有经过适当的处理和分析，才能转化为有价值的数据。高质量的数据必须是真实的，但有时真实的数据并不能代表高质量的数据。

通过对以往案例的分析，总体上，财经记者使用数据不准确，可以归纳为以下几类：一是对资料缺乏正确理解，对专业术语的混淆造成数据使用不当；二是对数据和数据之间的关系不清楚，造成了逻辑性错误；三是数据样本数量和代表性把握不准确，导致以偏概全的失实；四是对预测型数据的理解不够透彻，复杂问题简单化，造成了预测偏差过大。针对上述四种频发状况，财经新闻可以对症下药。首先，要组建一个专门的数据分析小组，对新闻稿件的数字部分进行严格的审核。其次，应注重培养从业人员的数据挖掘与分析能力，提高其专业能力，进而提升财经新闻的质量水准。

同时，在培养学生的数据意识和分析能力的同时，还应重视对学生进行数据可视化的训练。通过对财经信息的可视化，可以使其内容更丰富，更具趣味性，从而提高其新闻价值。财经新闻中的数据通常采用作比较的方法，而财经媒体则会将某一时段、某一特定的数据进行对比、分析，并将其绘制成可视化图表。比如财经频道的“数字说”、网易新闻的“数读”、新京报旗下的“数据新闻”栏目等。通过运用插图的方式，加上大量的图表和适当的词语，可以获得良好的展示效果。“数据新闻”栏目的每一条新闻都是以图解新闻的形式呈现的，将原本枯燥乏味的数据赋予直观的展现。

财经新闻传媒不应只追求形式的创新而忽视内容的保真，应加强对从业人员的培训和教育，以防止数据采集、分析、预测、呈现等各个环节出现问题。此外，要时刻关注和了解大数据在财经管理领域的研究动态与具体实践，学习相关前沿知识，完善自身知识体系。要使采编人员更好地把握数据，而不仅仅是单纯地提供数据，更要考虑怎样把数据可视化表达，更要思考怎样才能把信息做得更好。要想不陷入“数据陷阱”，就必须在工作中培养对数据的敏感性和逻辑思维，培养出良好的思维、判断能力，以及对数据信息的快速处理和可视化呈现能力，才能在关键时刻做出准确判断。

（四）善于辨别是非，提高受众的辨别能力

在这个大数据时代，除了微博和微信之外，每天都有很多的新闻。新媒体发布的信息种类繁多，尤其是各类网站借助大数据分析，按照个人偏好精准推送的信息，很可能会影响到大众对客观现实的认识。拉扎斯菲尔德与默顿相信大众传播有“麻醉精神”的作用，公众若在长时间被动接受知识累积下，便会产生认同感，从而不知不觉地丧失自己的判断能力。面对虚假新闻也是一样，如果受众长时间沉浸在虚假新闻中，就会丧失辨别真伪的能力，这就是新媒体大量推送各种真假混杂信息对受众的戕害。

财经新闻受众可以分为两大类。一是对财经新闻和时政新闻等同关注的受众，这一群

体更多的是“看新鲜”“听故事”，只是当作日常生活中的消遣项目，并不会实际参与其中。还有一种就是投资人，他们会综合从媒体和网络上看到的各种各样消息，做出自己的判断，然后调整投资理财的策略，或在股市投入资金，或选择投资房产、实业等。财经新闻的不真实，常常会给投资人带来很大的冲击。因此，投资者应该学习相关的金融知识，树立正确的投资理念，培养对长期市场的洞察能力，从而使投资变得更加理性。

除上市公司外，投资人控告金融传媒的案件在市场上屡见不鲜。究其原因，主要是由于媒体报道的不实，给投资者带来了一定的损害。在这一问题上，媒体和有关部门应当担负起帮助受众判断是非、培养辨别真伪能力的职责。就社会而言，要提高大众辨别虚假财经新闻的能力，主要途径有以下三条。

一是要引导投资者从正规渠道获取信息。很多投资者过于相信财经媒体或网络搜索提供的数据，却忽视了财经媒体也可能出现失误，网络搜索存在水分，自媒体更可能有意误导。财经媒体虽然也在加大打击虚假新闻的力度，但也要加强公众教育，鼓励公众多到证券交易所、证券期货行业协会和上市公司的官方网站查询相关信息。对此类网站有较长时间访问需要者，请记住各类证券监管机构、自律组织、开户证券公司、存管银行等常见网址，避免利用搜索引擎进行登录（防范假冒网站、网络钓鱼）。投资者在获取信息时，应以合法的信息披露渠道为准，确保信息的准确性、权威性，然后才能慎重选择，这才是正确的投资决策方式。

二是要提高投资者的自主投资决策能力。在投资过程中，应坚持“自主决策，自担风险”的投资原则，不能抱着只负盈亏的心态。在这个大数据时代，财经新闻的信息量很大，虽然有一些很好的参考价值，但也不能完全被“牵着鼻子走”。金融市场受到许多因素的影响，如国家宏观经济政策的调整、金融政策的调控、股票市场的投机行为、投资者的心理预期等。必须要学会独立思考，把握市场机会，慎重做出决定。对投资者来说，“理财有风险，投资需谨慎”，市场有输方有赢，投资有盈必有亏，要提高投资者的理性投资意识，依法保护自己的权益。

三是要提高对假新闻的警觉。大众之所以容易被各种各样的假消息所欺骗，主要原因就是他们对自己的判断能力过度自信，总认为自己很谨慎，不会上当受骗，从而放松了警惕，这就会让假消息乘虚而入。对于那些醒目的“内幕消息”“速看”“保证盈利”等关键词，必须保持警惕，加强防范，保护好自己的利益。

在大数据时代，信息爆炸，各种不实信息不可避免地会大量出现。如今网络上的“信息欺骗”“数据陷阱”屡见不鲜，如果不能明辨真伪，过滤不良信息，很可能形成虚假新闻。虚假新闻是新闻业中的“毒瘤”，必须加强对新闻媒介的监督；同时，在大众的视角上，要加强对虚假新闻的识别，要及时辨别虚假信息，及时求证信息的真实性，不信谣、不传谣，不转发和传播未经证实的信息，要以事实为依据，以法律为准绳。让身边的投资者能够理性投资，不相信虚假消息，提升价值投资理念。

第五章　财经新闻的写作特点

第一节　财经新闻的“功利性”

“功利性”是财经新闻所特有的属性，是任何一种新闻都无法比拟的。

财经新闻的受众主要集中在投资者与消费者，他们接受金融信息并非出于娱乐或了解时事，而是为了寻找投资或消费的信息。人们甚至可以直接从财经新闻中获利，这就是财经新闻的功利之处。巴菲特、索罗斯、罗杰斯，他们的投资理念和方式都有很大的差异，但他们有一个共同点，那就是他们对财经新闻的信任，所以，他们的投资都是靠着对金融市场的分析，来做出正确的预测。财经新闻中蕴含着商机和明显的“功利性”，在这个意义上，任何一个新闻行业，都不可能比得上财经新闻。

1912 年，《华尔街日报》的创始人克洛伦斯·巴尤对这些年轻的编辑记者说：“你工作的报社和普通的报社不同。”他的接班人表示，《华尔街日报》对于准确和公平的报道是非常苛刻的。这一点甚至超过了《纽约时报》，《华尔街日报》和普通的报纸不一样，很多人都是根据它的信息来决定投资的。一篇好的财经新闻必须要符合功利主义的要求，才能让受众在接受新闻时获得有价值的信息，从而为自己的投资和消费提供参考，所以，在进行采访和写作时，记者们要把握受众的需求，收集相关的资料，并将其整理成文，转换成一般受众可以理解的文章和节目。

厘清了功利主义的本质，明白了财经新闻之所以不同于其他新闻的原因，在采访和写作方面，就有了更加明确的目标和方向。

一、财经新闻的采访和写作，专业性要求高

在所有的新闻类别中，娱乐、体育，甚至是政治新闻，都有一些专业知识和术语，但与财经新闻相比，这些就显得微不足道了。某些新闻类别比较特殊，例如科学技术新闻、法治新闻、考古新闻等，虽然很有专业性，但是主要面对专业受众群体，普通受众不必对具体的细节有深刻的理解，记者也不必在新闻报道中过多解释。只有财经类新闻必须符合功利主义的需求，受众要从对新闻的解读中准确把握经济动态，对投资的时机进行分析判断。所以在编写财经报道时就必须把专业的经济知识和术语解释清楚，《中国日报》《华尔街

日报》《日本经济新闻》等国际著名金融报纸的经验告诉我们，要成为一名独立的财经记者，往往要花八年的时间；要培养一名时政记者，可能要花三年的时间；而培养一名社会记者，只需花费一年的时间。

要搞好财经新闻的采访和写作，必须具有较强的经济理论和金融专业基本知识，熟悉常用的经济学术语，并能够深刻地了解所采访的内容。

二、财经新闻的采访，最需要的就是“借嘴”

“借嘴”就是利用被采访者的口吻来报道新闻，客观地介绍新闻的各个方面，这是一种很常见的方法，但在财经记者的采访中，这个办法一定要做到最好。财经新闻要能与实际需要相适应，需要具有前瞻性，能准确地预测经济现象或事件的发展趋势。著名经济学家陈淮说：“经济形势、经济事件报道出来后，大家都会根据自己的理解来进行判断。”在后续的新闻报道中，如果记者只会向大众提供表面的信息，不能提出前瞻性的指导性意见或预测，就是一篇失败的报道，有时候还会误导大众。

虽然，也许只有经济学家和投资分析师才能做出这样的预言，但记者往往可以通过“借嘴”（采访）来实现。通过采访专家学者或权威人士，让他们把自己的思考和预测讲述出来，依托其权威性实现了财经新闻的价值。在策划采访时，要预先根据主题选择合适的访谈对象，搜集不同的意见，设置灵活而确当的话题。

三、财经新闻的写作，最重要的是要做到精确、客观

“准确、客观”是新闻报道的基本要求，而在财经新闻报道中，这种要求就显得更加苛刻。这也是因为它的实用性和功利性。由于财经新闻与投资行为有着密切的关系，一个引语、一个数据的错误，都可能导致投资者的财务损失。《金融时报》资深编辑马丁指出，“财经报道应更加重视社会责任”，因为财经报道本质上是各种利益的转移与变化，而每一条报道，都有可能牵涉到千家万户的日常生活。著名财经评论家《华夏时报》总编辑水皮表示，“金融记者要做大众的眼睛”，“新闻的基本价值就是信誉，所以，新闻报道必须客观、公正，才能给受众提供有价值的新闻”。可见，一位出色的财经记者在撰写文章时，对“全面准确、客观真实”的基本要求必然是“绝对服从”的。

四、表达方式的灵活性

财经新闻上讲国家宏观调控，下关人民“真金白银”。所以，在表达方式上，不仅要突出它的厚重、威严，而且要具有多元化、灵活性。要使财经新闻为受众所喜爱，在不脱离专业性、政策性的前提下，又要注重实用性、服务性。运用大众最熟知、最喜闻乐见的表达方式，将复杂的经济现象讲清楚、讲明白，从社会大众的视角来拓展财经新闻的广度和深度。

虽然就目前来看，新闻财经报道的焦点多集中在金融市场、产业政策的调整等大事件上，但不管经济现象是大是小，都要从为人民服务（即“以人为本”）的着眼点上反映出来，

从最真实的数据事实中摘选出来，因此，财经新闻既要体现物化的力量，又要把受众的利益和经济的发展有机地结合起来，把金融财经现象与人联系起来，或者通过对财经事件的讨论来服务于社会。对财经现象的解读要采用个人化、情境化的方法，并运用通俗的语言进行剖析。把一些抽象深奥的经济理论问题、拗口难懂的术语用通俗易懂的语言说出来，传达给大众。时刻保持服务社会的意识和理念，让纯财经的新闻为大众所接受，从而实现财经新闻的价值增殖。

金融信息的服务和解读是财经新闻重要的功能之一。要让财经新闻成为人民群众喜爱的内容，就必须充分发挥其服务功能，加强对经济现象的解读和阐释。对于一些重要的经济问题和金融政策，记者们不能像以前那样，一味严肃地向受众展示法律、政策，让他们在一片干巴巴的术语和数字中晕头转向。而是要用通俗易懂的语言，满足受众的关注和需求，如果需要，可以改变视角，或者分解、提炼，将经济现象中最有价值的部分，以“软表达”的形式表现“硬主题”，力求让民众看得更明白、更透彻。

五、表达方式直白浅显

财经新闻专业术语多，数字数据多，内容丰富而抽象，普通受众不容易理解接受。财经新闻还应该承担“解读者”“演说家”的功能作用，因此，它的语言交流非常重要。一个新闻工作者，首先要有一定的财经知识储备，才能在财经新闻的采编中如鱼得水、游刃有余。新闻工作者要掌握较强的沟通技巧，在运用语言上充分发挥自己的特色，既要懂得“专家语言”，又能够发挥使用“百姓语言”，做到真正能够在文笔上将专家的专业分析和深奥的理论讲清楚，让受众理解、接受。少使用模糊的词汇，最好能将专家的专业词汇加工翻译得朴实易懂，在大众中寻找共同点。此外，在财经新闻中，用老百姓的语言来讲述经济新闻，可以起到事半功倍的作用。

读得了、听得懂、容易理解的新闻财经报道，会让人感到亲切，也就是具有亲和力。所以，记者在报道专业的财经新闻时，可以采用“讲故事”的方式来接近受众。故事要贴切生动、浅显易懂，用大家熟悉的语言和方式切入经济事件中，再将其引出，既能保留其原有的价值，又能使人耳目一新，能体现民众的期望和需求，更能与受众产生共鸣。

所以，要增强财经新闻的可读性，就需要在采访过程中充分体现大众意识，强调“以人为本”，从多维度、全方位去思考、去表达，从而提高其可读性和内容质量，让财经新闻真正发挥其效用，通过其本身的魅力，走进受众心中，并逐步发展扩大成为受众依赖的、发挥效用的、真正喜欢的新闻报道体裁之一。

第二节　财经新闻的“点”“线”“面”

财经新闻的写作有“三难”：写作困难、理解困难、记忆困难，即记者难以描述，受众难以理解，过后难以记住。而对受众来说，财经传媒不仅是传播资讯的媒介，也是教育与训练的媒介。这就需要财经传媒从业人员能够撰写准确且易读的财经报告。国内最近几年对财经报纸的受众进行了一次民意调查，发现不少受众表示，他们无法理解财经新闻。这就需要对财经记者提出一个警示：财经新闻是公共知识，而财经新闻的写作与报道，要做到专业化与可读性的转换与平衡。

随着我国经济的迅速发展，人民的生活质量得到了极大的改善，大众传媒的发展普及程度也逐步攀升，受众群体不断扩展，各种媒体新闻报道的内容也在不断丰富。财经新闻报道已经成为一个独立的种类，在国内媒体新闻传播的系统中已经逐步从“基础新闻”向“骨干新闻”迈进，同时，财经新闻也从以往“政经新闻”中分离出来，向新兴新闻主体转型。

财经新闻是关于产业经济活动、社会经济现象、国家经济决策的最新动态的消息。与普通新闻相比，它具有专业性、关联性、预见性、实效性等特征。新闻财经报道的对象包括有关的决策、报告、活动安排、人员流动、产业动态、商品消费、财经市场等。

无论是专门从事特定投资领域的专业记者，还是从事全面的财经新闻的编辑和新闻工作者，都要紧紧把握新闻的点、线、面。点是平面的中心方位，线是由点构成的框架体系，而平面则是用宏观背景来表现物体，这三个要素构成了财经新闻的摩天大楼。在财经新闻报道中，要坚持正确原则、集中原则、新颖原则、深刻原则。

一、财经报道的“点”

“点”是新闻的中心，要突出当前的重大事件和问题，要突出当前受众关注的热点问题。如果没有这些要点，那么新闻报道就会缺乏分量。当然，要有反映小事件和小问题的小内容，同时也要穿插一些不太热门的话题，这样才能使受众的多元化需要得到充分的满足。

同时，在各主要方面，也要进行平衡，倡导以“小经济”为中心，即关于流通、消费等，与消费者密切相关的实际情况予以充分的报道。长期以来，国内的经济报道，新闻材料多集中于生产，强调生产对流通与消费的决定性作用，而忽略了流通与消费对生产的制约性影响；强调“大经济”而忽略了“小经济”。经济新闻要跳出传统的生产方式，注重“小经济”的报道视角，以贴近大众的视角。

二、财经报道的“线”

把握了财经新闻要旨，就可以对新闻事实的各个方面进行深入的探讨，并从中找出一条“红线”。这条“红线”并非阶段性的，而是始终贯穿的、常态的；也非外在的表象，而是内在的脉络；并非人为牵引，而是经济规律。

至于怎样从杂乱无章的新闻素材中寻找这一条“红线”，我们试从两个方面进行探讨：

第一方面，要善于抓住“线头”。任何一个新闻事件，其意义在一定程度上都是或明或暗的，因此，在进行采访时，记者必须保持敏锐的眼光和缜密的思维。遇到新鲜话题或事实时，不要轻易放过，要善于思索其深层含义。

第二方面，要能够分清“丝缕”。一个新闻事件是可以从多个视角去观察理解的，所以，线索常常不止一条，而是几条或者更多。但通常情况下，新闻的主题只有一个，这就要求我们在多条线索中分清主次，首先要把隐藏在暗处的新闻事实的诸多线索清理出来，然后通过对比判别，找到最关键的线索。

在这里，应注意到，以“红线”方法提炼题材，首先要有敏锐的眼光，不要被大量的资料所淹没；其次要认真梳理访谈所收集到的素材，形成一条“红线”；最后要注重题材和素材的有机统一，避免题材和素材“两张皮”。

三、财经报道的“面”

财经报道的面是由宏观经济环境所决定的。财经新闻的主题往往与我们在改革开放中所遇到的问题有密切的关系。这样的主题要求我们要将报道对象置于国民经济全局的大背景中来考虑和分析，不然就不能凸显其社会意义，也就不能体现其深刻的新闻价值。

财经新闻业曾经提出过一句口号：“专业精神，大众文章”。这就需要全面掌握财经报道的点、线、面。新闻工作者不仅要有良好的业务素质，要有敏锐的新闻洞察力，更要对我国目前的经济形势和发展趋势有全面的认识。

财经新闻历来受到人们的高度关注，特别是在经济快速发展、金融理念盛行的今天，人们越来越重视财经新闻。根据有关资料，2023 年的综合类报纸所发表的文章中，财经新闻的发稿量占到了 70%。当前，我国的新闻财经报道还存在诸多问题制约限制其发展，从而使问题更加突出。在各个媒体中，客观上，财经报道理论化、数据化、高深莫测、篇幅冗长等问题依然存在。因此，我们认为，我国的财经新闻应坚持自己的特色，突出专业性和深度。以“点”为切入点，突出受众的需要，实行分众化的差异性传播策略，尽可能地满足不同层次受众的信息需求；以“线”为导向，以“面”为中心，突破传统的金融报道模式；以点、线、面三个层面的高度融合，提升财经新闻的内在价值和社会品位。

第三节　当前我国财经新闻的热点报道状况分析

一、财经新闻热点报道存在的问题

（一）不准确的目标

财经新闻是指经济、社会政治等各方面的热点新闻，虽然覆盖的范围很广，但是总体上的目标是清晰的，不能脱离经济主题方向，要反映社会、经济、政治的相互联系，为大众提供有用的财经资讯，推动可持续发展的社会生产力。然而，就当前的财经新闻报道而言，其内容的选取与导向存在一定的偏差，如所选取的热点与受众的需求不符，所报道的内容常常达不到受众的预期，内容枯燥、单调、千篇一律，严重影响了财经新闻的可读性；或者为了“博眼球”吸引更多的关注，甚至无视市场经济的发展规律，罔顾国家和政府颁布的政策和法规，编造虚假新闻，产生严重的负面影响，造成了民众的恐慌，影响了整个社会和经济的发展。

（二）新闻工作者缺乏职业素养

作为财经新闻的核心人物，记者是一个不可缺少的角色，所面对的挑战也是不可忽视的，对于专业从事财经新闻行业的工作者而言，最基本的也是最重要的不可忽视的一点，就是速度，在这个信息时代，努力以最快的速度完成新闻报道，第一时间推向社会，以时效性让受众更满意。同时，我们所撰写的新闻内容，如果具有热点性质，也要从现实的重要性出发，充分利用发挥自己的一技之长和专业知识，深入挖掘，精心提炼，创作出具有理论深度和应用价值的财经新闻。这是保证财经新闻质量的前提，但目前国内的财经新闻工作者还很少有人能做到这些，这方面的培养也是我们需要继续长期努力的。

二、提高财经新闻热点报道质量的几点具体举措

（一）准确定位

在当今社会的大背景下，经济问题成为人们关注的热点，与人们的日常生活、工作等密切相关，因而引起了人们极大的重视。但是，在全球经济一体化的背景下，我国的财经新闻报道也应在把握国内经济的同时“向外看”。而要想做好财经新闻的热点，就必须站在大众的视角，把握大众对其所关心的焦点，从而在众多的经济新闻中进行准确的定位，从而抛出既满足受众需求又具有高度可读性和现实意义的财经新闻热点。

首先，要从宏观层面上审视经济新闻的热点，深刻剖析宏观经济运行的内在规律，充分把握与受众的利益关系，积极发掘新闻内在本质的要害，使之能够真正推动经济发展。其次，通过比较各国、各方面的经济现象，分析它们的异同，从而发现市场经济的内在发展规律，然后通过分析为受众提供真实可靠，科学合理的预测，比如，通过讨论、咨询等方式，根据大众的需要，得出一个结论，这样，就可以保证财经新闻的深度和广度。对于财经新闻工作者而言，要想掌握财经新闻的热点和受众的需要，必须要有一个全方位的视角，才能使财经新闻的质量得到最大程度的保障。

（二）创新打造具有鲜明特色的财经新闻热点报道

1. 根据受众需要，增强受众的阅读能力

关于财经新闻热点报道的可读性，主要表现在语言简练、人情味浓、尽量运用故事性写作、增强可读性等。当然，这一切都是建立在受众利益基础上的，要满足受众对财经新闻的需求。比如，在财经新闻的热点报道中，经常会提到“CPI”，但是对于它的具体含义，许多人并不了解，从而极大地削弱了其价值和可读性，所以，要想让新闻更好地传播，就必须要走得更近，更容易让公众了解，也更容易让受众了解。同时，在进行新闻财经报道时，也要从多个角度、多层次地综合各种新闻事实，有目的地、客观地发掘新闻背后所蕴含的内容的本质，才能更符合受众的需求。

2. 增强灵活使用数据图表的能力，不断提升写作水平

就大多数人看来，热门的财经新闻都是一些冗长乏味的专业名词，或者是一些抽象的经济数据，不能吸引受众的兴趣，也不能引起人们的共鸣。只要我们能够将财经新闻的热门报道进行分类，针对受众人群进行斟酌考量，编写出不同受众群体“看得懂、能想象”的“分众化”财经新闻报道，使之适应不同层次的受众，就能使其具有更高的价值。为此。我们就必须进行财经新闻写作的创新。

首先，在撰写热点财经新闻时，必须具有全球化的思维能力，要根据时事而论，更好地发挥财经新闻的舆论导向功能，发挥自己的能力，创作真正的有深度的受众喜闻乐见的报道。其次，要在实践中构建“现场”“社会意识”“新闻背景”等“发现”意识，从社会角度明确考察经济现象背后的内在规律，使新闻具有丰厚的内涵和感染力，满足受众的需要。比如，在进行财经新闻的写作时，要注重当前的社会热点。在金融市场上，以股票为切入点，进行新闻写作，以准确地抓住受众的“眼球”，拓展其传播的广度。或者，利用讲故事来强化财经新闻的服务功能，把抽象的新闻资讯具体化，增加趣味性，减少专业词汇的使用比例。

当然，图表的灵活运用是财经新闻的一种行之有效的方法（图 5-1）。图表运用不但可以减少冗长的文字描述，同时，它还可以让受众对所传递的内容有更直观的了解。例如，阿里巴巴在企业财务报道中清晰直白地采用饼状图、条形图、折线图等多种表现形式，以简洁、直观的方式展现阿里巴巴的股票发行情况，使得其在新闻报道中的表现形式更加多样化、内容丰富、易于被受众接受和理解。

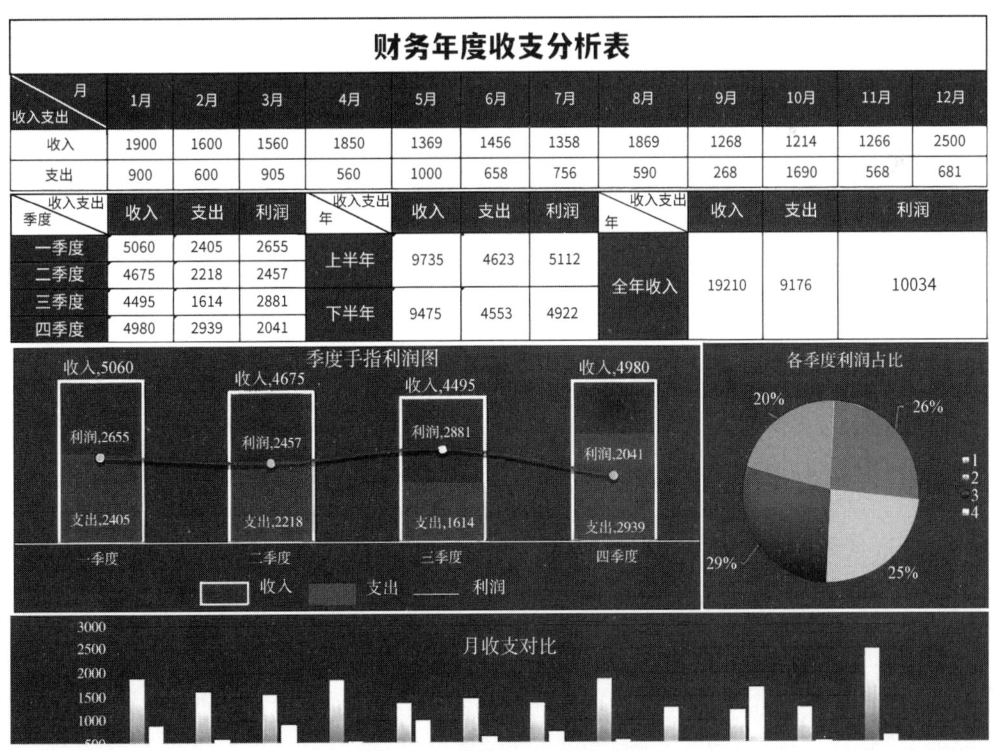

财务年度收支分析表

收入支出 \ 月	1月	2月	3月	4月	5月	6月	7月	8月	9月	10月	11月	12月
收入	1900	1600	1560	1850	1369	1456	1358	1869	1268	1214	1266	2500
支出	900	600	905	560	1000	658	756	590	268	1690	568	681

季度 \ 收入支出	收入	支出	利润
一季度	5060	2405	2655
二季度	4675	2218	2457
三季度	4495	1614	2881
四季度	4980	2939	2041

年 \ 收入支出	收入	支出	利润
上半年	9735	4623	5112
下半年	9475	4553	4922

年 \ 收入支出	收入	支出	利润
全年收入	19210	9176	10034

图 5-1　图表的灵活运用

3. 运用电脑网络信息技术，扩大新闻报道的范围

在新媒介飞速发展的今天，互联网新媒体的优势越来越突出，逐步突破了时间和空间的局限，增强了与受众的交流，丰富了受众的认知，开拓了其表达和传播的途径。财经新闻融媒体主要通过电脑网络进行文字、视频、音频等多种形式的呈现，而动画等技术的运用，使得财经新闻更具活力、更具弹性。在这种有利条件下，应不断拓展新闻报道的范围，使之多元化，使大众关注的股市、楼市、保险等信息经由多种渠道得到广泛的宣传，其效果更为明显。

（三）强化新闻从业人员职业素养的培育

要使我国的财经新闻事业不断得到改善和发展，必须加强对其从业人员职业素质的培养。同时，要充分利用自己的主观能动性，在各类培训、学习、实践中，不断创新发展，积极提高自身素质，为我国财经新闻工作的发展提供人才支持。

首先，要培养自己有较强的专业知识，包括会计学、经济学、公司法、证券法、统计学等方面的知识，能够快速准确地发现市场的动向，并以客观和专业的态度为大众提供专业的、可信度高的财经新闻。同时，要加强对海外经济的关注，使自身国际化水平得到有效提升，在深度与广度上都能与之相适应。

其次，在不断的实践中，要自觉地提高自己的经济敏感性，提高自己的分析与预测能力，成为一名资深的财经新闻工作者，能够自觉地深入挖掘深层次的经济信息，为社会和经济发展提出一些建设性的意见和建议，引起社会的关注和反思。保持本心，严格遵守职业操守，强化自身的社会责任感，积极传播正面、维护公众利益的财经信息，避免“21 世纪网新闻敲诈案”再次发生。

财经记者必须具有国际视野，能够深入群众基层，了解民众的实质需要，树立成功的人本意识，作出正确的价值判断，以独特的眼光和新闻敏感度挖掘深层内容。既能够向上看，也需要向下看，对老百姓感兴趣的热点新闻给予充分重视，提供相关指导，确保新闻创作的真实化、大众化，优化财经新闻热点报道的价值。

2015 年底，上海市浦东新区人民法院对“21 世纪网新闻敲诈案”的宣判，使财经新闻问题再度“爆红”。事实上，当前财经新闻在内容的广度、宽度选择方面，新闻寻租、新闻反馈机制等方面都还存在着许多不可忽视的问题，这些问题已经成为制约新闻质量、价值实现、财经新闻乃至新闻行业声誉的重要因素，严重阻碍着新闻媒体的发展。所以，我们要正视这个问题，认真地剖析它，寻找相应的解决办法。切实意识到在推动我国经济社会发展的过程中，财经新闻热点报道的公正客观性占有举足轻重的位置。

第六章　财经新闻的写作语言

第一节　财经新闻写作的语言要求

一、明晰

2018年4月，中国人民银行、中国银行保险监督管理委员会、中国证券监督管理委员会、国家外汇管理局联合印发了“资管新规”《关于规范金融机构资产管理业务的指导意见》。虽然这仅仅是对金融机构进行资产管理的一项法律规定，但它所涉及的领域却非常广泛，其目标是“有效控制金融风险、引导社会资本向实体经济流动、促进经济结构调整和转型升级”，本质上与一般民众的日常生活息息相关，并直接影响到人们在银行购买的金融产品。然而，目前在新闻媒介中，有关“资管新规”的报道与分析，大多集中在“摊余成本法”“非标转标”“过渡期”等方面。实际上，如果媒体能把重点放在“对普通人的理财投资的深刻影响”问题上进行解读，那这条新闻的可读性就会大增，传播面也会更广泛。

要将一个专业的金融问题转化为一般人能够理解的消息，这可不是一件容易的事情。法国巴黎政治学院的罗什教授曾对自己的学生进行过这样的特殊培训：

有一次，他在教室里谈到了关于并购和改组的问题，他让学生们把“商业语言”放在一边，用一种通俗的文字来表达。例如，他会提出这样的问题：“一个公司会因什么理由买下另一个公司？”

约翰是一名商业学院的学生。他说：“把各部门合并起来，增加公司的收益。”“你能不用商业术语吗？”罗什教授说道，“你觉得它们两个合并有什么意义？降低成本，增加收入？”

马拉是一名商业学院的学生。她说：“增加市场份额。”“又是商业英语。”罗什说。

曼迪是一名商业学院的学生。她说：“这是商学院的经典词汇，他们会更换CEO。”罗什笑道：“我知道你很专业，会用很多专业术语，也会用更高级的语言交流，但你的受众并不是这么想的。”

罗什教授说：“新闻工作者应当将重要的数据用自己的语言进行整理和解读。”他相信，越有经验的记者，文章就越能写得更短、更生动、更通俗。充满专业术语、政策原文和发言者的完整原话的文章，通常是由新手记者撰写的。他们并不知道什么是重要的或者必需的，所以最安全的方法就是将所有的东西都堆积起来。

对财经新闻工作者而言，在接到题目后，从准备到采访、写作，每个阶段都要时刻提醒自己，这篇论文的可读性是多么的重要。当你遇到无法解答的专业问题时，要敢于向专家咨询，一次不懂，就问第二次、第三次。很多著名的财经记者都很喜欢问问题。财经新闻工作者不是经济学家、分析师，也不是市场的创造者，但一定得知道股票市场与公司利润的重要性，因为公司的前途对于新闻工作者来说也是至关紧要的。所以，咨询专业人士就是非常重要的。即使有不懂的数字，也不要着急沮丧，马上掏出本子把数据记录下来，然后去咨询专家寻求帮助——毕竟，你的受众也需要一个更容易理解的表达方式。

二、简约

年轻的新闻工作者常常会陷入一种写作的怪圈：试图将所搜集到的一切素材都集中在一篇文章的开头引言部分，就像是一道色拉，色香味俱全，细节丰富。但食客们却不会照单全收，而是各自去选择自己最喜欢的食材。

在当今信息爆炸的时代，受众所能获得的阅读时间日益减少，而以快捷的方式传达信息就成为新闻的首要准则，对引言采用细致描写的写作方法也就显得毫无必要了。法国作家司汤达曾说过："写文章的唯一法则，是清晰的思想和简洁的文字。"引言不能过于华丽，也不能过长，一行可以，两行可以，三行差不多就是最多的了。如果看一则新闻，在手机应用程序中还得翻页，受众的耐心就会被耗尽。怎样才能使引言简洁？在新媒介迅速发展的时代，这是摆在财经记者面前的一个问题。

财新传媒的主编王烁曾经建议把"的"字尽量删除。我认为在"的"之前也要把形容词尽量删除。形容词通常具有较强的主观性，而单纯运用动词则能准确传达出更多的信息。另外，在新闻的引言中，应该尽可能避免对一些不涉及关键事实的细节做过度描述。引言的作用在于叙述新闻事实，引起受众的兴趣，所以，渲染气氛的叙述可以放到后面。

有时候，在引言中还会出现人名、头衔、单位名称，甚至是编号，新闻工作者要具备一定的归纳能力。例如，在两会报告中，代表和委员要有他们的身份、职务等信息，以体现他们的职业素养。但这样做的话，标题就太长了，所以在开场白里要做一些选择，用最简单的话来吸引受众。比如知名企业家，就不需要把所有的头衔都写出来，只需要在后面加上一个标题。

例如，关于上市公司的新闻，一般都会在公司的名字后面加上上市代码、上市地点等信息。不过，在引言中，这些数字代码看起来很麻烦，可以忽略不计，等以后再说。不同媒体、不同类型的文章，对引言的需求也是不同的，因此不能只追求短句，要着重把握传达正确的讯息，并能成功地引起受众的兴趣。这是一个非常有用的方法：考虑一下你会怎样向你的朋友和家人描述你将要写的故事。引言应该是简短的，却蕴含着最关键的信息。

第二节　财经新闻的写作技巧

一、财经新闻“故事化”

对于财经类新闻报刊的语言表达方式而言，“故事化”是时代发展的必然要求。基于故事的财经新闻报道，运用了一种新颖的方式，增加受众的新鲜感，从而引起了受众的阅读兴趣。同时，其案例与故事也要求其必须采用各种方式更贴近受众的日常生活，语言表达通俗易懂，便于受众吸收转化，文字轻松而流畅，给受众以一种轻松愉悦的阅读体验。但是，在这其中要注意的是，经济新闻报道不仅要具备收集信息、使用背景素材的能力，还要注重真实，杜绝虚构。要通过深入采访，看到最真实的一面，挖掘细节，把真实的新闻事件呈现给受众，将观点传达给受众，让受众自己进行选择。

把“讲故事”运用于财经报刊的新闻写作，使其成为大众所喜爱的专业知识，已被国外的媒体所普遍采用，比如美国《华尔街日报》，往往以生动有趣的故事来渲染财经话题，从而形成一种特殊的金融报道。近几年，我国传媒业面临着激烈的市场竞争，为了在竞争中求生存，必须加速变革和创新，“讲故事”就是一种可以借鉴的途径。

（一）“讲故事”的写作方式在实践中的作用

1. 扬长避短，努力贴近生活

目前，各种新闻媒体呈现出内容同质化趋势，财经报刊要在传媒业激烈的竞争中取得优势，必须坚持“扬长避短”的方针，用“讲故事”这种贴近生活的方法来写作财经新闻，使它与其他类型的新闻报道方法相区分，使之更具可读性，就可能有效地提升自身的竞争能力。

2. 贴近受众的生活

财经报刊要吸引更多的受众，就必须了解受众的需求和兴趣，并以受众的关注点为中心，解答他们的疑问，使他们从报道中获取有用信息，帮助受众自我判断，把握时机。因为与其他新闻报道相比较，财经类新闻的内容所提供信息量大、数据较多、实用价值高，进而通过“讲故事”的方式更能贴近受众的日常生活，因此备受关注，如何将“讲故事”这一方法发展，成为现今的问题之一。

3. 新闻报道的趣味性

从传播学、心理学等多角度来看，优秀的新闻报道，不仅仅是应该满足受众的好奇心，而且要有娱乐消遣的功能。财经新闻是一种非常专业的信息来源，里面包含了大量的信息和数据，只有那些对经济有一定了解的人，才能充分理解这些消息，同时产生浓厚的兴趣。而采用“讲故事”的写作方法，可以使原来单调乏味的财经新闻内容，变得具有鲜明的趣味性和可读性，从而提高受众的阅读兴趣，满足广大受众的需要。

4. 体现新闻的人情味

财经新闻采用“讲故事”的方法，不是简单地列举经济数据，而要从具体事件、模拟人物等方面入手，用生动的故事情节将具有典型意义的资讯串联起来、将财经现象或事件深入浅出地转换成故事里的情节，与受众的日常生活紧密联系起来，使受众可以直观地领会财经现象或事件的实际意义，从而体现“以人为本”的新闻报道理念。

（二）运用“讲故事”的方式

1. 实务报道方式

传统的经济新闻报道多是以数据罗列、经济分析的方式表现的。财经类新闻资讯相较于其他新闻来讲比较抽象，缺少具体意象和各种情绪、情感的影响；而生活性报道则是把个人的人生经历最大化地贴近，融入新闻报道中，或者从个人的人生情感出发，对新的国家经济政策和法律法规的含义和作用进行阐释。举例来说，在 2015 年的几次银行存贷款利率下调中，财经报刊就是从降低利率对人民生活的影响入手进行解读的。比如：存款利率降低（允许各银行存款利率适度浮动），储户存款利息的减少促进现时消费；贷款利率降低，降低融资成本，推动实体经济的发展；个人住房公积金贷款的利率不变，贷款人每月的还贷压力不变，稳定人心；等等。这些都是与受众生活息息相关的实实在在的变化。

2. 微观报道的方式

微观报道就是“以小见大”，即从现实生活的微观节点切入，以最深层的视角来观察和审视宏观的财经新闻事件。比如从一个平凡人的日常生活中，就可以看出一个故事的主题和具体的内容。从典型案例和现象出发，可以更好地反映社会经济的不断发展与变化，进而对人民的工作、生活产生巨大影响。同时，它还可以使受众对新闻背后的经济规律有自发的、更深入的理解与思考。微观层面上，也能避免出现大量的经济词汇、资料，从而降低受众的阅读困难。

3. 个案报告法

个案新闻报道是通过增加一些典型的例子来增加新闻的可读性，比如在讲述一个故事时，新闻报道会添加一些经典的例子，例如一位创业者的创业经验，一家公司的成功等。说话间，要把每一个细节都考虑得很好，在故事的高潮之外，还应该把发生的事情说出来，这样才能吸引受众的注意力，让受众产生共鸣。个案报道可以让以往单调乏味的财经新闻有更多鲜活和丰富的内容。

（三）“讲故事”的新闻报道方式

“讲故事”的写作方式，在新的历史条件下，既是一种全新的新闻报道方式，也是一条传统媒介发展的必然选择之路。新闻工作者要学会运用新闻报道的灵活性，以增强新闻的叙述能力，让财经新闻生动起来，让受众产生共鸣。

1. 在新闻报道中培养“讲故事”意识

如果记者们对这种报道方式有兴趣，他们就会用讲故事的形式来写作。没有讲故事的自觉，就不能从报道中挖掘出有价值的信息，而在采访中又往往是被动地接受，从而失去了一个很好的讲述材料。相反，如果记者有了讲故事的意识和能力，每次问问题都是为了挖掘一个有价值的故事，他们就能通过不断积累的故事元素，选择恰当的报道方式，慢慢地讲好自己的故事。

2. 深度访谈获取详细资料

新闻报道注重细枝末节，而有了细枝末节的故事就会变得生动。在访谈中，每个人的一举一动，甚至是随意的交谈，都有可能成为一个重要的新闻素材。好的细节能使新闻更加鲜活，而要想发掘出更多的细节，就必须要让记者们全身心地投入工作中，并从中发现有用的信息。

深入实地采访时，要具备捕捉细节的意识和能力，能够通过面对面的交流、深入细致的询问获取有价值的资料。特别是要顾及受众的心理感受，在发问时也要掌握好分寸，撰稿时要认真筛选资讯、过滤假信息，以避免虚假报道。而富有细节的新闻报道，具有情景再现的真实感，能让受众身临其境、感同身受。

3. 坚持新闻报道的真实性

目前，财经新闻的写作有必要进行改变，但不管如何创新，必须始终坚持“新闻的生命”，即坚持讲真话、说真事。作为新时代的新闻媒体工作者，必须坚持实事求是的态度，在保证真实性的前提下，充分挖掘报道的亮点，使受众能够从新闻中看到国际经济的风云变幻、国内经济的日新月异，把握发展趋势，了解最新动态，理智地分析判断，从而作出正确的决定。记者在采访时，应当对新闻事件进行客观的记录，而在写作过程中，筛选信息、组织素材，要注重始终保持事件的真实性。新闻报道不仅要做到客观理性，而且要做到时间、事件、人物、背景、数据等最基本信息尽量精确明晰，不存在虚构等情况。

基于故事的财经新闻报导，运用了一种新颖的方式，使受众获得了一种全新的感受，同时，新闻中的事件与故事也更贴近于受众的日常生活和衣食住行等易于受众联想到的，行文表达简单明确、真实流畅，令受众感到轻松愉快。但是请记住，新闻报道必须具有搜集和运用故事材料的能力，并且要注重真实，避免虚构，通过深入采访挖掘细节，展现真实的新闻。

财经新闻作为一种独特的商品，既具有一定的个体价值，又具有一定的社会价值。对财经新闻的受众而言，无论是报道中披露的信息、对重大财经政策的专业解读和分析，还是专业记者对行业发展的预测和数据挖掘、公司内幕交易的真相调查，甚至某个金融产品的风险报告，都有其独特的价值——能让专业受众从中发现投资的方向，得到投资的重要信息，也能帮助一般受众做出正确的消费决策。

（四）善用人物讲故事

财经领域的任何变动都离不开人的作用和对相关利益人的影响，善用人物讲故事，从人的视角对财经新闻进行报道，将人与企业合二为一，往往能使受众感觉到在与新闻人物对话，和新闻人物一起经历所处环境的变动，告别单纯读数字和政策条文的情况。作为全球最有影响力的财经日报《华尔街日报》，其刊登的很多稿件往往都注意从人物故事入手，将人性化的情怀与经济规律的理性很好地结合起来。据《华尔街日报》2023 年 7 月报道，长寿诊所 (Longevity Clinic) 在欧美风靡，以“寿命充值”的旗号，在美国本土突破到 800 家。其承诺能够帮助客户“活得更长更好”，当然前提很简单就是有钱。所有的服务要价不菲，每年保守花费估计在 10 万美元以上。有分析认为，“这些机构利用了美国富豪对长生不老的痴迷，以及对个性化医疗服务的渴望”。据悉，长寿诊所受众通常为 40 岁到 60 多岁的富人。如果把此“项目”介绍给普通民众，他们是否会认为此“项目”是值得的？

二、注重细节表达

（一）解释、解释、再解释

看不懂的财经报道，内容再好也不会达到好的传播效果。为了能让更多的受众读懂财经新闻，消除理解障碍，不仅要像其他新闻那样将新闻的核心事实解释清楚，而且需要对报道所涉及的专业名词做尽可能通俗易懂的诠释。解释、解释、再解释的更高一层要求则是不仅要告人以事，而且要启人以意。

财经新闻写作的水平表面上需要通过灵活自如的文笔技巧和章法来体现，但写作思路的形成则取决于新闻工作者的认知结构、洞察能力、思维水平。一名有使命感的记者，应当目光远大，放眼世界，面对“宏观形势”“中观思路”“微观案例”，深入浅出，以事见理，事理融合，拓展新闻报道的思想维度，提升财经新闻的质量品位。

（二）回归新闻第一线，体现信息服务性

财经新闻的本质是新闻，是对财经领域新近发生的现象或事件的报道，需要传递事态不断变化着的动态信息。人们通过财经新闻报道的信息可以了解经济生活的变动，从而进行相关的工作与生活决策，因此，财经新闻的重要职能之一就是为受众群体做好传递财经信息的服务。回归新闻第一线，要求记者既能敏锐观察经济环境的变动，开发优秀的财经新闻选题，深入财经事件发生的第一现场，把受众最关注、最需要的东西写出来，把最有价值的资讯传达给受众，在让他们获得阅读兴趣的同时，增进对财经政策、财经事件的了解，进而有所知、有所悟。

（三）善用消息体裁，及时准确传递信息

对于需要大量采写“动态新闻”的通讯社与日报的记者而言，“消息”是使用得最多的文体。如果说《华尔街日报》中大量的“特写”像正餐，那么“消息”则更像盒饭，来

得快、方便吃，营养搭配也算齐全。消息的结构相对简单，尽管各媒介都有自己的特色，但其基本架构却是一致的。文章的结构一般包括五部分：标题、导语、主体、背景和结论。新闻有六大要素：时间、地点、人物、起因、经过、结果。尽管新闻类型有多种，但它们都有共同的特点，主要是：真、实、强、短、快、活。

善用消息题材，就是说财经新闻报道要借鉴和把握“消息”的写作要点，直截了当，简单明快，要素齐全，说理清楚，以“短、平、快”的优势来取胜。

第三节　新媒介发展下的财经新闻写作

一、内容把握

一篇文稿是否与编辑的需要相符？内容是否完整？语言能力是否合格？这些问题不仅是对稿件质量的评估，也是对记者业务能力的考察。

一般而言，新闻报道的准确性是一种严格的要求，编辑在分配工作时都会给出具体的指引，而记者们在完成工作后往往也不会有太大的偏差；至于出色的文字能力，那就是锦上添花了。对一篇文稿语言文字的质量有三个方面的最基础的要求：一是消除错误，二是规范语言，三是提高写作水平。

关于写作的长度，这是一个记者必须仔细思考的问题。一般来说，不管是在电子媒介上还是在传统纸媒上，都会有一定的篇幅限制，所以记者们的投稿长短都差不多。但更常见的情况是：记者在进行采访的过程中，对一个问题的理解越来越透彻，就会有源源不断的材料；而在写作的过程中，他们会发现，这些材料都是非常重要的，甚至连对方的每一句话都不愿意删除。他本来打算写两千字的稿子，改成四千字；原来四千字的稿子，他想着要扩大到一个版面，一口气就扩展到八千字。但最终，在编辑的手中，却是被狠狠地打回到两千个字。

出现这种问题，一方面是因为记者和编辑之间的交流不够充分，另一方面，也是因为记者们仍然没有弄明白限制篇幅的道理。不同类型的报道切入的深度不同，所能承载的信息容量也是不同的，信息型以短小精悍为宜；分析型则较长一些；讨论型包括调查报告、专题研究等所承载的信息量很大，其篇幅就不会小。宜小则小，大而无当；宜大则大，小而无相。

新媒体通常会关注哪些内容，是否所有内容都是新闻？

例如，大连的上市公司獐子岛集团股份有限公司，曾经两度出现扇贝死亡，引起了广泛的质疑和舆论的高度重视。第一次是2014年10月，该公司发布了一则声明，称由于“冷水团”袭击，导致扇贝大面积死亡，造成了超过8亿元的损失，几乎相当于獐子岛一年的产量，也就是2013年全年收入的三分之一，比2013年的净利润高出十倍。獐子岛在

2014 年受到“冷水团”事件的冲击，损失了 11.89 亿元。2019 年 11 月，獐子岛又一次发布了一条关于库存扇贝存货异常的公告。据后期的数据，这次扇贝的死亡和经济损失超过 6 亿元。在 2019 年度报告的季节，人们又开始担心“扇贝会不会逃走”，因此有媒体特地派出记者前往大连实地考察。但考察结果是：今年的天气很好，扇贝也没有逃走。

这种消息在农资企业中很常见，每年都会发生，而且分析师和专家们的说法也是大同小异。这个时候，就得让记者们去“挑”新闻了，旧事不能遗忘，新的也要有。新来的金融记者，在读旧新闻方面，要比其他行业的新记者投入更多的精力，这不仅是专业的问题，也是对文章的研究和借鉴。

一些新闻本身就很复杂，比如一些大公司的收购和重组，这些细节都可以延伸出来，涉及公司、人员、资产、账户、产品、市场等，无处不在。面对此类新闻，金融工作者应从事件本身出发，寻找新闻的核心。“在写作之前，你要问自己一些问题，然后把重点说出来，然后才能开始写作。”罗什教授总结道，“关于并购的消息，主要有以下几个：谁，买什么，花多少钱，为什么买，市场反应，投资人和竞争对手。”“找出其中的特殊之处，然后快速地写出 10 个。”

当然，重要的买卖事件已经成了一个热门话题，并且持续发酵，还有许多值得深入挖掘的内容。“后面的故事可以换个角度来写，但如果你要将所有故事都写成一本书，那就太不符合逻辑了。”罗什说。《华尔街日报》是一家很好的报纸，他们会将精彩的新闻放到头版，然后让受众慢慢品味。

如果一个新闻工作者无法在有限的时间里讲出一件事，那只能说明他还没有完全了解这个事件。

如今，随着新媒介的兴起，人们的阅读习惯也在不断改变，人们对长篇文章的兴趣也越来越少。推特、脸书等网站都是以简短、直接的文字为主，视频和图片占据了主导地位，点击率远高于文字。如何在最短的时间里获取最多的信息，已成为当今受众的一种重要的阅读习惯。

同时，网络媒介通常不会对版面进行限定，万字以上的文章更是随处可见，文体新异，网络新词语不断涌现。不管是新的还是旧的，缺少了内容就不能成为新闻。“内容提供者”的工作是收集信息，提供事实，并进行分析。

二、最具代表性的四个段落

毫无疑问，一篇文章的开头是非常重要的。美国新闻学会认为，前面四个段落的写作就相当于完成了九成。这同样符合中国新闻院校的教学要求，即需要有一个好的引言。

新闻之所以被称作新闻，就在于它的“新”也就是“即时性”。早先的新闻报道注重倒金字塔式的写作，因为他们在很远的地方进行采访，通过电话、电报等手段将稿件送到编辑部，而风暴、动物和其他各种因素（特别是在战时）会对传送系统造成损害。所以，编辑部要求记者们先将最关键的消息带到这里，这样，即便是中断了，这个消息也会被有效地报道和被受众所了解，而最关键的一点，就是我们今天所说的引言。

引言应包含五个方面，分别是：标题、导语、主体、背景、结语。这五个方面必须在前面四段中明确地写出来，这样才能让更多的人来关注你的报道。

如果只是单纯地写财经新闻，那么，能够阅读的就只是对这一领域比较了解的人，而不能真正地广泛传播。所以，在报道开始的新闻章节中要融入事件的背景，能够满足大部分受众的阅读需要，以吸引更多的受众。

沃尔夫教授以美国第一大玩具公司“玩具反斗城”申请破产保护为例，教导同学们把握好新闻线索，并撰写全面报道。

玩具反斗城创立于 1957 年，历经 60 余年，已成为美国乃至世界上最大的玩具连锁店，曾经市值 110 亿美元，在美国玩具市场占有 22% 的份额。

“首先，我们要了解一下，受众阅读这篇报道的目的。”沃尔夫说，财经新闻工作者最关注的是，企业倒闭后的一系列影响股市的消息，例如什么时间破产、谁将接手、价格如何确定，等等。不过，如果真的在第一部分里写出这种东西，估计也不会有人再去读了。因此，作为一名撰写者，我们首先要回答的问题是：“为什么玩具反斗城的破产消息会对受众产生如此大的吸引力？”

学生们的回答各不相同：有的是雇员，有的是雇员的家人，有的则是担忧是否要裁员；有些人要使用贺卡，怕自己的利益受到损害；圣诞节快到了，每个人都在考虑要到哪里去买礼物；而且，实体商店会不会倒闭？股价会上涨或下跌？当供应商得知他们的破产时，他们将如何应对？投资者应该知道的是什么？

沃尔夫补充道：“另外，玩具反斗城的倒闭，也是一种产业的发展趋势，就是在电商的冲击下，出现了大量的亏损。”在这种情况下，首先要解释的是，玩具反斗城是怎么了，为什么破产。

第二部分将详细介绍，其中包括实体店的情况、全球经营状况、目前的债务偿还方式等。

第三部分则从多个方面来剖析破产对产业、投资者、消费者等的冲击，这就需要对大家所关注的具体问题进行总结和说明。例如，实体商店不会关门，礼品卡和积分照常使用，员工不会被解雇，圣诞节时增加员工，诸如此类。

第四部分，要做更多的访谈，例如行业专家、市场分析员，让受众对产品的同质性有一个更深刻的认识，即产品的同质性会让消费者迅速转向整个线上网络购买环境。

“玩具反斗城”的破产公告中包含着丰富的资讯，不同的媒介可以从不同的视角切入并进行解读。财经媒体可以将焦点放在企业的债务偿还计划、机构参与、对资本市场的影响等方面。当地的传媒可以更加注意到当地的就业市场，礼品卡的使用，以及消费者更加关心的一些细节。

“如果写出来的非常专业的文章外行人都能看懂、看明白，说明你有水平，说明你的文章能宣传群众，甚至掌握群众，这才是写文章的高手。”财政部“大笔杆子”左春台这样强道，他深知，把高深的道理用通俗易懂的话语写出来，能让群众明白才是高水平的文章。

当你真的了解了金融方面的知识之后，你就会发现，那些用专业术语写出来的稿子，只能表明新闻工作者还没有弄明白问题的实质。金融市场，说白了就是一笔笔交易，越是高级的人，所说的话就越是直白。“对复杂的金融工具，受众是不感兴趣的，等我们记者弄明白了，再告诉他们重点。别让受众上了别人的当。”

三、一小时写作

有些财经新闻不具备采访条件，不能实地考察、取证，只能靠自己的亲身经历。罗什教授在一节课上，分享了一份美国2017年第一季度GDP的统计报告。“我们将利用这个机会来学习如何撰写宏观的经济消息。假定我是彭博社的一名记者，我必须在7:30之前赶到政府的数据中心，以便在上午8:30之前发布经济数据。为了避免消息走漏，所有的记者都被安置在一个没有网络信号的房间内，无法通话，无法上网，无法与外界交流。7:30的时候，数据中心的官员会将统计报告发给到场记者，记者则代表所属媒体现场撰写新闻稿，时间只有一小时。”罗什教授解释道，“就是依据这些表格数据，在一个钟头的封闭环境中写作新闻稿，一开门就得把稿子送到外面。”为了确保公平性，各大媒体必须同时发布宏观经济数据，所以事先到场的记者和媒体必须保证不会事先透露任何消息。

由统计部门提供的图表，包括了历年和季度GDP的增长速度和各个行业的分类。一共12份表格，上面密密麻麻地写满了资料以及大量专业术语，这些表格的重要性毫无疑问。不管是中国的还是国外的，都能够知晓这些最终的新闻报道都是单调的。一般受众，除非是行家里手，否则都不会喜欢看，实际上也看不懂。要想从这些专业化的资料中找出一些受众关心的新闻信息，并且尽量用通俗易懂的语言描述出来，引起更多受众的注意和认可，就必须要跳出简单的数据粘贴，以吸引更多人的注意力。

罗什教授指出，记者必须具备一些专门知识，才能知道哪些资料最重要。比如GDP，其他数据也与此相似，例如PPI、消费者价格指数、失业数据等。要看GDP的增长速度，包括同比年和月的数据，这是一个整体的经济趋势；然后，要找出哪些行业对GDP的贡献较大，或者按年和月的变化幅度较大来对比。

罗什说道：“一小时的写作，完全是靠以前的经验，没有太多的语言表达空间，这是对记者们能力的一种考验。”

通常，宏观新闻的开头部分，会将主要的年和月度统计数字进行同比；然后结合当前政治格局、经济政策、国际经贸关系、联储的货币政策进行分析；同时也可以对该数据公布后对市场和后续经济政策的影响进行分析和预测。

“现在是8点半，所有人的稿子都是一样的。接下来，我们将开始对专家、企业家、消费者等不同群体的访谈，反馈这些数据发布后市场主体的反应，这些信息还会持续更新。”罗什说。

采访的人很多，来自各行各业，有经济学家、有政府的、有公司的、有金融机构的、有其他行业的、有普通的消费者，等等。“那些只会引用经济学家说法的记者，是个懒鬼。”罗什说，“这是最快捷、最方便的办法，你可以在新闻稿中添加他们的说法，不过你得找出更有意思的东西。”

“失业率的公布当然会引发许多故事。新闻工作者可以去失业区采访，也可以访问公司的主管，获取新鲜的信息。价格数据的公布可以用生动的故事来解释，大到房屋、汽车的产量，小到牛奶、鸡蛋的价格，都能让人津津乐道。但有一点要注意，个人的感觉很可能会和公布的数字不符，这种情况下，我们要相信数据，去挖掘新的故事。”罗什教授表示。例如，如果政府公布的数据和记者在超市所见的价格变化不同，那么就应该选择官方的数字，这是点与面之间的关系。

四、引证和剽窃

在互联网时代，新闻写作既简单，又不简单。官方的新闻稿、网络上的消息，只要稍微剪贴一下，就能变成“新闻稿件”。这就需要在新闻报道中对引用来源进行适当的规范，因为一旦界定不清楚，就会被视为是剽窃。

在传媒领域，版权的界定也很明确。“新闻事实不受版权法的保护，但报道中的措辞、语气习惯等都受到版权法的保护。”北卡罗来纳大学教会山校区对这一点有自己的规则：对其他作品、观点的引用，首先要注明出处，其次，不得超出论文的 7%，否则视为剽窃。

马丁教授说：“这是学校的规矩。学生们不能因为这条规则而对学校提起诉讼，而学校也不会因为这件事而对学生提出控告。在新闻报道中，没有关于剽窃的规定，也没有任何行业的规定，大多数的新闻机构都是有自我约束的，如果被人证实是剽窃，那就是名誉扫地。”《纽约时报》在 2010 年出现了一则新闻报道的剽窃事件。这位被剽窃的记者在文章中说：“未经说明或表明，就从《华尔街日报》、路透社等新闻媒体上摘录。”

英国《独立报》的专栏作者 Johann Hari 在 2011 年被指责在未标明来源的情况下，发表了一篇文章。他马上公开承认自己的失误：“我的确从其他作品和访谈中找到了一些材料，但是我希望能让这些材料更容易被接受。”

《时代》周刊专栏作家、美国 CNN 节目主持人法里德 • 扎卡里亚（Fareed Zakaria），2012 年 8 月 10 日承认其专栏文章剽窃了《纽约客》的一篇报道，并因此被《时代》周刊和美国 CNN 节目暂停执业。美国新闻聚合新闻网站“嗡嗡喂”在 2014 年 7 月，也为剽窃事件进行了公开道歉。主编本 • 史密斯在致歉书中承认，手下编辑本尼 • 约翰逊曾 41 次将其他网站的内容“原封不动”地抄袭。“剽窃是对受众的一种欺骗，这违反了作为一个记者必须对自己的受众负责的职业道德。而且，在维基百科里，还引用了一些无聊的东西，这是对受众的不敬。”

虽然公共报道的新闻事实不会受到版权法的保护，但是传媒和法律工作者却会对“引用”这个词提出两个问题，当两者都是“yes”时，就可以被引用。第一，引用原文，有没有添加新的含义和新的表述；第二，可没有在原有的作品中加入新的信息、新的美学视角、新的理解和新的结论，从而提高其价值。这两个看起来很简单的问题，其实就是区别剽窃和引用的关键指标，也就是有没有新的价值。

比如，某公司公布了一条消息，说“扇贝跑路了”，那就是公司赔钱了。每个媒体都能报道这种新闻事实，不存在版权问题。但如果记者采访了一些公司的内部人员，证实了一开始根本就没有扇贝，而这些都是公司在做假新闻，如果再加上其他媒体的拓展采访，比如中介机构事先知情，会计师们做了虚假的报告，这无疑是一篇很有说服力的文章。那么其他媒体在报道的时候，一定要注明出处，而不能将其当成自己的研究成果。互联网时代，哪怕是几个字、几个音调，都有可能逃不过剽窃的命运。但是判断一篇论文有没有剽窃，很难界定，也很难取证。违法的代价非常小，这也是为什么不断出现剽窃事件。

传统和新兴的媒介都会迷失自己的道路。“在新媒体和传统媒体的结合中，内容才是最重要的。一旦抛弃了对原作的敬畏和尊敬，剽窃日盛，短时间内可以获得虚假的成功，但长远来看，却会抑制创意。再说如果你总是照搬别人的话，那你就会失去独立创作的能力。”马丁教授这样说道。

第七章　财经新闻的写作题材

第一节　按照报道内容和写作特点划分

按照新闻报道内容和写作特点划分，财经新闻的类型大致可以分为四类：动态、综合、经验、述评。这四类新闻是财经新闻的基本构成部分。

第一类，财经动态新闻，是关于已经发生的或正在发生的国内外财经方面的新动态、新情况、新问题的报道，这类新闻篇幅短小、语言简洁。

第二类，财经综合新闻，是围绕一个主题，把不同地区和单位新近发生的具有同类性质又各具特点的财经活动综合起来加以报道，以反映一个时间全局性的情况、成就和问题的财经消息。这类新闻综合性强、报道面广。

第三类，财经经验新闻，也称为典型报道，是对财经领域一定时期内比较突出的典型经验的重点报道。它既可以反映财经管理工作的典型经验，也可以反映经营活动的成功做法。

第四类，财经述评新闻，是对国内外重要财经事件或某一地区、部门带有全局性的财经情况，在叙事的基础上进行评析的报道。其特点是既要报道事实，又要对所报道的事实进行必要的分析解释或者发表意见、看法。写作这类新闻时可采用夹叙夹议的方式，叙议结合，以加深受众对有关财经事实的理解。

第二节　通俗财经新闻报道概论

财经新闻的普及，是多种因素共同作用的产物，而对其进行全面的认识，则是行之有效的实施的前提。这一部分重点分析了财经新闻报道的内容要求和表现形式，并对其进行了详细的阐述。

一、内涵

广义上说，“大众”是指人数众多、难以计数的群体。知名学者陈荣美在其《一个新概念的提出》中谈道："大众特点有人数众多、成分复杂、分布广泛，不是有组织的团体，而是分在各处的性格各异、兴趣爱好各异、使用传播媒介动机各异的个人。"因此，新闻财经报道的服务性质决定了它要以"大众化"为核心，以达到其战略目标：可持续发展。财经新闻报道的"大众化"是一个相对专业化的概念，要求财经新闻的内容设计更加具有可读性和时效性。中国特色社会主义要在新的历史条件下坚持和发展，必须坚持以人民为中心。这是中国未来经济发展的重点和趋势，也是未来财经新闻的发展方向。

事实上，在一个高度开放、自由化的经济市场中，在不断发展和变化的社会环境中，人们要想积累更多的个人财产，就必须善于把握各种投资机会，时刻注意其背后的变化。从本质上说，财经新闻"大众化"，就是要为受众提供一个整体的、协调的、易于接受的信息传递模式。同时也要深刻地意识到，"大众化"传播并不是单纯地追求浅显、通俗，而是必须保有应有的深度和足够的专业性，如此才能让受众更好地了解经济事件和现象，从而为自己的财富创造价值。具有一定深度和较高传播性的财经新闻，必须善于透过现象看本质，能够抓住经济矛盾的核心，同时运用经济学、社会学、历史学、心理学等多种学科的知识，让新闻的内容变得生动起来，且不失专业深度，为更庞大的社会群体提供服务，由此释放更大的价值效益。

二、需求

上海文广萧美瑾在《议财经新闻的大众化》一文中指出，"中国居民，特别是经济发达城市的居民，对财经类信息，对投资理财和商业操作的资讯需求日益强烈。"与此同时，也有一些学者指出，随着传媒产业的竞争日益加剧，财经传媒在谋赢利、求生存的过程中，也要更多地关注受众的需要。从需求结构层面来看，财经新闻走向大众化是不可避免的。其主要影响因素有两个，一是受众需要，二是生存需要。

受众需要，是经济新闻报道的最直接的动力因素。在这场信息大爆炸的冲击下，受众人数剧增，囊括了来自各行各业的人，特别是在经济危机的冲击下，市场需求越来越大。对于普通民众来说，他们很难直接获得关于财富的有价值的信息，因此，通俗易懂的财经新闻节目更受追捧。

过度强调"专业化"，势必降低其发行量和收视率，严重危害其可持续发展；过度强调"大众化"，极易陷入"低俗媚俗""娱乐至死"的泥潭。在寻找可持续发展战略路径的过程中，财经新闻栏目应坚持"受众本位""专业化"与"大众化"相结合，对"大众化"的内涵与表达方式有深刻的认识，随着社会主义市场经济的发展，社会分工越来越清晰，特别是在信息技术飞速发展的今天，财经传媒和新媒体之间的竞争越来越激烈，为了提高关注度，积极迎合受众的需要，这是它赖以生存的基础，也是利益驱动下的必然产物。

三、表现

长期以来，关于"专业化"与"大众化"的财经新闻报道之间的争论一直没有停止。

在寻求可持续发展的策略路径时，财经类新闻节目必须坚持“受众本位”的理念，同时要兼顾“专业化”和“大众化”的关系，深刻理解“大众化”的含义和表现形式，从而达到最好的效果。从以往的经验来看，财经新闻面对不同层次的受众群体时，在主题选择、节目设计、话语选择等方面都表现出了不同的特点。

“一道好题，一道科学的题目以百姓的眼光看经济，以经济的眼光看社会”，是财经新闻栏目的宗旨和理念，直接影响着财经新闻的着眼点和采编方向。以广播电视媒介为例，CCTV-2 的《中国财经报道》栏目自 1997 年开播以来，不断增加播出时长，拓展细分栏目和覆盖面，目前已有数十个栏目，并在许多卫视频道播出。这些栏目遵循“分众化”策略，各自选取不同的聚焦点，面向不同层次、不同偏好的受众群体。各栏目内容客观、公正、理性，所涉及的话题也比较专业，突出主题的亲切感，以民众的关注为主要指标，因此，节目具有很强的吸引力。同时，在语言结构上也针对受众特征，善于运用多种语言，特别是接近受众审美情趣的“网络语言”，往往能达到出人意料的效果。《第一财经周刊》的全新演播室谈话类节目《头脑风暴》就是其中之一，他们已经取得了很好的成绩。而且，在资讯科技发达的今天，人类已步入“读图时代”，无论是互联网还是在日常生活中，大量的图文表达，给人以强烈的视觉冲击，从而在人们的日常生活中搭建起一条畅通无阻的沟通渠道。不但可以更好地引导人们的思考，也可以启发受众根据自己的情况，创造出更多新颖的方式。所以，在电视财经新闻节目中，创新视觉化设计，对于财经新闻节目的普及具有十分重要的意义，它既是市场需求的产物，也是其可持续发展的必然选择。

四、措施

（一）提高人才素质

在知识经济的时代，人才是推动社会可持续发展的重要力量，也是实现财经新闻传播的必要条件。作为财经新闻来讲，其本身就是一种特殊的新闻，它从诞生那天起，就蕴涵着丰富的专业体系和基础理论，对相关从业人员的素质要求也很高，必须具备扎实的专业基础，并能将其运用到各方面。具体地说，在大众化的传播视野中，财经记者要善于运用经济的观点来审视各种社会现象，客观公正地分析大众所关注的问题，以凸显其价值。不过，就目前的情况来看，不少财经记者“半路出家”，缺乏实战经验，对经济的认识还很有限，不能对复杂的经济现象进行深入的剖析，容易产生错误的判断和理解，从而丧失受众的信任。但是，即便是有较好经济基础的专业人士，面对多变的经济环境，如果故步自封，也无法很好地应对新形势带来的挑战。

因此，要树立高层次的人才战略理念，明确推广工作的指导思想，结合自身实际，组织开展多种形式的培训教育活动，通过专业人员的广泛参与，充实员工的知识积累，共同探讨增强报道的针对性、实用性和权威性的路径；加强职工职业道德和为人民服务的意识。

（二）激发市场活力

如前所述，从自身的生存需要出发，对财经类新闻报道进行“大众化”差异性传播是必要的。特别是在新时代中国特色社会主义市场经济体制建设的背景下，传媒产业内部的竞争越来越激烈，因此，要从根本上打牢根基，实现错位发展，进而激发市场的活力。以《都市财经》为例，经过数十年的发展，积累了丰富的发展经验，在激烈的市场竞争中，形成了很好的品牌形象。通过多方媒体资源整合，现在的它不仅是一份报纸，还包括视频制作、网络媒体等，这是一种可喜的变化。在这方面，要充分发挥自己的优势，利用已有的信息资源，以城市为目标，牢牢把握受众的投资和消费需求，为他们带来专业、立体、精准的资讯服务。企业要建立自己的文化传播平台，通过自身的声音，吸引更多社会媒体的关注，从而形成自己独特的品牌。

同时，要深入理解“大众化”的含义，及时掌握市场动态，注重服务性、实用性、专业性，在采编、发行、活动营销等领域，取得更好的成果。在一定程度上，“大众化”的财经新闻是21世纪的必然选择，也是新闻媒体发展的必然要求。但必须立足于广大的受众群体，坚持已有的市场，不断地向外拓展，以服务社会为基础。在不断优化服务方案的同时，善于发掘自身的资源优势，使之与大众沟通成为主流，才能更好地吸引和整合。这是一个良性的循环，能为客户提供最好的服务。

（三）过渡工作模式

财经新闻报道是一种专业性较强的新闻门类和媒体服务项目，可以说是一种知识的传递。它打破了知识类型的边界限制，对特定的财经新闻现象进行跨界的、恰当的分析，加以专业性的解释或前瞻性的评论；实现从简单的信息传递到财经现象或事件的解析、演示的转变；这就是从“授人以鱼”到“授人以渔”的转变。在真实的经济环境下，投资者或操作者们每日都要面对许多问题与选择，因此，我们将财经新闻报道引入分析的层次，强调各种新闻元素间的联系，深入挖掘其背后的脉络关系，以一系列的资料为依据，以“为什么”为核心，提升自身的权威与专业水准，以获得大众的信赖。如何对现实问题进行正确的指导和解决，是当今财经新闻传播的一个重要内容。通过这种方式，可以使人们在不知不觉中，把经济知识与自己切身的经济活动结合起来，从而实现“把人民的幸福生活作为我们的奋斗目标”。

总之，财经新闻媒介以知识、理念为主导，只有与受众有了思想上的共鸣，才能让新闻传播得更好，并在一定程度上形成对媒介的信任与依赖，才能逐步形成良好的社会舆论环境，才能促进社会主义现代化建设的进步和发展，才能促使受众不断地进行阅读和购买。因此，在经济新闻报道的大众化过程中，应重视从信息源到观念资源的转换，以定时、定向、定量的方式抽取成熟的新闻资讯，通过客观理性的加工，使之能为大众所接受，从而提高新闻的人文性和传播力。要顺应媒体发展趋势，创新媒体格局。

（四）优化创作内容

美国普利策新闻奖获得者富兰克林认为，“运用生动的描述和场景设定，将事件等客观或主观发展的情节和容易忽略的细节等表现得淋漓尽致，尽可能突出本体事件背后的真实故事”，以迎合普通受众的阅读习惯和审美趣味，不断推出新版本、新解读，让阅读更有意义。财经类新闻栏目应采用不同的叙事方式，使之能更加符合时代节拍，更加适应和满足受众的心理需求，使受众获得丰富的思想情感体验，获得更高的情感价值，并从中受益。

新闻媒介的特征是分层次呈现的，在不同的场合、不同的情况下有不同的描述。并不仅仅局限于“故事化”，而是要根据新闻内容，采取恰当的表达方式，以迎合受众的需求偏好，使其获得丰富的思想和情绪体验，并使之受益。经济新闻报道可以通过各种形式来突出经济事件背后的故事，使之符合普通民众的阅读习惯和审美趣味，突出人物在报道中的灵魂角色，并选取具有代表性的人物，大幅提升受众的理解程度。比如《第一财经周刊》一篇名为《3000 万消费者》的微博，开头第一句就是“吴克有种错觉，此时自己正置身在某条商业街上”，接着描述了“校园营销”在中国传媒大学校园里的火爆景况。这种“极度渲染”的手法在第一时间就抓住了读者的眼球。同时，在新闻报道中，要以时序为主线，以通俗易懂的形式，让受众了解有关经济现象；在此过程中，应注意做到“专业性”与“大众化”的平衡，坚持“精英”的文化传统，以“高品质”赢得受众的青睐，逐步养成理性接受的心态，拒绝“娱乐至死”的引诱，从而达到可持续发展的目标。当然也并不是所有的财经新闻报道都适宜用“讲故事”的方式表达，政策性的财经新闻报道应当严肃化、数据化。面对这种题材，要有严肃的态度，寻找突破“枯燥”的瓶颈的路径，如添加图标或者插图、融合内容、轻松表达，争取获得最佳效果。

（五）深入了解外部环境

数千年的发展历程表明，人类的发展始终与经济活动紧密联系在一起，这既符合经济规律，又符合人类社会发展的历史逻辑，这与人们对美好生活的无限向往有关。从这个意义上说，只有通过发展生产力，才能满足人们的物质生活条件，进而追求人的发展。

然而，现实生活中真正了解经济规律的人，却是寥寥无几，导致大众的经济风险也是成倍地增长，特别是在经济体制不断深化和经济转型进入更加困难的时代。人们对财经知识的认识和需求不断增加，这就要求财经新闻不仅是市场信息的传播者，而且要发挥重要的经济知识普及和社会训练功能。所以，从通俗的角度来看，财经新闻报道也应该重视对政策、经济等外部环境的深度剖析，以帮助受众规避经济风险，实现对私人财富的追求。由于财经新闻事件的突发性、多样性和可逆性，它与社会、经济的方方面面都有着密切的联系，是多种因素共同作用的结果。在实施的过程中，财经新闻要牢牢把握国家、民族、社会等现状及机遇，以客观翔实的阐释，适时地宣导党中央的一系列政策方针的初心与走向，坚定人民对特色社会主义经济发展的信心，激发出大众潜在的精神内涵和创造性，为社会主义市场经济的发展提供有力的支持。同时也要以广大群众的利益为出发点，根据目前的经济、市场情况，对潜在的金融风险进行预警，提示监管部门，警醒社会大众，实现有效的风险预控。只有这样，才能真正为老百姓服务，让老百姓从中获益。

第三节 关注宏观经济

一、经济增速

长期以来，经济增长速度始终是我国经济发展的首要因素，许多地区的经济增长速度与当地政府的政绩有着直接的关系。然而，近几年，随着我国经济增速的重心逐渐向下，工业转型的继续深入，经济增长的速度相对来说已经变得不那么重要了，相反，经济增长的质量得到了更多的重视。2020 年 GDP 增速曾出现过明显的负增长，“两会”甚至干脆不设定全年经济发展指标（图 7-1）。当然，在这场疫情大流行之后，未来的几年里，我们还得继续关注宏观经济的发展。

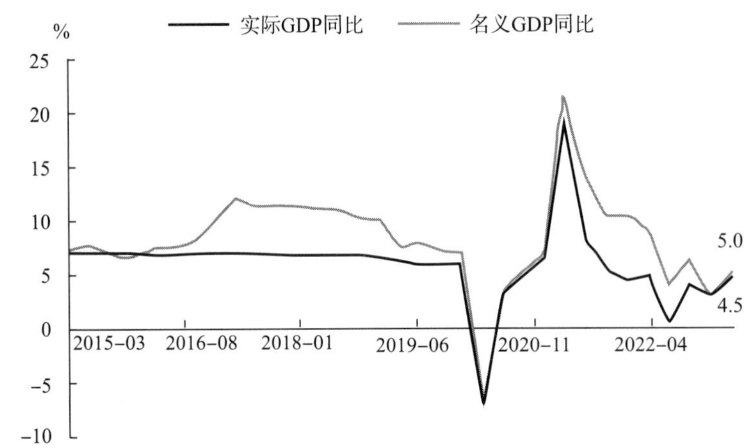

图 7-1 2015—2023 年一季度实际 GDP、名义 GDP 同比增速变化情况

数据来源：CEIC wind：华泰研究

通常来说，经济增长速度是指 GDP 的增长速度，通常情况下，国家统计局会在每一季度的两到三个星期后发布数据，GDP 按不同的统计方法，可以将其划分为名义 GDP 与实际 GDP。具体数据受两个因素的影响，即由国家统计局发布的现行 GDP 的实际产出和价格变化所决定。按照统计机构的定义，名义 GDP，是指以当年的商品和服务价格为单位的所有成品的市价，实际 GDP 指的是以前一年为基准的所有产品的市价，即统计局发布的不变 GDP。

有了名义 GDP 和实际 GDP 的数据后，就可以较为简单地计算出不同口径下的 GDP 增速。我国一般每 5 年调整一次基期，2016—2020 年以 2015 年作为基期来进行统计。两者之间的

关系体现为 GDP 平减指数（也称缩减指数，是名义 GDP 与实际 GDP 之比，即没有扣除价格变化的 GDP 与扣除价格变化后的 GDP 之比），可以用来大致衡量一段时间内全社会的商品和劳务的价格涨幅，也就是通货膨胀的程度。

这两种 GDP 在作经济分析时有不同的作用，在观察绝对 GDP 时，我们更多地把注意力放在名义 GDP 上，比如，2019 年国内生产总值大约为 99 万亿元，2020 年前三个月 GDP 大约为 72 万亿，这就是名义 GDP 总量（图 7-2）。与其他国家进行比较时，可根据当前的汇率，可以轻易地计算出美元单位的 GDP 总量。在观察经济增长幅度的时候，我们会更多地关注 GDP 的实际增长率。比如，我们说 2019 年的 GDP 将会以 6.11% 的速度增长，2020 年的前三个季度，GDP 的年均增长率将会达到 0.70%。通常情况下，我们只关心 GDP 的实际增长速度是否超过了 GDP 的增长速度。但是，GDP 增长对于长期的无风险利率，比如长期的债券利率，以及整个社会的资本回报率，都有很大的影响。

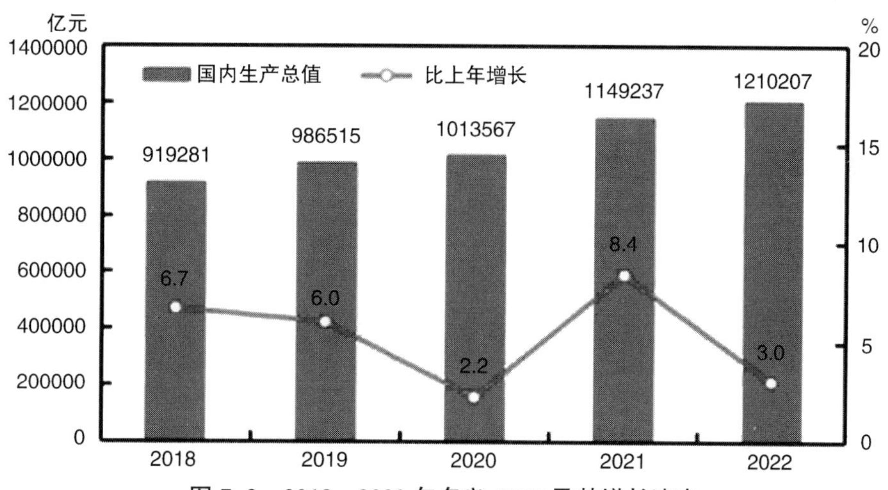

图 7-2　2018—2022 年名义 GDP 及其增长速度

数据来源：国家统计局

需要说明的是，GDP 虽然是一个很重要的数据，但是它的发布频率并不高，而且它的发布时间也不会太长。就发布时间而言，反映经济的变化趋势的月度 PMI 发布，要远远早于 GDP 的数据，这是一个很好的前瞻性的预测指标。关于 PMI，我们要注意的是，制造业 PMI 并非各生产企业的总体指标或子指标。比如，制造业 PMI 中供应侧的产量、新订单的需求侧、进出口等指标都可以与海关的进出口报关数据相结合，而原料和产成品的库存指标则可以从某种程度上反映出制造业企业的生产意愿。各产业指标中，高科技制造业、装备制造业、交通运输、电信网络软件、住宿餐饮等行业的商务活动指数，以及制造业等弹性较高且受投资影响较大的行业均值得重点关注。

除统计局发布的 PMI 指标之外，较早发布的财新 PMI（由英国研究公司 Markit Group Ltd. 与财新合作发布）指标也同样令人关注，财新 PMI 所收集的样本中，包括了许多中小型服务业公司，可以很好地补充统计局发布的 PMI，如图 7-3 所示。

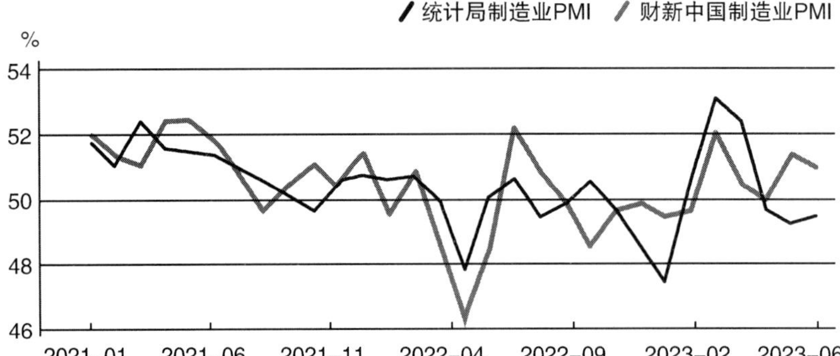

图 7-3　2021 年 1 月—2023 年 6 月中国制造业 PMI 指数变化情况

数据来源：财新 CEIC

在资产配置上，绝对值并不是最重要的，因为金融市场更看重的是预期。例如，在第三季度 GDP 数据发布前，人们对第三季度 GDP 增长的预测比较乐观，预计第三季度 GDP 增长将会达到 5.2%，而实际增长只有 4.9%，这对于其他主要经济体和上半年来说，仍是一个相当亮眼的数字，但与预计的情况相比，还是差了一些。这一预期的落差体现在资产分配上，之前由于对经济复苏的期待而产生的乐观情绪，由于 GDP 数据稍逊于预期，而出现了短暂的反弹。

当然，人们对经济前景的担忧并不只限于 GDP，还有其他诸如 CPI、PPI、PMI、进出口、工业增加值、固定资产投资、新增信贷和社会资金规模等。我们可以从万得、同花顺等公司得到一系列的经济数据，在此，我们收集了万得（wind 资讯）的一些主要的分析师和研究机构的预测。

从需求方面来说，出口、投资和消费是拉动经济增长的“三驾马车”，这三驾马车在过去 20 年的时间维度中的“贡献率”具有明显的差异，存在明显的“比例失衡”。我们在研究宏观经济的时候，不仅要注意增长速度的改变，还要注意影响因素所占的比例，这样才能更好地了解经济的核心驱动逻辑。

从 2001 年入世至 2008 年金融危机爆发前，我国制造业迅速发展，国际竞争力大幅提升，出口增速迅速，在此期间，我国出现了明显的出口拉动型经济。2008 年金融危机爆发，出口大幅下滑，2008 年底国家启动了 4 万亿的财政刺激方案，此后五六年间，大量资金流向房地产、基建和部分产能过剩的产业，而这一阶段的投资则是推动经济发展的重要动力，即“投资拉动型经济”。2014 年第二季度，消费占 GDP 比重高达 54.4%，超过了投资，成为经济发展的重要推动力。尽管受到疫情的影响，2020 年上半年的经济发展受到了一些干扰，消费在国民经济中的作用将会日益突出。

2020 年 7 月 30 日，中共中央政治局会议强调，目前我国的经济形势依然复杂，存在着许多不稳定、不确定因素，许多问题具有长期性，需要从长远的观点来认识，加快形成以国内大循环为主，多点支撑、多业并举、多元发展的现代产业发展新格局。国内国际双循环为主体的新型发展模式，坚持创新驱动发展，加快发展现代产业体系。

我们所说的"国内大循环"，在一定程度上可以被解读成是"扩大内需"，"发掘 14 亿人口的消费潜能"。事实上，就人口数量而言，我们比欧盟、美国、日本都要多，这也是我们不怕中美"脱钩"的最大依仗。但是，未来几年，只要国内需求继续释放，在就业岗位稳定的前提下，持续提高国民的可支配收入，我们的"基本盘"就比较牢固。尽管我国经济增长趋势减缓，但对于中美两国之间的贸易战和技术战，还是不必太悲观。关于国内与国际双循环的互动，以及"净出口"与"一带一路"倡议的发展策略，将在后面的文章中详述。

二、消费

当前，消费正在成为我国经济发展的最大推动力。因而，在宏观经济分析中，消费将会日益受到重视。在我国，最能反映消费变动状况的指标是由国家统计局发布的消费品零售总量和增长率，如图 7-4 所示。在整个社会消费品零售总量中，生活必需品比重很高，但增长速度比较平稳，而耐用品的消费波动比较大，这也是一个重要的边际变量。在耐用消费品中，最受重视的是后产业链的汽车和房地产，而最不受重视的后产业链的消费则是建材、家具和家电。

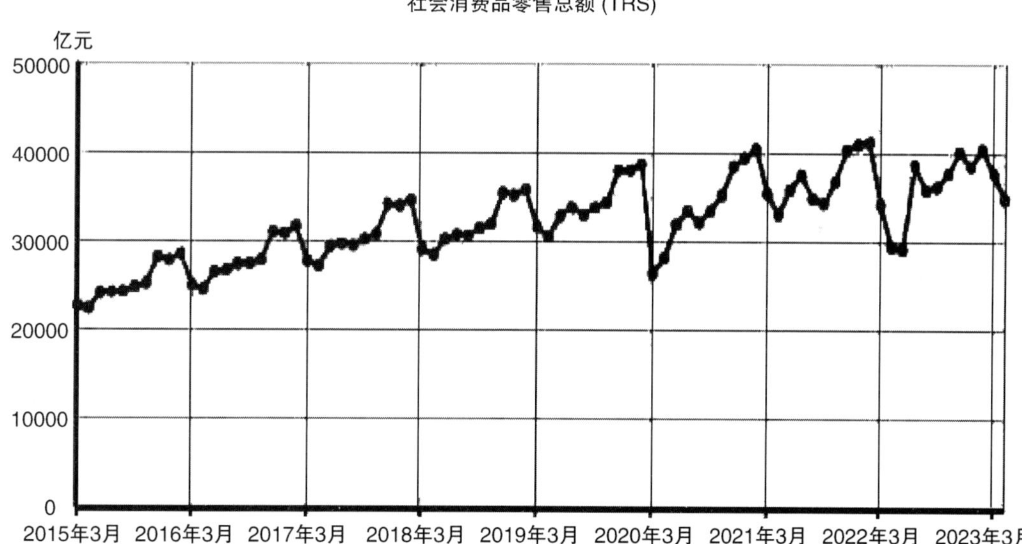

图 7-4　2015 年 3 月—2023 年 3 月社会消费品零售总额变化情况

数据来源：商务部商务数据中心

在汽车消费方面，由于国家出台了 2009—2010 年、2016—2017 年的汽车购置补贴政策，这两个时期的汽车消费都呈现出阶段性的高速增长。2020 年以来，政府出台了一系列的政策，促进了汽车的消费。截至 2020 年 5 月，乘用车销售增长速度已经超过了全社会的零售总量，并且在 22 个月内实现了第一次增长，如图 7-5 所示。

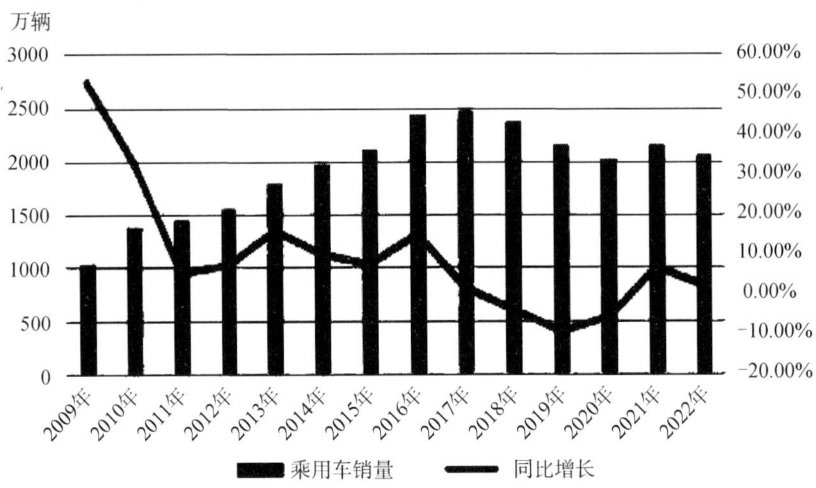

图 7-5　2009—2022 年乘用车销量及其同比增长情况

数据来源：根据中国汽车工业协会统计数据制图

建材、家具、家电等的周期消费，总体上落后于房地产销售一年，所以，房地产销售增速是比较好的指标。

近几年，随着电子商务的快速发展，在线消费占了很大比例。2020 年，受疫情影响，整个社会消费品零售增长放缓，8 月才出现同比转正，而网上商品和服务零售额已经在 4 月就率先转正。此后在线消费得到持续高速增长。

三、固定资产投资

在固定资产投资总额中，房地产投资、基建投资、制造业投资占到了 80% 左右。在宏观经济周期、利率周期、房地产调控等因素的作用下，房地产开发投资具有较强的顺周期性。

关于基建方面的投资，我们最关注的是统计部门每月发布的基建投资与上年同期相比（不包括电力）的统计指标。基建投资一般具有以下两种特征：一是基础设施建设往往起到支撑经济的作用，往往表现为逆向周期，当经济下行压力较大时，基建往往会发挥更大的作用；二是建设项目一般都是政府主导，其中政府投入的主要资金来自政府，而地方政府专项债券是基建投资的主要来源，其发行的规模将直接影响到基建投资的增长速度。2020 年以前基建投资保持低位增长，但受疫情影响，2020 年后基建投资的刺激力度明显增加，如图 7-6 所示。2020 年以来专项债新增规模达到 3.75 万亿，显著高于 2019 年的 2.15 万亿，2019 年专项债发行后基本建设、土地储备和棚改项目是三个主要流向，几乎各占三分之一。但 2020 年财政部明确表示，各批次提前下达的专项债额度，不得流向土储和棚改项目，尽量向基建倾斜。2020 年 9 月，我国基础设施投资年均增长速度已达到正向，对固定资产投资增长起到了积极作用。当前，我国在基础设施方面，东部沿海发达地区比较完善，而中西部的贫困地区还有很大的发展空间，这将是今后的基建发展重点。

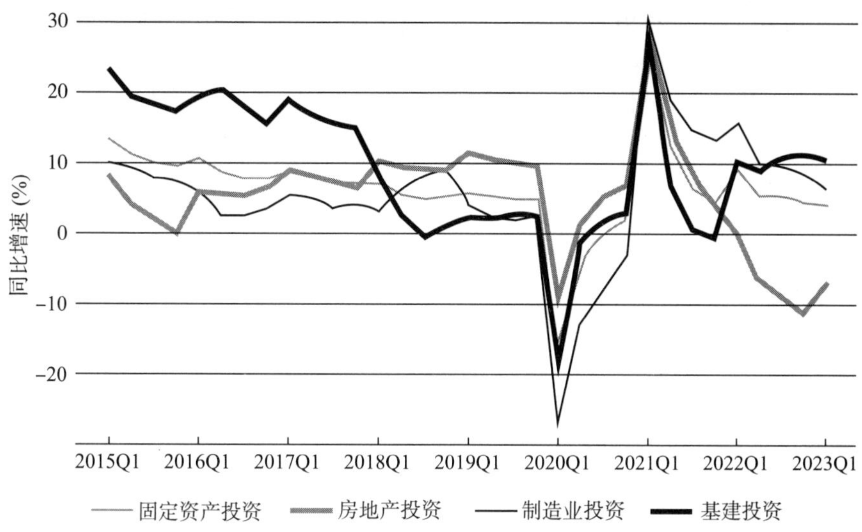

图 7-6　2015 年第一季度—2023 年第一季度固定产业投资累计增速情况

数据来源：国家金融与发展实验室

制造业的投资，占固定资产的比例最大，但是，在 2011 年以后，随着资本收益率的降低，制造业的投资增长出现了明显的下降。在供给侧改革的推动下，2018 年的工业利润有了显著的提高，制造业的投资增长也有了一个短期的回升。在 2019 年以后，供给侧改革的边际效应将会逐渐消失，而制造业的投资增长将会再次放缓。由于疫情的影响，如图 7-7 所示。2020 年上半年的制造业投资同比下降了 11.7%，到第三季度下降了 6.5%。长期而言，随着经济增长的增速持续向下，资金回报率的增速很可能难以恢复往日的高速增长，所以，从整体上来看，制造业投资增长并没有太大的意义。

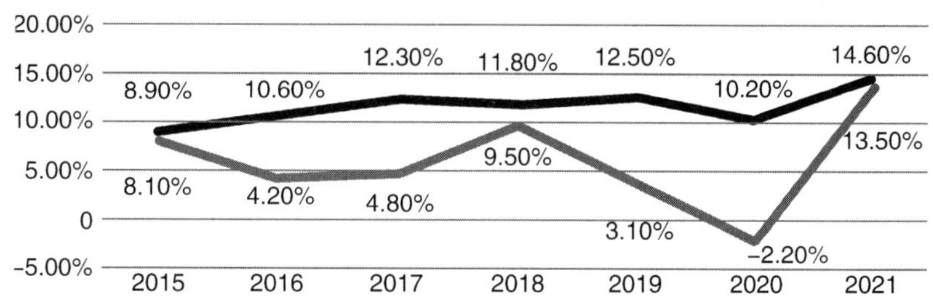

图 7-7　2015—2021 年中国制造业与高技术产业固定资产投资增速情况

数据来源：根据国家统计局数据制图

在国内工业升级的大环境下，中美两国的博弈今后几年很有可能会出现在高端制造行业，所以相对于传统制造业，我们更需要重视的是高端制造业的投资增长。统计局将制造业中的高新技术产业界定为：在国民经济部门，研究与开发（R&D）投资强度相对高的制造业，具体包括制药，航空、航天器制造，电子和通信设备制造，计算机及办公设备制造，医疗仪器设备及仪器仪表制造，信息化学品制造六大类。2015 年 7 月，国家统计局发布了高新技术行业的投资增长数据，截至2020年前三个季度，高达9.1%，大大超过了同期的工业投资增长。当然，统计部门还会发布更多的数据，比如计算机、通信、其他电子设备、信息传输、软件、信息技术、仪器、制药等行业的投资，这些都是未来我们要重点关注的领域。

四、进出口

传统的进出口增长态势对经济增长、汇率、贸易摩擦等都有很大的影响。自2001年入世以来，我国的出口迅速增加，占世界贸易份额的比例每年都在增加，近几年一直保持稳定，如图7-8所示。从短期来看，我们认为，出口应该密切注意主要贸易伙伴的PMI，而进口主要是观察内需，当供应不足时，就应显著地提高。汇率对我国出口产品的影响是可以理解的，人民币的贬值有助于提高我国产品的国际竞争力，而人民币的小幅升值也不会削弱我国产品的国际竞争力。

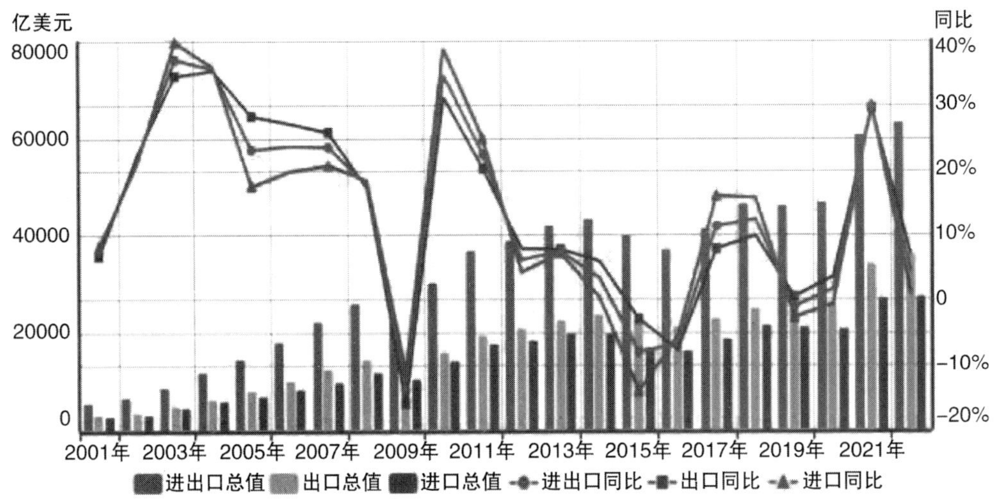

图7-8　加入WTO以来我国进出口增速变化

数据来源：wind—中信建投期货

最近几年，我国的进出口情况发生了很大的变化，即“一带一路”的倡议和合作共建。从2013年启动“一带一路”，近年来成效卓著，迄今已有65个国家加入“一带一路”，其中大部分在西亚、南亚、中东欧地区；除此之外，还有蒙俄、中亚、东南亚、北非。在传统贸易伙伴欧盟和日本贸易发展缓慢、中美贸易摩擦的影响下，与“一带一路”国家的贸易已成为重要的渠道和经贸推动力，使我国在2020年受到疫情影响的情况下，仍然保持了良好的外贸增长势头。我们可以把注意力集中在一项叫作“一带一路”贸易指数的数据上，这个指数在2015年1月作为基准100，虽然在2015年和2016年期间曾出现下降，但在接下来的几年中，这个指数的整体涨幅达到了151。

2020年海关总署公布了一项新的政策，我们将继续实施多元化的战略，以及地区间的经济合作。东盟在前三个月是中国最大的外贸合作伙伴，进出口总额增长7.7%，占我国进出口总额的14.6%。同期，日本和韩国的进出口增长1.4%，对“一带一路”的进出口增加

1.1%。可以预见，“一带一路”在我国外贸中的作用将越来越大。

“一带一路”不仅是促进我国外贸发展的重要举措，也有一个更深层次的原因。入世以后，我国的对外贸易一直存在着顺差，而我国的结售汇政策取得了大量的外汇储备。在过去，没有什么好的投资方式来投资美元的外汇储备，而美国的巨额外汇储备，长期以来，我们都是最大的投资者。在2008年的金融危机后，美联储启动了定量宽松，很快就把联邦基金利率降到了0。在此背景下，减少美债，增加海外投资，就成了手中的美元外汇储备的好去处，很明显，“一带一路”沿线国家是我国对外投资的主要对象。这些海外投资主要集中在公路、铁路、港口等基建项目上。而这些基础设施的建成，也将最终推动“一带一路”沿线各国之间的贸易。

关于我国2020年的出口业绩。从2020年4月起。中国的出口额对比世界上其他主要经济体，都高出了预期，如图7-9所示。这要归功于以下几个因素。一是我们采取了有效的抗疫措施，4月制造业基本恢复，供应能力得到了快速的恢复，为出口的快速复苏奠定了基础。二是由于全球范围内的疫情，我们的口罩和医疗设备出口数量剧增，接到了很多欧洲、印度、东南亚等国家的订单。三是对“一带一路”沿线各国的出口增长显著。自2020年起，我国出口表现出了较强的弹性，“一带一路”的持续推进，已成为实现国内、国际双循环的重要支撑。

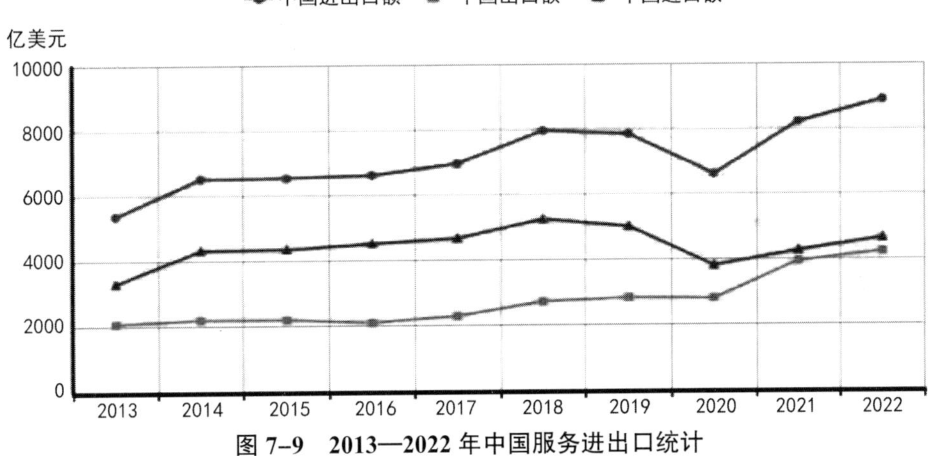

图7-9　2013—2022年中国服务进出口统计

数据来源：商务部商务数据中心

五、失业率

在西方，失业率是一种重要的观察和决策基础，一些发达国家的失业率数字甚至会对金融市场造成很大的影响。比如美国的失业率月度数据和非农就业报告就是一个很好的例子。在我国传统的宏观研究体制中，失业率并不是很重要，因为在过去，我国城市化率并不高，所以，只要能够得到土地，就不会被归入失业人群。然而，2022年我国城市化率已达到65.22%，城镇居民失业率在宏观经济学中的地位日益凸显。关于失业率的观察，我们的重点是统计部门每月发布的城镇调查失业率，根据统计部门的定义：

调查失业率 = 被调查的失业人数 × 整个城市的总的经济活动

这里的统计对象是城市居民，也就是在固定城市生活了六个多月以上的农民。对下岗的定义是：16 周岁及以上、有劳动能力，在调查期间没有从事有报酬的工作，目前有工作能力或正在找工作的人。总的来说，这样的调查相对于之前的登记失业率要合理得多。

近几年，全国各地将“稳定就业、促进就业”为主要的工作目标，总体来说，效果还是很好的，在 2020 年 2~4 月、2022 年 3~5 月有明显的上升，中国的城镇调查失业率总体维持在 5%~6%（图 7-10）。在未来，随着城市化进程的不断深入，我国的宏观经济问题将会更加突出。

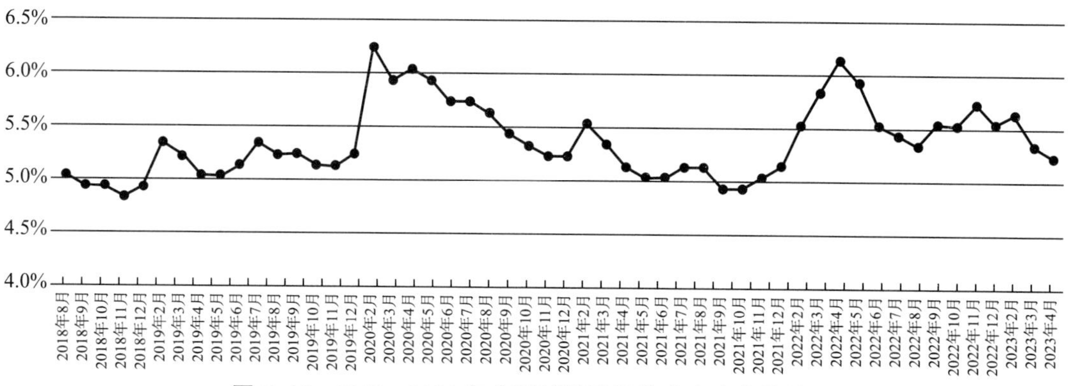

图 7-10　2018—2023 年全国城镇登记失业率变化趋势图

数据来源：逻数财经研究

六、近年经济发展中遇到的一些问题

“内卷”一词源于美国人类学家吉尔茨，根据吉尔茨的定义，“内卷”是指一种社会或文化模式在某一发展阶段达到一种确定的形式后，便停滞不前或无法转化为另一种高级模式的现象。最早用于研究农业问题，吉尔茨发现，农民在人口压力下，不断增加水稻种植过程中的劳动投入，以获得较高的产量。然而劳动的超密集投入，并未带来产出的成比例增长，从而出现了单位劳动边际报酬递减的现象。“内卷”被引入中国之后，外延被扩展了，几乎各行各业都出现了单位劳动边际报酬递减的情况，越是大的城市，就涌入越多的劳动力人口，为了争夺有限的就业岗位，劳动力人口只能被迫增加劳动时间，无限地加班，于是“996”甚至“007”这些现象就出现了。

面对高房价问题，各地政府早就有所察觉，近年来一直强调“房住不炒”，近两年虽然受疫情影响，国内经济面临着很大的下行压力，但并没有像前几次房地产市场那样放宽房地产调控。而且 2021 年在国内经济稳定的信号下，各地政府下半年甚至开始收紧房地产公司的资金。在楼市调控的大环境下，近年来，除了深圳等少数几个城市，房价一直保持稳定。房价收益比率是一个近似于股市市盈率的指标，从一定意义上来说，它是房地产价值的一个体现，如果房价一直维持在一个相对平稳的状态，那么只要未来居民的可支配收入能够持续增长，就能将其逐渐消化。当然，提高居民的收入取决于经济的发展，以及工业技术的升级换代。使公司的利润持续提高，这也是一个很好的办法，只要经济发展，工业发展，那么就会有更多的工作机会。

至于高房价和“内卷”，我们会发现，一线和部分二线城市的房价都很高。除此之外，还有很多二、三线城市和县城的房价并不是很高。而且越是大的城市，人口越多，收入也就越高。近年来，我们可以看出，我国政府一直在努力推动超大城市的发展，比如北京，把一些非首都功能从北京转移到了雄安新区。同时要建设更多的都市群，比如环渤海经济圈、珠三角经济圈、成渝经济圈、中三角经济圈（武汉、长沙、南昌）、长三角经济圈（上海、南京、杭州）等。

城市化可以推动经济发展，但城市化并不等于工业化。城市化率不是越高越好，也不是越快越好。避免资源、人口过度集中于中心城市，是破解高房价、过度内卷的又一出路。当然，这些年来，国家一直在努力推动贫困地区的发展，一方面是为了解决贫困问题，另一方面也是为了吸引更多的年轻人返乡，从某种意义上来说，也是缓解了高房价和贫困人口的矛盾。

第四节　从数据里找新闻

做记者最重要的是要拥有信源，所有新闻都不可能是记者坐在电脑前编出来的，都需要有真实事件支撑或者通过采访获得可靠的信息。如今，数据也成为信源之一，甚至不用出去采访就可以找到。“数据是新闻的另一种信源。”美国北卡罗来纳大学教堂山分校新闻与传播学院副教授瑞安·索恩伯格（Ryan Thornburg）认为。

现在全球各地无论政府、组织、企业还是个人，每天都在产生海量数据。分析和研究这些数据可以发现大量有价值的新闻，并且以视角独特的报道形式广为传播，这就是当前新闻行业中颇为热门的数据新闻（Data Journalism）。

其实，数据新闻比我们想象中起源得更早。早在20世纪50年代，美国记者就曾利用大型计算机在政府提供的数据库中分析信息、发现新闻线索，或者利用这些数据挖掘、分析，拓展报道深度。

数据新闻的操作过程不是一般意义上的新闻采访，记者并不依赖传统新闻实务技能完成采访、调查和文章撰写，其需要做的就是对海量数据的筛选、整理、分析。用数据说话，最直接的优势，是可以有效避免记者的主观臆断，增加可信度，但同样也不可避免地隐含着记者的主观倾向。如今的数据新闻主要来源于对大数据的挖掘与处理，其结果可以通过复杂的、交互式的、动态化的图片和视频来呈现。记者进行数据研究时的几个关键问题：有什么遗失的？什么是正常的？什么是不正常的？原始资料是什么？现在的情况是什么？

“把这些问题都搞清楚后，你对掌握的数据就会有个方向，知道新闻点在哪里，可以从哪里着手整理。”索恩伯格以彭博社的一些报道为例。“彭博社拥有庞大的财经数据库，你可以分析过去3年、5年或100年的股票涨跌情况，随时用一个时间点来进行数据分析，比如特朗普当选、英国脱欧等关键日期，不同的选择会产生不同的新闻解读。这是最简单也最容易操作的。”

媒体在网络上利用大数据制作了各种各样的新闻，进而将这些数据融合图表制作出来，可视性强。大数据还可以应用于为受众提供个性化服务。针对不同客户的需要，提供个性化的大数据服务是今后的发展方向，就像一些App应用软件，通过大数据分析特定用户的偏好，进而个性化推送相应的信息。聚焦于这一领域的媒介都有一个共同的特点，即关注用户的需要，通过大数据来阐释宏观的社会现象对使用者产生影响，或是为使用者解答迷惑。通过后台的运算，可以根据使用者的工作习惯、生活习惯，将自己独特的服务，推送到使用者的面前。

在国内，财新传媒在数字新闻与可视化方面始终处于领先地位。财新早在2011年就开始对数据新闻的报道进行研究，此后不断努力，至今仍是新闻生产中的“供给侧改革”范例；在这段时间里，财新经历了信息图表、计算机辅助报道、融媒体报道、大数据报道、数据新闻商业化的尝试，报道和生产都在不断地向前发展、融合、创新。自2015年以来，财新数据新闻团队制作发布的《从调控到刺激，楼市十年轮回》《像市长一样思考》等作品，先后获得国内外专业奖项。2017年，《洪水暴至》获得亚洲出版业协会（SOPA）新闻报道创新奖，《移民去远方》《从调控到刺激：楼市十年轮回》两件作品入围凯度信息之美比赛长名单。财新网也作为唯一的中国媒体，入围由全球编辑网络（Global Editors Network）主办的2016年数据新闻奖（Data Journalism Awards，DJA）。

财新的编辑们除了对专业性深度报道做出形象化和互动性解读，还会选取一些公众普遍感兴趣的过往事件提炼、制作数据新闻。比如对奥运会、奥斯卡奖项的数据分析，对各种纪念日的回顾与总结等，传播效果甚至超出编辑记者的预期。因为数据可视化所能呈现的，已不单纯是简单的数据罗列，而是囊括了数字、图片、视频，包括事实描述、逻辑链条、人物关系等方面，使受众有身临其境的感觉。怎样从财经新闻的枯燥乏味中走出来，是一个世界性难题，对一些相对复杂的资金关系要交代清楚，文字记者需要耗费相当多的笔墨，而数据可视化则可以比较清晰地呈现出各种盘根错节的股权关系、交易结构。下面我们再分享一个从数据里找新闻的经典案例。

第五节　在冷门中发现热门

在新闻人的眼中，每天新闻热点频出，记者们常常被热点撵着跑，又不得不追着热点跑，感慨“没有自我”。那么，记者到底如何在身陷热点中实现自我呢？

所谓热点新闻，就是大家都关心、媒体都报道、社会都关注的新闻事件或者中心话题，热点新闻的最大特点是“突发性”和“转移快”，即爆发突然、不持久，很快就被新的热点所冲淡，甚至全覆盖。

在北京，每周五下午 4 点 15 分是中国证监会例行新闻发布会开始的时间，发言人主要回应该周证券市场上的热点，同时也可能披露一些政策或消息。会前记者们都希望撞上一个大新闻，却都不知道会听到什么，即使准备了一肚子热点想要提问，也很可能没有机会提出或者得不到答案。但职业使然，日复一日，发布会一开始，各种各样的热点不断冒出，记者必须快速转换思路到新热点上。

媒体人之间的竞争压力在互联网时代表现得更为明显。昨天大家还在激动地讨论银监会与保监会的合并，微信朋友圈各种文章刷屏，今天热点又转换到了资管新规。

热点当然要追。媒体在热点话题上不投入、不关心，在热点话题上阅读量落后于其他同行，就意味着阵地失守，财源断流。但编辑、记者们也十分清楚，热点新闻通常都很短命。为了防止漏发重要新闻，各路媒体一般都采取分兵把口的策略，对于专注于某一报道领域的记者来说，不是满眼热点就是找不到热点，不是挑战太大就是完全没有挑战。遇有重大热点新闻还需要编辑部出面投入大量人力、物力，但最终在报道影响力上斩获如何，其实难以事先知晓。比如灾难性事件报道，采访过程中随时会出现各种棘手情况，最终可能无法达到预期的报道效果。也有的热点新闻扑上去才发现没有进一步深掘的必要，记者简单采访写作就可以交差。这两种情况都会让记者因缺乏成就感而沮丧。

热点新闻万变不离其宗，大致将其分为两类。

一类是公众普遍关心的社会热点问题的新闻突发事件，比如包商银行破产、特斯拉汽车频频失控、房地产巨头恒大爆雷等。面对这类话题与事件，记者必须继续发掘，长久跟进。

另一类是热点新闻是由记者投入较多时间、精力长期调查后所得，在恰当的时机发表了恰当的文章，一时成为舆论关注的热点。财新传媒对中国部分保险公司的报道，便是典型一例。从 2014 年起，财新开始持续对安邦保险、生命人寿保险等多家保险公司进行报道，从对这几家保险公司激进经营的报道，到其在资本市场大手笔收购的进展，多篇报道揭露了部分保险公司沦为权贵提款机、保险监管部门不作为的事实。这一报道持续发酵到 2018 年，引发了中国金融监管领域的全面改革，保监会主席落马被调查，监管机构合并。

财新传媒对这些保险公司违规行为的报道并不属于市场热点，在最初采访与写作过程中，因受到各个方面的阻力及持续施压，每篇报道出来也鲜有其他媒体跟进，不过随着事件的不断发酵，其影响力最终证实了这一系列报道的价值。

在美国新闻界，每年一度分量最重的普利策奖，也往往颁发给非热点新闻作者。在 2017 年的普利策新闻奖名单中：

调查性报道奖授予《查尔斯顿宪邮报》（*The Charleston Gazette-Mail*）的记者埃里克·艾尔（Eric Eyre）。普利策奖评审委员会注意到，艾尔在报告中勇敢地与强有力的竞争对手斗争，最后揭露了毒品是怎样进入西弗吉尼亚各县，并造成美国毒品滥用致死率最高的缘由。

公共服务奖授予《纽约每日新闻》（*New York Daily News*）的独立新闻编辑萨拉·赖

利（Sarah Ryley）。他的报道揭露了警察滥用驱逐权力，随意驱逐数以百计的市民，而驱逐原因并非由于他们的身份非法，而是由于他们中的大部分是贫困的少数民族。

突发新闻报道奖授予加利福尼亚州奥克兰《东湾时报》（*East Bay Times*）的全体职员。普利策评委会指出，该报社职员积极投身于“幽灵船”仓库火灾事件的报道，追踪了这场在名为“幽灵船”的仓库举行舞会期间发生的、导致36人死亡悲剧的严重火灾，指出其背后的原因是地方政府未能采取有效措施预防灾难发生。

回头来看，这几起事件可能一开始并没有作为热点新闻引起足够重视，或者属于那种转瞬即逝的新闻事件，但是记者之后的深入挖掘和调查，成就了意义非凡的报道。

或许很多记者会说，每天被迫追踪热点新闻，难以有足够的时间和精力去挖掘其他话题。这就涉及编辑部门对记者工作的安排。

无论中外，大部分机构媒体都会按照不同的报道领域和条块分配记者的工作。目前国内财经新闻媒体内部，常分为金融记者、债券记者、股市记者、银行记者、保险记者等。国外的一些大型专业财经媒体编辑部费用比较充足，更会对每个领域进行进一步细分，比如某个记者负责某几家银行、投行等。总体而言，记者负责的领域越广，有机会开展独立研究和调查的时间就越少。

不过，很多媒体会更加灵活地调配记者的工作内容和方式，比如由老记者带领新记者负责一些领域，简单热点新闻由新记者负责，老记者则有更多时间深入调查采访，从冷门题材中找到重要线索。

对于新记者来说，努力覆盖新闻热点绝对是一项有益的工作，虽然可能难以短期内成名，但是对于快速熟悉行业、了解背景、建立关系等都是不可多得的好机会。

当踏进一个过去未曾接触过的采访领域时，新记者往往一头雾水。其实，找到新闻点的一个简单窍门就是研究旧闻。业界有言“昨日的新闻就是今天的历史”，与此前一直在某个领域深耕的记者聊聊，看看老记者的过往报道，甚至比较同一个题目、针对同一个数据去年发布的报道，都能帮助新记者发现新闻点，或者能够从中找到简单易懂的写作手法。

另一个窍门是寻找热点中的冷门。比如，一家新公司或一种商业模式兴起，往往意味着旧有模式的死亡。了解旧模式如何应对失去的市场份额，揭示其转型、固守、裁员、破产等自我拯救行动，往往会很有卖点，尤其是“巨星陨落”的故事；反之逻辑也成立，那就是“新星升起”的故事。

最后，追踪行业巨头。这会让记者快速找到大部分头条新闻的消息来源，以及需要建立长期联系的采访对象。

第六节　看懂财务报表

财务数据是财经新闻中最重要的元素之一。

对于财经记者来说，获取财务数据的本领很重要，但更重要的是明白数据在说什么。

现在大部分财经记者都是边学边干：学新闻的一边采访财经人士，一边恶补财经基本知识，一开始写出来的稿子很难被认可；学金融和经济的记者则陷入专业知识难以自拔。编辑人员此时就具有非常重要的作用。

要让非财经教育背景的记者准确理解专业知识，让非新闻专业出身的记者把复杂拗口的金融词汇变得明白晓畅，绝非一日之功。很多机构媒体都寄希望于通过集中业务培训收到满意效果，但对于记者而言，恐怕很难有切中要害的培训。新闻是每天不断发展变化的，除了那些基本的采访、写作规范之外，都是大量实际操作的经验积累。希望通过媒体组织的培训迅速提高水平，基本是不切实际的幻想。

那么，记者究竟怎样才可以感受到自己能力的提高呢？

1. 要准确理解数据，不出现偏差

例如，将一个企业第二季度的盈利增长与第一季度的盈利增长进行比较是无效的，季度收益可能由于各种原因而波动。例如，可口可乐在每年的第二季度和第三季度收入一般都很高，因为天气热，消费量大。因此，将第一季度的收入与上一年第一季度的收入进行比较才是有效的，因为在季节因素上是一致的。正确理解公司或监管机构新闻稿中的内容，是非常重要的。一般来说，面对这些材料时最困难的事情，就是把各种报表、数据翻译成一般受众可以理解的故事，包括上市公司首次发行上市招股说明书、年报、半年报、季报、临时报告等。几百页的招股书、年报，很少有人有兴趣全读完，但记者要迅速找到这些重要报告中的关键点，再进行对比分析。

上市公司的报表中，摘要、资金用途、资产债务比例、管理层财务解读和利润表等，往往掩藏着一些重要信息。报表中的机构投资者名单、投行名单、高管背景介绍等内容，也可以透露很多信息，不过这需要此前的充分准备和积累。这些财务报告都是由律师、会计师、投行人员撰写或批准的，遍布专业术语，对于一般受众来说，很难正确理解，更何况这些专业人士也会用术语来掩盖或隐藏真正有价值的负面信息。

比如，一家公司说可以向股东发放每股 0.40 元的半年分红，较去年半年分红提高很多，一眼看去仿佛业绩很不错。但记者查阅过去几年年报数据后，就可能会知道，这个美好的半年分红是建立在去年年报不分红的基础上的。公司业绩并未有所提高，只不过是公司调整了分红时段。

再如，一家公司为其新产品的发布准备了一系列热闹光鲜的宣传广告活动，但这背后隐藏的是公司整体战略的调整与变化。公司在公开资料中不会主动说放弃哪些领域，记者只有充分了解该公司，才能找到真正的写作方向。

2. 要谨慎使用数据

复杂冗长的数据最容易让受众厌烦，它可能掩盖真正有价值的信息。如果一篇关于公司收入的新闻，需要大量的数字来描述，应该确保这些数据被充分解读，也要避免把同类数字放在同一段。每个数据背后都有一个故事，解释这些数据的变化，才能给受众讲明白数据的含义。例如，对于酒类公司营业额的分析，就不能简单地进行对比，还要综合考虑包括季节、地域、库存、消费习惯等方面的因素，对不同的市场需要有不同的分析。要能从材料中找出问题。许多记者只是简单地复制粘贴他们被告知或读过的相关材料。这些材料孤立地看，陈述的都是事实，但是由政府机构、研究机构或者企业提供的材料，本身就可能存在各种各样的问题，比如立场是否中立、数据采集是否合理、用语是否专业等。财经记者需要理解材料，提出有针对性的质疑。

3. 要避免术语使用过多

例如，某企业“剥离资产”实际就是出售资产，某企业的市值就是在市场上的卖价，不必用专业词汇来修饰遮掩。过于专业的术语加上复杂的数据就会丧失受众，记者一定要想办法从这个窠臼里解脱出来。当然，也有很多时候，记者并没有充足的时间研究和质疑。毕竟编辑部的截稿时间如同一座大山，丝毫不可撼动，写哪些、弃哪些就十分重要。当一个记者不完全了解编辑意图的时候，很可能陷于材料中，而并不清楚自己在写什么，这时仓促上阵则会事倍功半，甚至报道出现偏差。财经新闻的资源渠道很多，大部分都是可以公开索取的基本资料，例如公司新闻稿、监管机构发布的新闻稿、公司向交易所监管部门报备的材料数据公告，或者法院诉讼或其他法律文件等。

4. 就是要强调职业道德

记者往往能够先于其他社会群体获得宏观经济数据或上市企业数据，这些数据都属于内幕信息，对于市场可能产生直接影响。因此记者自身的职业道德极为重要，既不能违规将这些数据用于个人投资，也不能违规透露相关信息。另有一些精彩的财经新闻来自记者、编辑长期的观察分析，吃透一个行业的经济数据，或者跟踪某家公司几个月或几年的时间，于扑朔迷离中发现重大的新闻点。这类新闻除了要求记者、编辑花大量的时间阅读和分析财务数据，往往还要靠团队从多个方向协同作战。这对于新记者而言是可遇而不可求的事，也不宜成为唯一关注和投入的目标。对于新记者来说，写好日常的新闻报道或者说“站岗稿”更为重要，这是未来写出重磅稿件的基础。

5. 注重数据精确性，善用新闻图表

财经新闻报道所提供的数据在客观反映和度量经济环境变动状况的同时，很可能成为很多经济体调整和验证经营决策的重要参考。这些数据要么是记者通过调查汇总得出的，要么直接引用自相关机构和统计部门的公告报表。无论是哪种来源的数据，记者都应仔细核查，并注明相应的数据出处或推算依据。此外，为了使数据体现其可比性，直观反映相应的经济发展趋势，记者应善于在文章中将重要的数字用图表及各种图形等其他的方式表现出来。

6. 语言结构要简洁明快

简洁明快的语言结构往往能够凸显财经新闻报道的即时感与冲击力，为此报道中应尽可能多使用动词，并且最好选择更具口语化的动词。比如可以改变用“某某公司的公告透露”来代替“某某公司的宣布”，用“某某公司去年赚了100亿元”来代替“某某公司去年盈利100亿元”。除了动词的变换使用，财经新闻写作还应尽可能减少使用华而不实的形容词、副词，以使报道显得严谨准确。例如，利润指标不要“胜利完成”，而应该告诉受众，这家公司去年刚刚换了CEO，并下调了盈利预期。此外，文章应多使用短句、多用逗号，每一段文字最好控制在两到三句话，方便受众快速阅读与理解。

第七节　丰富信源

无论哪个领域的记者，只有找到信源才能够找到新闻。高级别、高水平的信源，往往会带来具有冲击力的新闻。

优秀的财经记者会努力拓展信息来源。这意味着离开办公室和会议室，与采访对象一起交谈会面，地点可能是地铁口、快餐店、街角的报亭、写字楼大堂；时间可能是午后、饭点、航班起飞前、公司下班后；方式可能是面晤、短信、电话、视频；对方可能是你托亲拜友、死缠烂打才获准谋面的企业高管；也可能是通过谷歌、百度终于在某个页面找到联系方式的案件知情人。总之，形形色色不同个性的人，在明处或暗处可能会向你吐露些什么，你则期待着这一趟有所收获千万不要白跑。

诚然，互联网时代的人际关系早已改写了媒体人的工作方式，信息来源如今变得多种多样，唯一不变的是人与人之间的信任关系。一名记者只有与他的采访对象建立起互相信任的良性互动关系，才能源源不断地获得有效信息。

与采访对象企业的高管建立融洽的信任关系，是财经记者通常获得信息的关键。有时无须通过公关人员就可以接触这些人，一些高管也很喜欢与新记者打交道，乐于帮助新记者了解企业的运作方式及其策略。记者们应该充分利用这些资源。一些顶尖财经记者往往能够与他们所报道领域的高管建立起非常密切的功利性关系。但是，过从甚密的关系也会引起媒体同人对其报道是否公正的质疑。企业内的其他信息来源可能更重要，与企业的中下级员工沟通，往往可以让财经记者更加及时、准确地了解企业内部的运作情况。这些员工虽然不会出现在电视新闻中，但他们是真正给首席执行官提供战略及想法的人。他们还非常了解企业内部传播的各类信息，能够收到来自高管的内部通信或电子邮件，这些都是非常具有新闻价值的信息。

企业的前员工、前管理人员以及前董事会成员通常也很有采访价值。虽然他们可能不知道企业最新的信息，但是往往与现有员工保持联系，关心企业现状，加之新的从业背景，可以提供不同角度的看法。

除了这些企业的直接关系人，记者还可以寻找其他信源。

第一，收入来源的知情人。一家企业如何做生意、供应商是谁、销售商是谁、削减了哪些成本、提高了哪部分收入等，受众会对这些幕后故事感兴趣。比如，供应商可以告诉记者这家企业是不是一个信誉良好的商业伙伴，是否有更大的进货、销售安排，是否抗拒价格上涨，是否能够及时支付账单等。

第二，行业分析师和投资者。某些特定企业或特定行业的分析师，通常十分了解企业，熟悉企业的战略，甚至知道企业正在运作的一些并购重组活动。机构投资者也同样了解情况。但对于这两类采访对象来说，他们提供的信息需要谨慎对待，因为他们有自己的利益在里面，因此需要记者进行甄别。比如，为投资银行工作的卖方分析师很喜欢推荐某家企业，这样投资者就会通过投资银行购买其股票，分析师也会从中获得绩效奖励甚至分取交易佣金。大型机构投资者则经常利用市场消息买空或卖空，他们与记者的交流很可能包含着干扰影响市场走向的目的，并且希望记者能够传播某些不实信息。

第三，竞争对手。所有企业都面临竞争，都存在各自的竞争对手。虽然他们在公开场合不会评论对方，但是他们对自己的竞争对手十分熟悉。因此，在 A 公司谈 B 公司，找 B 公司谈 A 公司，很多时候会获得意想不到的收获。但需要注意：一要客观公正，二要保护信源。

第四，一些行业协会、大学教授、会计师、律师。他们也是记者获得信息的有效渠道。有的事情在行业内、研究界和投资界的看法可能完全不同。尤其是那些专业性强的企业，阅读行业通讯或出版物是快速掌握行业情况的有效法宝。行业出版物通常涵盖只有行业内人士才会关心的边缘材料，但这些材料中往往暴露出潜在的问题，会在热点爆发前的几个月就透露出某一重要的主题或问题的蛛丝马迹。另外可以试试寻找不同主业的专家，像大多数学科领域一样，财经新闻在种族或性别上并不多样化，尝试多接触女性及少数族裔专家，可以让受众看到不同的观点，真正拓展报道的视野、丰富报道的内容、增加报道的分量。

第五，身边的普通人。你生活中的朋友、邻居和熟人都是挖掘故事线索的重要来源，特别是那些每天与消费者互动的公司或行业，普通人可以讲述他的体验：是否对购买的产品和服务满意，有什么特殊体验等。此外，他们经常在聊天中提供逸事趣闻，这些会大大增加报道的可读性。

第六，旧闻也是不可忽视的信源。有些故事会重演，比如有关上市公司年度会议的财务数据。阅读旧闻可以让新记者了解过去的报道角度，而老故事也可能直接成为新故事的基础。这一点看上去简单容易，真正做到的记者却不多。他们往往被日常琐事缠身，热衷于面对面直接采访，殊不知阅读旧闻其实也是事半功倍、快速提高影响力的捷径之一。

在中国报道财经新闻，还有一个关键信源——政府工作人员。对于热点问题、敏感问题，新闻记者需要与政府部门的内部人员建立互信关系，充分了解政府部门对待各类问题、出台各种政策的背景，理解政策出台的时机、初心和苦衷，等等。虽然他们吐露的内容，很难以直接引语的形式运用到新闻报道中，但是对于确认一些重要信息，以及把握整体报道的角度和基调，都有重要帮助。

任何行业都有一个核心圈子。做财经记者时间长了就会发现，无论发生什么新鲜事，这些人都在里面；就算有新人加入，也会有朋友立刻能联系上。你与任何陌生人的间隔不会超过六个人。

第八章　财经新闻写作的角度与界限

在新媒体时代，财经新闻必须与时俱进，以客观、科学的态度来看待自己的基本特征，以更深层次的挖掘来提高新闻的价值，采取主动、积极、灵活的措施，以适应融合传媒改革的需要，以全面均衡的发展战略为前提，对新媒体的应用进行深入的剖析，在发出自己的最强音的同时，更好地促进整个新闻业的发展。

第一节　财经新闻写作的角度与尺度

选择新闻视角就是挖掘新闻事实的实质。要使新闻内容新颖、形式新颖、语言清新、主题深刻，这既是传媒在市场竞争中的必然选择，也是广大受众的需求。因此，新闻传播者在采写新闻稿时，必须不断地寻找新的视角，使之更好地为社会服务，为广大受众所接受，从而保证其市场份额。

一、寻找、挖掘和表现新闻视角是新闻的基本出发点

新闻视角大致可分为挖掘视角与表达视角，挖掘视角主要是新闻采访、充分调校，表达视角侧重于新闻写作，深度归纳整理，两者相互联系、相互补充，从而使新闻视角更加独特和鲜活。这就要求新闻工作者不仅要有敏锐的洞察力，而且要有很高的政治理论、写作技巧、对事件的要领、对方向的把握、语言表达的掌握。

选择新闻视角，是为了更好地发掘新闻事件的本质，使其更全面地展现其价值，在满足大众获取信息的同时，更好地发挥其吸引、感染、教育等功能。比如 2016 年北京八达岭野生动物园“7·23”东北虎致游客伤亡事件，新闻媒体不但报道了事故的详细经过，也报道了当地居民自发救助受伤人员的动人故事，这样的报道视角，充分反映了中国传统的救死扶伤精神，在当今这个物欲横流的时代，这种精神并未被人们遗忘。

新闻视角的取舍多种多样。在通信高速发达的今天，新闻媒体很难通过抢夺“第一时间”“独家新闻”来吸引受众的注意力；就算有“独家新闻”，也不代表你的“第一落点”就能占据上风；也不代表你能在“第一时间”获得受众。它是一种独特的观察角度和方法，它能够揭示出更多的深度和更完整的事件进程，从而达到独家报道的效果。

财经新闻为了提高可读性，为受众所喜爱，在采写时应精心策划，充分利用场景，选择多种新颖的切入点，将政策性报道、经济报道、民俗风情、社会风尚、地理环境、文化历史、现代科技相结合，形成具有鲜明特色的新闻写作视野。比如最近主流媒体的“走基层”“边疆行”等多个方面的报道，就是对新闻多视角的最佳反映。

二、要增强新闻视角的深度和广度

（一）“受众意识”

社会大众既是新闻资讯的需要者，又是新闻建构的潜在受众。为社会服务、为大众服务，是新闻媒体的生命线。成功的受众群体在新闻构建过程中，会产生价值判断、情绪波动和行为意图，从而影响到公共冲突的发展，从而给公共冲突的治理带来机会和障碍。在公共冲突中，新闻受众要想充分发挥其功能，必须具备相应的条件。

“受众意识”的评判，看起来很简单，但在目前的政治制度下，要做到这一点却并不容易。“受众意识”指的是为受众提供在新闻内容方面具有普遍性、真实性、时效性，有价值的新闻资讯，为了使新闻信息的价值得以实现，满足受众对未知世界的需求。它要求新闻传播者积极地接近受众，了解受众，把握受众的心理需要，采取受众愿意接受的传播途径。

（二）新闻价值的再现必须具有“创新意识”

创造性思维是一个人全面素质和能力的外在表现，而创造意识又是其内在的决定因素。创造力的表现形式多种多样，例如创造新思想、新发明、新事物、新观念等，都是创造力的体现。一个人若不具备较强的创造性，不具备创造性的意愿，将很难开展创造性的实践，从而影响其对社会的适应性，特别是新闻工作者。当前，我国经济社会发展已进入新常态，“创造、创新”已成为各行业发展的新动力，而“创造”和“创新”则是我国经济社会发展的新动力。在培养创新人才、丰富文化知识的同时，也要加强新闻工作者自主学习和创新的精神，为未来的工作事业发展奠定坚实的基础。而具有创造性的思维，不但能让记者更好地融入社会，而且能在未来的职业发展中如鱼得水，迅速实现自己的价值。作为新闻人，既要有坚定的新闻志向，又要有勇于创新的发展意识，努力在紧跟发展大势的同时做好新闻宣传工作。

（三）“精品意识”的实现是新闻价值的实现

好的新闻报道，既要有好的角度，又要有好的内容和形式，也就是要实现新闻的价值，就绝不能忽视“精品意识”。一是全方位的新闻报道，将新闻事件从多个方面呈现给受众。这就要求新闻传播者在深入报道某个事件时，要突破固有的思维定式，对事件和人物进行客观的评估，让事情变得更具体，更有说服力。二是新闻的可读性，它可以通过借鉴文学作品的笔法来提高其可读性，即所谓的“文学化”。新闻文学化是通过运用文学作品的生动、形象的叙述手法来提高新闻的可读性、趣味性。新闻文学在运用各种文学形式来表达新闻的同时，也注重将记者眼中的真实世界展现给受众，其中每一个故事，每一个细节，每一句话语，每一个心理活动，都应得到被采访人的确认。传统的新闻报道注重事件本身，只要五个要素都具备，再加上一个故事的背景即可。而文艺化的新闻报道则通过多种文学的方式将新闻的内容与形式结合起来，形成一种艺术上的和谐，通过事件本身的影响，让受众在得到基本信息的同时，也能在美学上满足受众对美的欣赏。但是也要看到文学语言最大的特征是“夸张描写”和“想象虚拟”，而这却是财经新闻写作的“死穴”与“禁区”。所以在“新闻文学化”时，作者必须保持清醒的意识，一定要坚守“真实、客观”的底线，绝不可忘乎以致步入歧途。

经济学家们在分析财经问题时，运用独特的方法、工具和概念，建立了反映市场经济规律的“经济视角”。就财经新闻而言，它不能只是一种简单的关于经济问题的报道，它必须遵循基本的新闻原则和法则，以实际为指导，以经济的视角和思路，关注国家和人民的利益。如：《添点小花样身价成倍增——温馨攻势让小礼品店盆满钵溢》：

本报讯：一个5元一个的瓷杯，经过一番甜言蜜语后，竟被炒到了15元，一件普通的女性内衣被装在一朵塑料玫瑰中，瞬间成为高档礼品。在长春，类似的店铺并不少见，大部分都是路边小店，虽然小到十平方米，但都很有特色。店铺里的小商品并不是什么特别的东西，就是一些小饰品、玩具、生活用品，但每一家店铺的东西都经过了精心的包装处理，看起来很精致，很可爱。小李和女朋友买了一套情侣衫，女朋友说这两条裙子在商场里不会超过50块钱，但小李还是觉得很划算。据业内人士介绍，礼品的价格没有可比性，商家可以按照本地的情况随意涨价，平均利润在50%以上，最高可达200%。

这是长春经济生活发展中的一种新趋势，指的是年轻消费者对个性的追求，同质化的产品是“大路货”，没有销路，而迎合年轻人个性化需求的商品却被市场所接受。整个文章读起来很流畅，但是如果将这篇文章放在财经新闻版块上，会让人觉得它太平淡，缺乏“经济味”。财经新闻必须从受众的角度来看待，人们看财经报道，归根结底，还是要找出和自己有关的事情，他们只关心一件事情。这件事，会不会跟自己有关？

从受众的视角来看，受众群体分为两大类：一种是消费者，另一种是经营者。从经营者的视角来看：打破同质化的竞争模式，经营个性产品，从而赚取利润。从消费者的观点来看：他们希望获得一种信息，一种可以满足他们个性化需求的产品信息。但是，他们也会怀疑，这些产品的成本太低了，如果再加上简单的包装，就可以把它们的价格定得很高，这是不是很合理？怎样决定货物的价格？想怎么做就怎么做？这条新闻并没有说得很清楚。这个时候，可以从经济的角度来考虑问题。运用经济学的思想和观点，可以拓宽新闻报道的视野和思路。

向相关价格主管部门查询此商品价格的定价是否合理，假如该物品的定价合理，那么专家必然会依据相关的物价基准和法律来说明。这种处理方式的好处是：对消费者来说，可以解除疑虑，了解有关物价形成的经济常识，对物价问题有一个清晰的认识，将来在经济上也能处理“乱要价”的违法行为，并能对市场进行监管；对经营者来说，不但要让他们明白要做什么，还要让他们明白必须合法经营，才能获得合理的利益。这种做法凸显了经济新闻的时效性，使其更多地传达给受众，使其具有更多的深度和厚度。

第二节　财经新闻写作的切入点

在目前的大数据环境下，财经新闻不仅能用数据来描述现象（事实），还能通过对数据的收集、整理、分析，发现问题和新闻线索，并顺着蛛丝马迹，寻找“新闻眼”，激发受众的“兴奋点”。通过这些数据，财经媒体可以找到最有价值的线索，获取有价值的新闻素材。

在新媒介时代，数据“爆炸”给我们带来了一个全新的视角，即如何展示大数据。近几年，金融传媒运用数据、图表等手段对经济热点进行分析、解读，并以生动、直观的图表形式展现出与大数据之间的内在联系。用直观的方法，可以简单地传递更多的信息，原本单调乏味的数据，在这一刹那，就变得生动起来，让受众能够更好地了解这些数据，从而节约了不少的时间和精力。《第一财经周刊》旗下的“新一线城市研究室”，于 2017 年 5 月 24 日发表了一篇《到底是谁在影响经济型酒店的价格？》，以图表的方式，将经济型酒店和商业街区的联系表现得生龙活现。

新闻视角是新闻工作者在报道新闻时所关注的焦点，也是一部作品能否取得成功的重要因素。在网络普及和自媒体时代的今天，在共享、同源乃至同质化的背景下，如何从一个新的视角去把握自己新闻创作的制胜之道呢？记者可以总结自己的采访经验，学习和借鉴优秀的报道经验，就能发现一篇好的新闻报道，其新闻视角的选取必然是独到的。

一、“以小见大”，贴近生活的视角

“以小见大”，是指以小的事情反映大的时代，或从小的事物中看到全局。这个“小”字，并不是单纯的“小”字，要从小到大，从事件看全局，这样才能更好地表达出自己的想法。新闻采访亦是一样，从小事中可以折射或展示整个社会的现象，越从小事开始，越能使事物变得更具体，更能凸显要表达的主题。古往今来，有很多伟大的作品，都是如此。比如鲁迅的《药》，表面上是夏禹的人生，实际上却是整个社会的不幸。所以，怎样才能用一个很小的缺口来反映大事？就是从“小切口”，讲“大故事”，从一个小场景、小事件开始，就能把宏大主题的缩影描绘出来。这是一种真正的宣传。另外，我们也注意到了“小角度”。是一些能够引发受众共鸣、凸显人性的小故事。

当然，“小角度”“小切口”不能无视大基础，也不能偏离大方向。这里的“小”是“大”的一个点，这个“小角度”必须观照大背景，否则就不是“以小见大”，而是“以偏概全”“一叶障目不见泰山”了。从小的视角出发，相对于宏观上的叙事，可以使作者、作品与受众的联系更加紧密，体现了“以小见大”的“寓大于小”，使其能够产生有价值的优质消息，也就是这样才能创造出有价值的好新闻。

二、求同存异，挖掘同质性

“狗咬人不是新闻，人咬狗才是新闻。”19 世纪 70 年代，美国《纽约太阳报》主编约翰·博加特认为这是最恰当的表述，同时这也逐渐发展为西方资产阶级记者们对新闻的挑选标准。

狗咬人不算什么，但人咬狗，那就是大新闻了。同样，新闻能否取得成功，也要看其本身的特性。由于新闻本身的特殊性，它又是一种很好的信息源，因此，要想把一篇好的新闻报道做好，就要善于“沙里淘金”中发掘同一事物的特点。这就需要记者有敏锐的洞察力，而非就事论事，要注意到它的花絮、亮点、事中、事后。比如，同一次会议报道，与会的大多数记者都会报道大会的内容，这就造成了会议上的新闻报道的大致相同。其实，我们把“特别”的地方抓在手里，放大它，要比那些雷同的套话更能引起受众的注意。同时，还要求新闻工作者在新闻报道中发掘其独特之处，发掘其“亮点”。通过挖掘同类事件的特点，发掘行业、社会背景，利用人物作为线索，反映出产业发展的趋势，为新闻报道增添了许多精彩。简而言之，作为一名新闻工作者，必须仔细地观察每个细节，抓住每个镜头，挖掘出同一事件的特点，从而使写作取得“硕果”。

三、以旧见新，从旧的主题中寻找新鲜的东西

记者在观察和分析新闻素材时，要注意观察的视角，从不同的方向、以不同的视角观察，可能会有不同的感受和领悟。僵化固化的视角，会导致所写的新闻内容变得枯燥雷同。视角变换了，也能从老旧的主题中寻找出新鲜的东西。所谓老旧，就是一些往年的陈旧的新闻报道主题。想要吸引受众，就必须要换一个角度来审视和解读。

从新的视角来看待旧的事物：一方面是判断选择最能本真地反映事物本质、切中要害的视角；另一方面是要善于掌握曾经的情况、现在的新动向，并结合起来，在旧的新闻中发掘新的线索，并加以推陈出新。记者“以旧见新”，就是要在“旧闻”的基础上，从旧闻和旧闻的对照中发掘出“新鲜”的东西。要想写出好的新闻，所选的视角很关键。可以说，选择一个好的角度，就是一个很大的成功。一个好的新闻工作者，应该多思考、多观察，注意挖掘别人没有注意到的新闻事实、新闻价值。

第三节　财经新闻写作的最佳侧重点

一、新闻报道的改革

当今社会，随着信息化的发展，网络媒介的影响力已经大大超越了传统媒介，而传统媒介的影响力正在逐步减弱。在此背景下，新闻记者必须从多角度去分析、报道新闻事件，

用独特的视角和思维去吸引受众，才能取得竞争优势。例如，对于特定的经济政策，可以在内容编辑的基础上加入一些政策分析，引导受众。

财经新闻媒体要充分利用融媒体，实施分众化的差异性传播策略，利用不同的媒体和途径，对不同的受众进行分层的信息传递。如政策性、专业性强的长篇分析研究行业调查类稿件，以纸媒为主渠道，面向学术、管理层受众；市场运行分析、投资消费趋势等动态报道，以媒体网站即发为主，随后纸媒发布为辅，面向投资消费者受众；动态财经信息更新、突发性财经事件等时效性强、受众关注度高的消息，宜投入融媒体即时新闻进行“实时直播”。

二、突出数据优点

（一）建立财务数据

在大数据时代，信息是一种资源，是一种重要的经济信息产品。目前，我国金融媒体的数据来源以社会组织、政府部门、第三方组织为主，而且大多是结构化的、非结构性的、众包的，其数据量也远远达不到大数据的水平。而国外的一些财经媒体，如《华尔街日报》《经济学人》等，都有自己的数据库，在财经新闻出现后，媒体不仅能及时掌握最新的情况，而且会让数据分析师去收集有关的数据和相关的经济资料，深入解读或剖析经济现象背后所蕴含的意义。国内财经媒体也应努力构建一个互动、开放、流动的信息平台，不但要获取开放的信息，而且要设立一个数据监控中心，进一步挖掘信息，增强其价值。《第一财经日报》联合阿里巴巴，力图将其打造成为一种新型的数字金融媒体，并将之转化为以大数据为代表的金融媒体。

（二）建立一种长期的数据挖掘方法

金融类新闻相对于其他类型的新闻而言，具有较强的数据敏感性，而且往往是公开的、易获取的，因此，建立数据挖掘的机制就成为现实和必要的存在。其实，国内外的一些媒体（例如《财经》）都在积极地开展新闻与可视化的研究，并在此基础上探讨了数据挖掘的机理，但是还没有形成一个长效的机制。在这种情况下，财经媒体可以与专业的数据公司、机构合作，将数据分析团队纳入新闻编辑团队，并将数据分析师和数据挖掘人员列为固定岗位。在制作财经资讯时，分析师要分析、解读相关资料，并与记者共同探讨资讯的切入点，在资料分析时，除传统资料库外，还要处理网络上散布的使用者资料、经济资料，使数据挖掘标准化，为财经资讯的生产提供可靠资料。

（三）最佳的媒体服务

在当今社会，人们进行各种经济活动通常都离不开互联网终端设备和新媒体的参与，尤其是智能手机带来的“移动支付”，更是实实在在方便了中国的人民大众。同时，智能手机的屏面也就成了人们获取信息的主渠道，大众接受媒体信息越来越方便，接收量也越来越大，因此对信息的真实性、客观性的要求也越来越高。这就需要财经新闻媒体工作者不断优化完善传播体系，提高其服务质量。

1. 真实性是基础

财经新闻在发布前，必须经过再三的验证和复核，才能保证给受众提供准确、权威的财经资讯。财经新闻媒体必须坚持以“真实性”为核心优势，形成与各种媒体相区别的鲜明特色。

2. 发挥其主导地位

财经新闻媒体在重大问题上要勇于发声，占据舆论制高点，积极传输正能量，引导群众形成正确的舆论观念，营造良好的舆论氛围。

3. 以内容为尊

财经新闻媒体要大力鼓励原创作品，提倡形式创新，保护原创作者的智慧劳动，严厉打击抄袭等行为，用高质量的原创作品来吸引受众的眼球。

4. 加强对资料的管制

首先，要建立一个版权技术的安全保障平台，加强版权交易、规范市场的监管，同时也要加强对网络上的违法行为的治理。完善版权体系，强化版权保护，确保新闻资讯的真实性，确保大众知情权。其次，要建立健全的法律法规，对虚假信息的发布进行惩罚，建立一个权威信息发布平台，对虚假信息进行有效的监督和甄别，形成一个良性的、有序的市场竞争格局，保证信息的真实性。

5. 提高传媒人才素质

在大数据时代，新形势下，对财经新闻媒体的数据分析、编辑等职业素质的要求越来越高，必须大力引进专业的数据分析人才，以提升内部人员对数据的获取、解读、决策的能力，引导员工正确运用数据，解读数据的含义，挖掘数据的价值。

在大数据时代，为了使财经新闻在激烈的市场竞争中获得发展，必须抓住时代、经济发展的潮流，充分利用信息技术和自身的优势，为财经新闻的传播开辟更广阔的空间。同时，必须在内容上不断改进，提高其传播效果，为公众提供全面、及时的金融资讯，为我国财政政策的实施提供坚实的保障。

财经新闻在我国社会经济的协调、稳定发展中起着举足轻重的作用，这与大众的投资、理财等行为密切相关。因此，在新的历史阶段，财经新闻编辑必须加强自己的语言处理能力和新闻知识，为受众提供最可靠的金融信息。在掌握了财经新闻语言使用特点的同时，采用通俗、专业的语言表达方式，能够有效地增强财经新闻的号召力、导向性，扩大受众范围，全面提升财经新闻的综合素质，真正发挥其“窗口”作用。

第四节　财经新闻写作的界限

一、报道不等于宣传

新闻报道要做到客观、中立，说起来容易，做起来要难得多。记者要心存敬畏，用脚力、笔力、思想力，用事实、用观点影响人。新闻报道要有最基本的客观真实，宣传则是最大化地将内容传播出去，要把握两者最本质的不同。媒体记者要让自己的感官高速运转，要熟练运用新技术、新工具，要有融媒体的综合能力，有奉献精神。提高驾驭媒体、应对媒体的能力和水平，要善于利用主流媒体发出自己的声音，树立良好形象。

新闻不是广告，新闻媒介要有职业道德，要有最基本的职业操守。

（1）新闻媒介要服从公众的利益。

（2）新闻媒体要报道事实。

（3）作为一个传播媒介，必须接受某种价值观，这种价值观在中国的社会中有很大的分歧，笔者认为最重要的就是自由、平等、公正和法治。

（4）就是要尊重事实。

（5）必须遵守职业准则，这是一个记者履行社会责任的职业准则和基本价值观。

（6）设立职业防火墙，不能贿赂媒体，把编辑部和销售部都给隔离开来，这是不可能的，也不能干涉。目前中国的传媒，最大的问题就在于还没有完全摆脱宣传的传统和习惯，就很不幸地被人收买了。所面临的压力，也许不只是监管上的，也包括财政上的，看见的不只是收费的新闻，也是收费的寂静。

新闻最重要的是要有一种职业精神。新闻职业化的发展，是由受过专业训练的新闻记者以专业、客观、公正的方式进行报道，让大众做出判断，从而保障大众的知情权。我们很多时候都在纠结于不完全的事实，或者说不清楚的事情上，去讨论100多个词的简化，这不是没有可能，而是远远不够。中国必须借助新媒介的契机，建立一批稳定、开放、包容、理性的媒体平台，以实现现代化国家的民主化和社会管理。

二、真实性

新闻写作是一个需要不断学习和提高的技巧，尤其是财经新闻。从措辞、使用数字到对事件的正确判断，对金融工作者的要求都很高。新闻报道中的一点疏忽，都有可能影响到人们的生活，如果新闻工作者的失误，导致公司股价大幅波动，最终造成了一些人失业，或者是投资者巨大的投资风险，那么任何的道歉都是无力的，更无法挽回已经造成的事实上的损害。

财经新闻工作者要清楚他们所要写作的内容、要查找的文档和所用的资源。虽然财经新闻的品质在15年间得到了很大的提高，但是仍然有人担忧，该行业的记者并不完全知道他们的职责所在。

因为观察问题的起点不同，所以媒体和企业有不同的判断是很正常的。而新闻工作者在新闻报道中若有虚假，则会将矛盾进一步扩大，从而对新闻公信力产生直接的冲击。

三、不要被数字蒙蔽

任何一个领域都离不开数据，一份关于普通人的生活和工作报告，将会涉及他们的收入、支出、储蓄和投资等最基础的方面。有关政府的消息，会涉及投资、税收、预算以及各种公共服务。金融消息中更充满了数据。数据常常成为整个财经报道的核心，而动态数据本身的改变也会带来更多的新闻。

数据让报告和评论变得具体、可靠，但却是一种抽象的、无趣的东西。阅读GDP、经济增速、物价指数等信息时，很难把这些数字和日常生活联系在一起。上市公司公布的各类数据让人有一种云山雾罩的感觉，很难与真实的产品和特定的投资联系起来。如此，只有依靠新闻媒体工作者通过报道文章的梳理和解读，才能使受众得以清楚地认识和理解。

第一个步骤，要把各种数字和指标的特定意义说清楚，不能用课本上的语言或专门的词汇，而要用大众的语言来准确地说明。这个工作看起来容易，但实际上却不是那么简单，通常情况下，新闻工作者要咨询专家和学者；如果涉及公司的特定业务，也可以咨询公司的内部管理人员或者金融专家。要留意的是，财经记者们天天耳濡目染各种资讯，即使不熟悉某些专业名词，也会在写作中直接使用术语而不自知。

第二个步骤，就是研究这些数据资料。很多媒体都觉得，我们不能随随便便地去做数据分析，但也不能被记者招待会上的言辞所左右。一般公司的新闻发布会，都事先把最好的文宣资料放在最前面，然后由公司的高层来做宣讲，吸引媒体的注意。有些时候，这些数据是重要的财务数据，比如营业收入、利润等，或者财务报告之外的数据，比如销售区域、市场份额等。发布会肯定会强调对自己有利的信息，而不会是令人难堪的数据。不管新闻发布会上说了什么，记者们都要仔细地看一遍公司发布的财务报告（上市公司的财务报告既不能撒谎也不能涂脂抹粉，否则要承担法律责任），看完之后就能知道公司的实际状况。

四、准确比速度更重要

“是快呢，还是准确呢？”做记者的可能都会被这道题所难住。

在网络技术的今天，媒体人争相追求新闻传播的时效性。但如何在确保新闻质量的同时抢占新闻的主动权，却是业内最大的难题。客观地讲，虚假的消息的确到处都是。不用说，有些媒体和记者靠传播小道消息谋生，他们不会对所发布的新闻进行核查。尤其是最近几年出现的一些自媒体，抄袭、造假、捏造已经成为一种常态，完全逾越了记者的职业底线，造成了信息市场的一片混乱。

新闻造假或许是全世界的普遍现象，但正经的媒体，绝不会涉足其中，因为这涉及了新闻媒体最基本的价值观。

在财新媒体的日常报道中，为防止报道失误，通常内部程序要求记者至少要有三个以上的信息来源，并且要有内部独立的核查程序。但是，即便如此，也会有错误的报告。2016年3月，《财新网》刊载《多家券商债券负责人失联，债市风暴升级》，虽然篇幅不算很长，但涵盖了四五家在债券市场中具有重要地位的机构。那时候的债券市场，就是因为各种各样的违法行为，导致了很多的违法违规的案例，让整个股市都陷入了恐慌之中。财新记者在发布之前已多次确认，但并未得到这些经纪公司的正式回复。这种情况当时在财经新闻圈是司空见惯的，往往公安机关已经发布案例，但涉案方仍旧拒绝回复。财新主编认为这一次也是如此，所以他签发了这篇报道。报道发布后20分钟，一名“失联”的券商副总裁就给编辑部打了个电话，说他没有失去联系，编辑部在得到证实后，立即进行了纠正和道歉。类似的情况，在国内和国际上都是司空见惯、屡见不鲜的。

五、七条规则识破虚假新闻

虚假新闻无处不在，尤其在互联网日益深入我们的生活、社交媒体放大传播效应的当下。比如在国内，北京大学校长林建华在120周年校庆活动中读错一个字，马上就有伪造他本人名义的道歉信在网上流传；四川航空某架客机行驶过程中挡风玻璃脱落但最终安全抵达目的地，机长并未接受媒体专访，但是他的种种“英雄语录”第一时间就在四处传播。

记者在日常工作中，几乎每天都会遇到半真半假的各种信息。那么如何鉴别自己看到、听到的是不是假新闻呢？这里给出七条规则。

第一条，跳过标题读内容。标题是新闻报道的关键，在信息大爆炸的互联网上，标题是吸引人们点击阅读的最重要因素。新闻写得再好，内容再独家，标题不醒目，照样不“卖座”。于是，各类机构媒体、自媒体争相炫技，寻找各种出众词语博人眼球。大批“标题党”应运而生，文不对题的现象比比皆是，甚至标题与文章内容完全对不上。这种情况在中外媒体同样常见，就连维基百科上都专门有“标题党”的条目，推特上也有一些账号专门揭露这类行为。很多记者由于工作繁忙，仅仅根据看到的标题来获得信息，这是非常危险的，很容易成为假新闻的受害者。谨记！无论标题如何炫目，一定要点开网页认真阅读，再判断信息的真伪。

第二条，看一看信息发布者。一般说来，媒体都会在标题下方标注新闻机构的名称和作者姓名。如果这两点来源不明，内容的真实性就要大打折扣。而信誉良好的新闻机构及作者提供的信息，可信度大大增加。严肃的新闻机构非常重视市场声誉，一旦信誉受损，就会严重影响新闻机构的生存。因此，每家新闻媒体都会设立记者、编辑、校对、审读等多层次的专业岗位，防止采编各环节出现任何错误。而一旦出现报道失实或者写作错误，严肃媒体都会认真更正。这是新闻机构的从业底线，中外适用。在国外，“信誉良好”的评价意味着发行量、阅读量、收益、知名度的增加和受众的信任。主流媒体对报道非常慎重，可信度也非常高。因此，受众看消息来源就可以判断信息是否可靠。

第三条，注意内容发布时间。不同的信息在不同时点发布，会代表不同的意义。比如，一家上市公司高管对于业绩的预期，记者在网上搜索到一条相关新闻，有图、有人，还是官方媒体发布的，以为是最新言论便拿来引用，最后却发现这条消息是前一年的旧闻。这类错误看似低级，但经常发生。对于政府、企业等人事变动信息，记者更是要注意是否有明确的时间点，引用前再次确认。在中国，这种人事错误会引发很大的震动，风险很大。

第四条，寻找文章中的信源。国外媒体要求记者报道时至少有三个以上的独立信源才能够确认事实，而且很多媒体更要求记者要写清楚信源，包括姓名、职业等。如果遇到不愿意透露姓名的信源，也要准确描述信源与相关信息之间的联系。这个时候，信源的可靠性就成为判断新闻可靠性的重要环节。实名信源往往都会对其言论直接负责，匿名信源在一定程度上缺乏这种可靠性。在国内的新闻实践中，很多信源不愿或不能以实名出现，因此受众对媒体公信力的认可度，就成为受众判断报道准确性的主要依据。

第五条，检查文章中的各种链接、图片、评论等。一篇报道或评论中所附的链接、图片等，都可以用来佐证其内容的真实性。有些媒体为了蹭热点，自己修图，直接制造虚假新闻。遇到这种情况，更需要记者直接找到原文链接查证。

第六条，查看其他媒体的同题报道。主流媒体不会缺席重要新闻，不会缺失重要信息。因此，同时查阅多家媒体的报道，可以对信息的真实性进行比照佐证。

第七条，自我判断信息是否有明显的倾向性。这点看似很主观，但是很关键。你可以用常识和逻辑去判断哪些可能是假新闻，而不是只盯着有多少人在转发和谈论。信息的传播渠道很多甚至无孔不入，假新闻也可以跑得很快。此外，一条信息的转发也附加了传播者本人自身的公信力，因此不加思考地随意转发，是极不负责任的行为，而且一旦出现失误，传播者本人的信誉也会因此而受损。看看这条信息是谁转发的，认真思考后再转发，才是对人对己都负责任的态度。

六、公民记者的警示

所谓“公民记者”，一般是指那些看到、听到或能够识别出某些新闻的普通人。他们在亲历不同寻常的现场时，会第一时间通过互联网上传文本、图片、音频和视频。博客、门户网站、播客、视频网站等新媒体平台的出现，催生了“公民记者”这一群体。此外因为智能手机的普及和抖音、快手等短视频的便捷性，近年来，网络上出现很多普通公民现场拍摄第一时间发到网络平台或微信朋友圈的“实时短视频”（因其不带功利目的的客观性，成为宝贵的信息资源；也因为其视角受限和非全过程呈现只有参考价值）。他们提供的一手素材成为被热议的焦点，也成为媒体后续跟进的新闻线索，或者成为新闻报道的重要补充，弥补了记者无法出现在第一现场的不足。

不过，记者采用这些素材时需要有足够的判断力和警觉。有时你看到的图片或视频反映出的可能只是新闻的一个侧面，还不能够说明完整的真正的问题。例如，火车站现场拍摄的排队人潮，是否反映了你所理解的真实？从拍摄角度看确实是人山人海，很有冲击力，但记者调查后也许会发现，这个情况只出现在某个目的地的列车候车室，其他候车室并非如此；铁路部门的统计数据，也可能证明此时并非铁路运输高峰。另外，由于任何人都可以在网上发言或者运营自媒体，没有专业编辑和必需的审核流程为之把关，有些信息或言论可能有主观造假或者恶意诽谤的嫌疑。尽管自媒体平台并不具有大众媒体的特性，但是一旦出现事实性错误或者主观故意的诽谤，发布言论者同样需要承担法律责任，而不加分辨就跟进的机构媒体，也需要承担相应的责任。

新媒体时代的各种谣言和不专业行为参与新闻报道，往往会对社会造成很大伤害。但是谁来担当这些公民记者的“编辑”，以确保言论的表达不涉诽谤，避免对无辜的人造成伤害？毫无疑问，不诽谤、不伤害无辜者的利益，是“公民记者”们应该遵守的道德原则；法律则是最后的防线，不过，法律保护只会发生在个人或机构的名誉或利益受损之后。正因如此，专业媒体的记者和编辑更应自身多加谨慎，避免扩大传播不实信息和不当言论所带来的严重影响。

第九章　财经新闻写作的采访与特写

第一节　财经新闻访谈

一、进行财经新闻采访的必要性

在专业媒体领域，财经新闻还处在发展的初级阶段。在我国，从20世纪90年代初股票市场诞生以后，就开始有了关于财经新闻的教学和研究，但形成高校教育的专业设置就是21世纪的事情了。由于起步较晚，专业度较高，所以人们对财经新闻的了解并不多，对其独特的报道方式也是知之甚少。金融消息也是如此。正如《经济观察报》主编刘坚所说，“财经记者与娱乐记者、法制记者、社会记者并无分别，只是工作上的差异”。在采访和撰写财经新闻时，必须遵守新闻报道的基本原则，比如以事实为依据，注意文体等。然而，不管是在访谈和写作方面，财经新闻都有其独到之处。例如，在采访财经新闻时，要收集大量的数据，在撰写财经新闻时，要做到深入浅出。以上就是财经新闻独特的传播法则。

那么，这种特殊的传播法则是如何形成的？或者说，财经新闻为何要如此“采”、如此“写”？我们认为，这些都与财经新闻本身的性质有关。

在财经新闻的性质问题上，学者们进行了大量的理论探讨，并得出了较为丰富的结论。这里不打算谈论诸如专业性、时效性、客观性、前瞻性等一般性特征，因为这些特征并不能从根本上解释财经新闻不同于其他媒体的本质差异，也无法弄清其形成的原因。财经新闻报道特有的采访与写作规律，决定了其与其他新闻报道相比的最根本区别。

荣获第23届中国新闻奖的《先看病后付费？医患两相宜》（见2012年12月20日《中国财经报》），这是一种类似于故事的方式。这则新闻报道了山东济宁首次实行“先看后付”的医疗服务模式，解决了群众“看不起病”的问题。这份报告以小见大，用大量的访谈和事实来说明改革的意义，它不仅向受众说明了“正在发生的事情”，也说明了“为什么”。开头是这样写的：“12月14日上午，家住山东省济宁市市中区唐口镇魏楼村的崔秋宝，突发自发性气胸被家人送到济宁市第二人民医院。分文未交，医院便为他办理了住院手续，并很快做了手术，这让崔秋宝感到很欣慰。”这仅仅是一个导言，接下来的问题或现象，则是整个报道的重点："崔秋宝的'放心'来自济宁率先实行的先看后付款的医疗模式。"

所以，财经新闻记者应尽可能地搜集和运用故事，以实例展示其新闻意蕴。

二、财经新闻报道中采访环节的作用

网络时代的信息传递已经超越了时空的局限，信息的承载能力也得到了极大的提高。只要人们打开电脑、手机就能看到想看的东西。而那些财经媒体的记者，只要有办公桌、电脑，看看大盘盘面、打电话问问分析师，就能得到需要的素材。那么，财经新闻是否需要现场采访这种形式，采访环节还有存在的必要吗？或者说面对面的访谈能不能被取代？访谈是不是多余的？从财经媒体基本属性、受众基本需求出发，结合当前财经媒体的定位、生存与发展，对于财经媒体的局限性，本文结合目前财经新闻记者采访过程中出现的问题、原因等几个方面进行了分析和讨论。

（一）财经新闻的理论依据

财经新闻是财经类的一个分支，也是新闻类的细分项目，其重点是财经领域的信息采集、报道和发布。狭义的财经新闻，以资本市场为研究对象，从金融资本的角度审视中国的"经济"。中国的经济结构问题一直是学术界研究的热点问题。

从经济层面看，财经新闻分为三个层面：宏观经济政策报道，中观区域经济报道，微观行业报道、企业报道、经济生活报道。从新闻主题的角度来看，可以将财经新闻分成"资讯型""分析型"和"探讨型"。根据新闻的主题，可以分为五大类：产业商业新闻、经济新闻、经济新闻、财税新闻、战略管理新闻、金融投资新闻。从新闻的视角上看，财经新闻分为人物新闻、检验性财经新闻、问题财经新闻、理论财经新闻。从总体上看，财经新闻可以分为三个方面：政治导向、经济导向和价值导向。

与新闻的其他类型如时政新闻、社会新闻、文化新闻、娱乐新闻等相比，财经新闻有其鲜明的特征：专业性、实用性、时效性、前瞻性、可读性。

新闻报道的过程，都是采访、认知、纪录、表达的统一体。在这种情况下，记者的成长离不开采访。就财经新闻而言，采访就是通过面对面的访谈问答，获取专家学者、企业高管对财经现象的分析看法与思考预判的丰富信息，提供鲜活的新闻材料。不仅能从普通民众的日常生活中掌握经济发展的最新动向，还能从资金、金融等方面获取最新的投资动向。一家金融传媒的经营状况，它的信息量是否充足，它的指导意义和时效性，取决于创作质量的高低。

（二）金融财经新闻的主导作用

互联网资讯之庞大，让人眼花缭乱，但不论你在何处，只要能连接上网络，就可以接收到同一时刻的股票、期货信息；就能够在网络平台上得知你所关心的财经新闻，获取你需要的业界动态和商品信息。财经新闻工作者只要有一张桌子、一台电脑、一部移动电话、一张光盘，就能写出一篇文章，但这些都是"一般信息"。随着时间的推移，"一般信息"越来越多。但是，具有深刻思维、独到见解，能够给受众提供独特价值、高质量、专业原创内容的调查和分析报告依然是稀缺的。为了获得这些稀有的信息，金融媒体的记者就得接受采访，收集他们的独家原创作品的资料。

倾心打造分析型、理论性型财经新闻精品，而在这一方面传统媒体具有先天的优势，曾经独领风骚。

中国移动互联网的普及，手机智能化和大众生活方式的改变，使得时间碎片化，科技的发展和消费者对信息的要求不断提高，使得信息的获取渠道由离线向 PC 和手机转移和渗透。同时，内容形态也从文字到图像，再到视频，从低维度到高维度，信息的传输速度和丰富度、密度都在不断地提升。无论如何，原创财经新闻才是其中的主流，倾力于“二次传播”或“转化传播”的新媒体，毕竟只是“二传手”，不能成为财经新闻的主导媒体（图 9-1）。

项目	一类资质财经新媒体	二类资质财经新媒体	三类资质财经新媒体
新闻信息采编权	✓	—	—
记者证申领权	✓	—	—
新闻信息转载权	✓	✓	✓
时政类电子公告服务播报权	✓	✓	—
时政类通信信息播发权	✓	✓	—
设立单位类型	新闻单位	非新闻单位	新闻单位
备案审批单位类型	国务院新闻办	国务院新闻办	国务院新闻办或地区新闻办
典型财经新媒体平台	第一财经　证券日报 21财经　证券时报 财新　中国经济周刊 每日经济新闻　经济日报 界面·财联社　经济观察网 ……	新浪财经 和讯财经 网易财经 腾讯财经 ……	……

图 9-1　中国财经类新媒体按所取得的互联网新闻信息服务单位资质划分情况

来源：艾瑞咨询研究院自主研究绘制

（三）财经新闻受众需要

各种新闻的受众类型都有一定的细微差别，而在这其中，财经新闻的受众尤为存在着很大的差异，他们的受众群体不仅局限于报刊、电视，还通过网络传播，就是为了及时了解最新的金融动向进而判断经济活动对个人的投资行为有何影响，并据此进行理财决策。同时期待有专业人士及业界人士的意见，帮助规避投资风险，避免投资陷阱。所以，作为财经媒体的记者们，就应该将为受众提供专业性、有价值与前瞻性的财经资讯作为己任，抓住财经热点，组织有一定深度的专家访谈，以前瞻性的思考和指导性的建议，来满足他们的需求。

财经新闻的专家访谈一般分为两类，新闻调查和专题策划。新闻调查侧重于采访的流程，其突出的特征是关注主题或问题的“纵向”“深度”，前期的准备工作相对复杂，同时也更考验记者对现场的控制和突破。专题策划则注重问题或事件、现象的影响和意义，主要特点是侧重事件、现象或问题的“横向”和“广度”。财经专访的前期准备工作是比较重要的，了解访谈的基本情况，了解访谈的相关资料，了解访谈的历史和实际情况，制订访谈的计划和大纲。财经专访比较考察记者的现场把控与突破能力，重点在于把握时代特点，展现事物发展的进程；透过背景透视分析现实；以典型人物形象反映某一群体或某一事件；通过典型的瞬间体现整个过程；以典型的空间或环境作为情景表现对象；用典型的“符号”分析整体；用典型的资料勾勒全端，用典型观点反映事件的影响，用专业的视角观察公众议题。财经专访的选题依据是：目标受众的需要，社会形势的需要，策划的难易程度，专题的深度，能否创新开拓。

（四）辨别互联网信息的真伪

在当今发展迅速的互联网时代，虽然人们可以通过搜索引擎获得信息，但是受众在面对真真假假的信息时很难做出准确的判断，特别是那些关系到受众真实的经济利益的财经新闻。因此，财经新闻记者作为“守望者”、前线的“侦察者”“求证者”，就有必要组织有深度的专访。尽可能用更加专业的方式来还原事实，让受众得到真实、准确的答案。

同样的事实，不同的观察者会根据不同的角度、立场等来描述事实、表达观点。许多情况下，新闻深度报道的新闻工作者，由于所知有限，所掌握的资讯有限，往往难以分辨真伪。无论是从背景资料的查询，还是直接的访谈，都要求有记者访谈的深度和广度，要实现多个客体的“互证”，避免“孤证”。在相同的访谈对象中，尽量要有两个或更多的被试。如果收集到的资料与自己的想法不符，或者是意见相左，那么，记者们就必须加大采访的力度，提高警惕，仔细分析，用客观的思维，用自己的智慧，去挖掘真相。要做到客观、公正、精确，不能偏颇。

（五）可持续发展的财经媒体

在市场经济条件下，大多数财经媒体只能依靠自己的努力，贡献出自己的智慧，用盈利来证明自己的判断是正确的。在市场上“找饭吃”，也就是通过“产品”的销售来维持自己的生活。因此，财经新闻不仅要“自娱自乐”，更要充分利用自己的优势，在分析性、理论性、前瞻性的原创财经新闻方面下大力气，通过采访获得第一手资料，获得更大的新闻价值。创作贴近受众、贴近市场、贴近生活的原创财经新闻作品，积极参与市场良性竞争，实现可持续发展创造条件。

既有疫情反复背景下全球经济增速持续放缓的风险挑战，同时面对媒体深度融合所带来的深刻变革，多种媒体优势互补的全传媒矩阵格局正在形成，财经资讯的重要性随之凸显，主流财经媒体有着良好的发展机遇。

最近，《中国财经新闻发展报告（2021）》于2022年3月正式出版。该报告对未来的金融传媒发展做出了预测与判断，并指出：随着网络技术的迅速发展和迅速更新，金融传媒产业的格局将会发生深刻的变革，金融传媒的产品、业务模式也会随之发生变革，金融传媒也会逐步适应市场需求，走垂直化、专业化发展之路，越来越多的财经媒体会专注细分赛道，深耕特定领域，进而把握住消费升级大背景下的细分市场。随着中国经济市场化

程度的不断深化和市场化机制的不断完善，整个社会对具有高度专业性的财经新闻的需求将不断增加，财经媒体将获得长足的发展，其社会影响力也将不断提高。同时，在宏观政策制定、市场运作等方面，财经传媒的舆论影响也会明显增强。

三、财经新闻的得奖案例研究

（一）围绕“主旋律”进行的访谈

近几年，我们国家的“主旋律”是脱贫攻坚建设小康社会及乡村振兴。围绕着这个主题，《四川日报》记者庞峰伟创作发表《新房子只见楼梯不见楼》的文章（图 9-2），实地考察走访了四川省巴中市平昌县得胜镇独柏村的贫困户吴禹益，他在这个易地扶贫搬迁村发现了一种“怪怪”的新房子——外带楼梯的一层平房，通过走访，了解到了当地政府如何实行拆迁，进一步搬迁，依据事实发展，为人民着想，后获得第 28 届中国新闻奖的二等奖。

敦煌研究院副院长赵声良：

敦煌壁画临摹 张大千作了很大贡献

古埃及遗珍“入驻”金沙 零污染展出

四川2人上榜“2016中国文化产业年度人物”

去年我省营改增减税近160亿元

本报脱贫攻坚“侦查队”深入平昌县得胜镇独柏村，见识了当地一大“怪”

新房子只见楼梯不见楼

2020年 五级公共文化设施网络全覆盖

推动全面从严治党向纵深发展 不断夺取党风廉政建设和反腐败斗争新胜利

图 9-2 《新房子只见楼梯不见楼》

2022 年 1 月 4 日，由中国经济传媒协会主办的第 33 届中国经济新闻大赛奖项评选结果出炉，《四川经济日报》2020 年 7 月 1 日刊登的《汶川：苦耕 30 年红了甜樱桃》获得新闻报道类一等奖。记者通过实地采访果农、客商、地方干部，讲述这个高山峡谷间羌族聚居的贫困山村，30 年来砥砺前行的脱贫之路，打造出“汶川甜樱桃”的品牌，过上了甜日子、好日子。

（二）针对存在问题进行的访谈

《人民日报》记者走访了浙江、江苏、辽宁、四川、重庆、山东、北京等数百家私营企业，并与有关监管机构、中小企业协会等单位进行了调研，了解了民企发展的现状，并提出了进一步帮助民企做大做强的对策建议。在采访中注意到，在行政管理的各个环节，都存在着不顾实际、简单粗放的“一刀切”的问题。中国中小企业联合会执行主席张竞强表示：“这种管理方式，看似执行政策雷厉风行，实则是只顾管理方便，不顾企业是否方便，给不少民营企业的正常经营带来困扰。”除了政策执行中的“一刀切”，部分政策落实不力也是此次调查中民营企业普遍关注的问题。在访谈中，许多民营企业也表示，在国家政策和实际实施方面，许多问题正在逐渐得到解决，民企的营商环境也有所好转。

（三）财经访谈要从全局出发，从小事做起

获第27届中国新闻奖一等奖的广播评论《以供给侧改革破解老工业基地“双重转型”之困》，通过对东北地区煤炭行业的干部、行业部门领导、经济领域专家的访谈，了解目前的发展趋势，以统计数据说话，深入探讨国企改革和老工业基地转型发展的热点话题。全文主题重大，立意深远，分析透彻，发人深省。叙述点面结合，层层深入的剖析，条理清晰，提出的建议切实可行，对东北老工业基地的新一轮振兴具有一定的参考价值和启示。

2015年年底，新华社记者姜伟超在甘南藏区调研新农村建设时，在和搬迁扶贫户羊小平的交谈中了解到，在甘南州实施的易地扶贫搬迁工程中羊小平一家从大山里搬到了一栋二层小楼，用上了自来水。终于摆脱了缺水的生活困境，于是就把家里两代人置办的家中最重要的财产——六口储水大缸——都废弃了。这一小事萌发了他的创作激情，经过几个月的多次采访和精心打磨，创作出了《记者手记：羊小平砸缸》，这篇稿件先后被评为新华社社级好新闻、精品报道和第27届中国新闻奖三等奖。

四、财经新闻访谈中的问题与成因

（一）访谈敷衍了事，缺乏深度

一些经济类媒体的记者，不愿到现场进行深度访谈，只依靠从被调查者那里得到的现成资料，或是从主办方那里得到的宣传通稿。往往只看表面，看不到实质；具体有名有姓的调查对象寥寥无几，大部分都是或真或假的“内部人士”“知情人士”充当的受访者。实际上，在采访中只有少数人因为涉及敏感话题而不便在媒体上公开身份，更多的是记者偷懒，捕风捉影或者道听途说，拍脑袋虚构采访事实。

这种情况并不罕见。2020年6月，湖北某报刊登了一篇没有经过查证的某央企“五年内在鄂新增投资两百亿元”的相关新闻报道，然而这篇报道是记者根据活动方案和背景资料撰写的。没想到，原定的招商签约活动因故取消，报纸稿件中的新闻事实根本站不住脚。再如，某报2019年4月没经过事实验证刊发的通信报道《20万亩山桐子“榨”京山百亿产业》，作者单方面听地方官员介绍然后写稿，消息源单一，内容失真。三年实现百亿产业，一亩收入5万，显而易见，这是“吹牛”。林业产业不比农业，投资收益周期较长。山桐子作为乔木，盛果期至少在5年以后。而作为外来引进树种，能否大面积栽种成活也得时间来检验。一年后，《湖北林业科技》2020年第03期发表了题为“京山市山桐子产业存在问题及对策”的专家调研文章，与前述新闻报道形成鲜明反衬。关于面积，文章揭露：实际栽种一万多亩，且造林失败比例达50%以上。与20万亩相距何等遥远。

如此这种失实报道时有发生，造成了不良社会影响，也给相关的产业造成不小冲击。

（二）访谈预备欠缺，现场控制能力薄弱

社会上发生的一些突发事件，因为不知道何时会发生，会以怎样的形势发生而无法进行规划，这是情理之中的事情。这样，财经记者们就只能在访谈中随机应变，根据情况选

择素材。即使是这种“紧急”采访，采访者也必须明确采访的主题，具备足够的临场经验和心理素质，保持冷静的思维与客观的态度，才能做到有的放矢、事半功倍。

记者在采访前有很多准备工作要做，不但要明确采访的主题，也要了解和选择合适的被采访人，还应该事先设计提问的问题和顺序，并有必要的应急预案。如果准备不足，再不具备临场经验和控场能力，往往会采访失败。或被采访者有意宣传自己滔滔不绝；或被采访人没几句话拿出一堆材料；或被采访者偷换概念转移话题“挖坑儿”。许多财经记者在采访过程中都会遇到各种各样的尴尬状况，因此感到“肝儿痛”。但归结起来，很大程度上都是由于准备不足的“盲采”。

（三）采访无内在动力，缺少独创性

互联网时代的信息传递已经超越了地域的界限，只要在网络上搜索，就可以得到解答。同时，由于大部分的财经媒体都瞄准了资本市场，尤其是股票，一张桌子、一台电脑，看一眼上面的盘面，都会觉得现场访谈多此一举，徒劳无功，以至于一些财经新闻缺少原创或独家报道。具体而言，原因有三：

第一，就其指导思想而言，对于采访、策划、原创、深度与其传播影响力、引导力之间的利害关系，存在着“采访不如写作好”的观念，重写文章而忽视采访。

第二，在实际工作中，缺乏一双“好腿”，不能离开办公室，不能下山，不能到工厂、矿山、一线、基层、企业去。

第三，企业的内部考核制度不科学、不合理。记者要策划采访具有原创性、深度广和可读性的新闻，其时间和精力成本都会成倍增加。

五、财经新闻访谈之道

（一）坚守职责

从《关于新闻工作者思想动态的调查报告》中可以发现，65.9% 的被调查者选择了“媒体工作的使命”，这个数字位居第一，从某种程度上说明了“责任使命”对新闻工作的重要意义。特别是在互联网时代，“人人皆有麦克风”“人人皆为传声者”，面对着千姿百态、真假难辨的信息，记者更要担负起“守望者”“侦察者”“求证者”等在资讯高地上的责任。

（二）坚持“访谈优先”

邵飘萍是中国新闻理论的先驱和奠基人，他指出：“新闻采访、编辑、经营三大产业，其中新闻采访是最主要的。”对于记者、报社、新闻人来说，新闻采访获得的材料是最重要的资料。要坚持“以访谈为主”，“不采访就不写稿子”的思想。访谈，即“问与答”，既有宽泛的，也有狭窄的。所谓的“采访”，就是询问知情人士的情况，并不是以记者为主体，而是以被访者为主体。他们的意见和要求或者涉及他们的切身利益，或者只是为了八卦，或者纯粹是出于好奇。从狭义来说，采访就是一种新闻采访，记者提问要求客观精准，这样不但可以无差别地交换资讯差，引导被访者自由地表达自己的观点，还可以阐述意义，

分享自己的知识，主张观点，传承文化等，促进内容的传播和繁荣。

（三）选题的精心设计

经济生活就像是一个“万花筒”，时时刻刻都在发生着新的变化，变化的信息尽管多之又多，但是，只有有价值、有意义的信息，才能被人们所关注和接受，因此，我们必须对所要面对的各种信息有所选择和取舍，并根据所在媒体的社会定位与价值取向确定报道的主题。选定了主题之后，要仔细地准备采访计划，采访前应该掌握相关背景资料，了解其他媒体已经披露的相关信息。如果采访的对象是一个重要人物，那么在采访的时候，首先要了解的就是对方的背景，学习背景，工作经历，最近的成绩、新闻等，并在必要的时候给对方发一份访谈大纲，让对方有更好的心理准备。

（四）采访的内容要有针对性

财经新闻采访有多种情形：一是针对某一财经现象或事件，采访当事人或旁观者的调查性采访；二是就某一话题或现象，访谈专家学者或企业高管的咨询性访谈；三是对社会关注的财经热点或话题，随机或有选择地进行的“流动式”社会性信息采集。无论哪种情形，财经新闻的采访都不应该“无的放矢”，都必须有明确的采访主题，这样才能有针对性地采集有价值的信息。

还有一种特殊的采访——人物专访。人物专访的重点是“人”，不是事。要根据不同的目标和情况来决定访谈的主题：访谈政府官员，可以从当前政府的政策和措施中获取更多的权威解读；若要对人大代表进行采访，那么就可以根据他们在两会上的建议，了解他们的对社会经济发展的思考和意见；访谈经济学者，可以从他们最近的研究中得到更多的学术性、前瞻性的信息；访谈企业家时，要多从企业的生产、运作角度来认识企业的经营思想和前景；在采访“小人物”的日常工作时，可以用轻松、活泼的话题来谈论。

（五）对采访记录进行整理核实

财经新闻进行采访的初心，就是尽可能向受众展示真实，所以对采访中获得的信息材料，不能照搬采用，还需要进一步筛选核实，去粗取精。一是要密切注意财经现象或事件的发展和变化，对采访记录进行必要的调整和修正；二是“去伪存真”，要做到对受众负责，不偏听偏信，不对受众产生误导，必须坚持“多听”，倾听多位学者专家的不同意见，确保新闻的客观、公正；三是进行必要的文字和篇章整理，使口语化、零散状的原始记录，在保证受访者谈话本意的前提下，符合媒体对财经新闻报道的形式要求；四是保留访谈的原始资料，访谈所获取的原始资料，是最宝贵的、最基本的信息源，它可以支撑和佐证新闻报道中的核心事实与价值判断，也是后期财经新闻质量考核的重要资料。特别是监督型新闻访谈，还有可能成为媒体机构和采访者维护自己正当权利的依据。

（六）整合新旧媒体

在传统媒介时代，媒体获取的新闻事实通常是以文字、图片、视频、音频、H5动画等形式来表达，以满足大众的多元化需求。在访谈过程中，除使用笔录之外，还可以通过摄影、录像、录音等方式来提高沟通的效果和影响力。实际上，随着媒介技术的发展和普及，大多数媒体在采访过程中都已经是“全副武装”了。除了用于采访的录音录像设备，有的还有采访过程的全程工作视频。

第二节　财经新闻写作与采访的辩证关系

一、新闻采访要素与新闻报道的相互影响

（一）新闻写作依托于新闻采访

新闻就像是可以摆在桌子上的美味佳肴，而采访与写作则是对食材的选择、加工、烹饪的全过程，如果没有足够的材料和工艺，根本无法做出一道美味的佳肴。新闻访谈是对有关各方进行深入、细致的调查，并对所搜集到的信息进行梳理和甄别。没有新闻采访，就无法取得新闻事件的第一手资料，也就无法创作出优秀的新闻作品，这就是新闻与文学之间最大的不同。新闻采访的水平高低，直接影响到新闻报道的质量与价值，如果没有对事件本身和事件背后的原因的把握，就无法很好地完成报道，也就无法赋予新闻报道创作活力和吸引力。在写作前，首先要有一个大概的想法，要有怎样的新闻效果，要有怎样的新闻价值，这些都要靠记者的采访来决定，也就是说，要用他们的作品来约束他们。在新闻采访中，由于缺乏对新闻报道的基本认识，因此在新闻采访中，既不能获取所需要的信息，也不能实现自己的写作目的。

（二）新闻创作时，受新闻采访的制约和影响

由于新闻报道的写作，是以新闻材料为基础的，是将采访所得材料与事件的构成要素进行整合，从而达到新闻事件的高度。所以，在新闻采访中，一定要密切关注新闻事实的要件，一旦发现有漏掉的新闻线索，随时补充。新闻报道不仅是对新闻事件的真实反映，同时也具有引导舆论的功能，它对整个社会都具有一定的监督功能。但是，在进行新闻采访时，往往会遇到各种阻力，从而造成信息不完全，甚至只能反映出部分的事实，无法对新闻事件进行连续的深度调查。这样的话，媒体的引导功能就会大打折扣，尤其是对于调查报道和法律报道，没有足够的深度，很难发挥舆论监督的作用。对于一些重要的新闻，许多媒体都十分关注当事人召开的记者见面会，以求了解事情的真相。但是必须清醒地认识到，这只是当事人一方的陈词，虽然可以了解新闻事件的内情，却不能认定为新闻事件的事实真实。如果媒体不能冲破阻力，也不能让公众得到应有的解释，这就导致了公众对事件的监督和对事件的可信度降低，事件的真相往往会被掩盖。

由此可以看到，新闻采访对新闻报道的影响与制约，乃至影响到整个媒体的舆论环境。因此，要把新闻采访工作做得更好、更细致，输出更真实、更丰富的报道材料，这样才能

提高新闻报道的质量，更好地发挥媒体的监督功能。

二、新闻采访与新闻写作的思考

（一）从感性认识转变成理性认识

新闻工作者在进行采访时，不能只盯着表面，要从表象中看到实质。有的事情并不是表面上看起来的那样，它要求新闻工作者对现实和现象进行深入的研究和剖析，从而推动他们从感性的认知走向理性的思考，进一步扩展思维。

（二）采用上下结合的连贯采访方式

新闻工作者在进行新闻采访时，首先要从对上层的认识入手，为以后的采访工作做好准备，然后才能进行实地采访。这种前后衔接的新闻采访方法，不仅可以提升报道的质量，还可以节约采访的时间。

财经新闻是人们了解社会经济发展的重要途径。因此，财经记者必须高度重视财经新闻的采访、编辑和写作，注意科学合理地解读和分析相关财务信息，不断积累新闻实践经验，不断提高自身的经济知识水平，从而制作出高质量的财经新闻报道。新闻采访与新闻写作有着密切的联系。作为新闻界的一种特殊的活动，它可以为新闻记者的创作提供精确、翔实的材料和资源。在财经新闻记者的采访与写作中，必须给予足够的关注。通过对财经新闻的科学解读与分析，在实际工作中不断积累经验，不断提高自己的经济知识，从而做出高质量的财经新闻报道。

三、新闻采访与写作教育发展

（一）课程目标与专业发展目标的关系

新闻教育在当今社会有着举足轻重的地位和作用。“让党和国家的声音传入千家万户，让中国的声音传向世界。”这是一项艰巨的任务，要加强基础教育，强化教学管理，深化课堂教学改革，促进教育教学质量提升。注重学生实际操作技能的培养，服务经济振兴的大局意识，进一步提高了学生的创新意识和实践操作能力，培养了职业能力和可持续发展能力，取得了良好的教学效果。通过不断的探索与实践，促进了专业建设和教师培养，增强了办学活力，促进了教育教学改革，培养出一支一流的新闻教师队伍。在新闻采访和写作教学中，课堂教学是一个十分关键的部分。其目的是要明确把握新闻记者的培养目标，并使之符合社会主义新闻工作者的自身需要，一经确定，就要坚持到底。新闻系大学生的职业生涯目标与其他专业的大学生有着同样的特征。但新闻专业大学生的成才目标也有其特殊性，因培养目标的不同而呈现出不同的特点。即学术视野开阔，理论知识运用能力强，创新能力强；思想品德方面，树立共产主义理想，全心全意为人民服务；讲真话，做实事，这是一个记者的基本道德。只有这样，才能培养出具有较强实践能力、创新能力和综合素质的记者，才能真正满足社会的需要。

在市场经济自发、盲目的影响下，要加强马克思主义思想政治教育，不被功利主义、实用主义所侵蚀，葆有新闻工作者应有的对事实的尊敬，敢于讲真话的唯物主义精神和正义感。“忠诚、务实”是周总理对记者的谆谆教诲，是马克思主义新闻观的基础，是新闻学的重要组成部分，是培养人才的重要途径。

（二）教学中的困难

新闻采访与写作的教学是研究新闻事实的基本原则、法则、方法和技巧，培养学生正确认识和掌握新闻事实，掌握科学的新闻报道方法，要做到这一点，首先要求教师能够熟练把握科学的新闻观念，并在教学中融会贯通，通过教学实例把科学的新闻观念传授给学生。学生则应当通过实习实践，不断体会，不断思考，不断地总结和探索。

科学的新闻观念可以通过教学来建立，却不能保证都能在未来的实践中坚持和铭记在心。新闻工作者坚守“用事实说话”的原则，需要在长期的工作中抵御种种蛊惑、利诱、威胁。这也不是只用教学所能达到的，需要新闻工作者用自身的信念定力、顽强意志和职业素养来支撑。

四、财经新闻的采访和报道，最重要的是信息的收集和使用

美国知名记者富兰克林表示：“新闻报道采用对话、描写、场景设置等方式，将事件的情节和细节等细致入微地呈现出来，突出事件背后蕴藏的令人兴奋的、富有戏剧性的故事。”对于娱乐、时政之类的媒体，新闻的故事性的问题不大，因为它们都是现实发生的故事。而财经新闻则与之相反，它更多的是对经济现象的报道，如政策、形势等，新闻事件并不多。财经新闻所反映的经济现象与人民的日常生活密切相关，与人们的投资和消费活动有着密切的联系。但由于财经新闻的特殊性，大多以一系列数据的形式出现，难以直接为一般受众所接受，因此，需要财经记者对原始信息加以系统化整理、专业性分析后，进行详细而通俗的解读，才能成为可以被一般受众理解并接受的财经新闻。

在新闻报道的研究中，必须承认的是，财经新闻的采编工作具有高度专业化、内容抽象、涉及面广等问题。学术界存在着一种说法：“一份好的财经报道，必须要善于发现经济活动和人民的生活息息相关。”因此，财经新闻的先决条件就是要与人民群众的生活紧密相关。在选择新闻素材时，要注重观察经济现象与民众的关系和交叉点，要从“大财经”中找出“民生问题”，以大众的视角来透视经济发展、产业变化、市场行情，并从最具吸引力的部分为受众提供最详细的答案，让人觉得，财经新闻不仅仅是存在于一个复杂的图表中，也活跃在他们的生活中，在他们的“钱袋子”里，陪伴在他们的身边。

《南阳晚报》在2012年1月发布了一则关于去年该市人均消费的调查统计报告。在报告中，统计人员给出了大量关于居民的收入和开支的统计资料，这些资料中没有任何的数据说明，也没有任何相关的分析。按照传统的报道方式，这篇报道肯定是要用“数字+图表”来写的，但是，记者们在选题上却是另辟蹊径，一个名为“去年，咱百姓的钱花哪儿了？”的标题，紧紧抓住了人民消费的主题，用各种生活用品的人均购买量反映社会经济的发展，从买了几双鞋子、

几件衣服，将一年的收入和支出都展示得很清楚。以“微观”题材反映“宏观”主题，报道一出，不但财经界人士给予极高的评价，而且由于题材内容的人性化，一般民众也很喜欢。

五、课程培养发展及创新

（一）培养

在新闻专业教育中，“高分低能”是我们在总结教育经验的时候经常会用到的词语，而新闻教育更是如此。在指导学生打好基础的前提下，必须注重知识能力的转换，即“五个一些”。新闻工作者应该是学人，但绝不能“学究化”。为了避免学生成绩不佳、提高学生的素质，应采取以下措施。

1. 继续强化教学团队与教师队伍

通过参加相关学术会议、深度参与社会实践活动、进修、攻读学位，极大地促进了专业人才的培养，提高了人才培养的境界和水平；通过到媒体实习等方式，增强学术研究能力，促进学术研究的良性发展。全方位地提高教师的理论知识和实际操作能力，鼓励教师积极参与各类课题研究，切实提高学科教师的科研能力。教师必须具备在学校任教和担任编辑记者的能力，并有计划地选择年轻的中青年教师到新闻机构进修。

2. 让学生走进大教室

让学生在现实中认识到自己生活的国家，并学习如何用新闻的方式来反映和表达自己的生活，并在节日期间组织“两个一”，也就是在节日期间写一份调查报告和开展一份实习工作。

3. 运用各种教学方法

使学生的学习热情得到最大程度的激发。在班上，教师可以组织讨论、辩论或举行“模拟记者招待会”来培养学生思考与发问的能力，而在课后，可以通过搜集新闻线索、撰写人物访谈、阅读评论、自主办报等丰富多彩的活动让学生尽快进入记者角色。通过多种实践活动，使枯燥乏味的课堂变成富有创意、生动的实践平台，促进他们的个性发展，提高他们的实践能力。在实践中，学生不但加深了对课堂内容的理解，而且提高了他们的动手能力和团队合作的能力。

（1）仿真教学。在课堂上，畅所欲言，交流思想感情，表达自己的观点和想法，不仅可以展示自己，还可以在一定程度上提高自己的语言表达能力。可以举办记者招待会、记者见面会、新闻人物访谈让学员们在实践中掌握新闻采访写作的知识体系，提高口头表达能力、写作能力、思维能力和人际交往能力等。重点是培养学生对新闻采访的临场反应和采访技巧。这样既能提高学生的学习兴趣，又能培养学生的创新精神和实践能力。

（2）以研讨的方式进行教学。组织专题讲座，以培养学生对新闻的科学认识，为专业的理论学习奠定坚实的基础；同时，对学生进行创造性思考的训练和激活。在采编业务教学中，应采取“设论”的方法，引导学生运用马克思主义的世界观和新闻观，抓住事物本质，洞察其可能带来的社会政治后果，并据以正确地确定我们的政治态度和行动。对中国、世界、现实、历史等新闻现象进行深入的剖析。对公众的政治心理状况进行准确的把握，从而达到“对症下药”的目标。

（3）开放教育。校外访谈，邀请知名学者到校内讲课，开阔视野，提高实践技能。

（4）在教学中运用多媒体技术。利用多媒体声像，能加深学生的印象，提高教学质量。

（5）在新闻写作教学中开展采访实践训练。我们提倡的是“方法”。新闻专业的教学，不能局限于对一般的业务过程进行描述和说明，而要注意让学生亲身体验，掌握一些实际可行、一用即灵的科学方法。这是艾丰同志在《新闻采访方法论》和《新闻写作方法论》中所取得的重大成果，从新闻历史学科的角度来看，“方法化”就是把“发现”的规律“渗透”到“实践”；从新闻专业的角度来看，“方法论”就是从“揭示”到“哲学”。提倡方法，并不是为了增加理论上的空洞，而是为了给学生提供更强的引导，对学生来说，这是双重的考验，在职业和哲学双重并重的问题所在。

4. 通过聘请编辑，持续增强与传媒的合作

聘用有实际经验的编辑记者到学校兼职授课，促进学生之间的横向联系和交流，磨炼他们的意志，培养他们的社会责任感和使命感。弥补校园内教师师资不足，为学生的实践提供平台。加强对学生的社会实践能力的培养，引导学生勇于实践。经常邀请国内外传媒界的领军人物及名记者、名主持人作报告，大大开拓学生的视野，增强学生的国际交往能力。增强学生做有道德、有责任、有思想的新闻人的意识，也促进了学生与传媒第一线的交流。

5. 不断改进教育环境

一方面，要强化实验教学，在课中引入现代化的仪器设备和新的技术，增加综合性、设计性的比例，提高学生的实践能力、设计能力和创新能力，为学生创造良好的实践环境；同时完善实验教学管理制度，建立开放的仪器设备共享平台，使学生有更多的自由时间进行见习，使实验资源得到最大限度的利用。选用国家级重点教材、优秀教材，以培养学生的探究精神，拓宽学生的知识面。另一方面，可以适当引进新的仪器，主动与校外企事业单位合作，通过校外实习来提高学生的实践能力。

（二）切实发展

新闻工作绝不是简单的，而新闻采访和写作的实践也不是表面的。培养新闻记者，也有其自身的特点和方法。新闻专业课程必须要树立正确的信仰，以符合客观规律，实现教育目的。所以，在新闻采访与写作教学中，要实现新闻课程的教学目的，必须“动脑筋”“动手”“密切联系”，才能真正实现未来记者的培育。

1. 改变

新媒体的发展为受众提供了一个新的信息获取平台，而要实现媒体融合和自身的可持续发展，就需要更加关注新的媒介和媒介的受众特征，并针对技术的发展趋势和受众的信息需要做出相应的调整，从而提高其影响力。

2. 内部转换

在媒介融合的大背景下，新闻采访和写作的内涵也在不断地发生着改变。当前，传统媒体尤其是纸质媒体正面临着网络媒体的巨大冲击和媒体融合的迅猛发展。一方面，新闻工作者要在新媒介技术的辅助下，不断提高自己的收集、整理、分析的能力，以适应全媒体时代的新形势、新要求。同时还要对新闻内容、材料的表现进行灵活的调整，以保证受众的阅读舒适感。这就要求新闻工作者必须具备对网络信息的识别能力，同时要加强数据和技术能力，使新闻作品更受受众欢迎。加快新闻创作发布速度，这就需要新闻采编人员在工作中更加注重自己的技术和职业素质，并根据新闻采编的发展需要和新媒体的发展趋势，在保障新闻报道真实性的同时，以时效性为依据，对其具体情况作详尽的阐释，使受众能够更加充分地了解新闻资讯。

新闻工作者还应提高文字写作能力和综合运用各种传播技术的能力，随着传播技术的发展，各种传播技术如图片、声音、视频等都开始在新闻传播活动中应用，这些技术不仅丰富了传播形式，而且更有利于受众对信息的接受和理解，减少了新闻传播中的信息不对称。

3. 更加亲近受众

在媒体融合的大背景下，受众获取信息的速度明显加快，受众逐渐成为信息的制造者和传播者，新闻信息的发展呈现出多元化的趋势。在新媒介的传播平台上，受众可以在自己喜欢的节目中表达自己的观点。

受众之间可以进行交流，使受众的互动能力得到显著提高，从而促进了新闻栏目的个性化分区。受众通过留言板、新闻评论频道等渠道，表达他们对新闻内容、编辑方法的看法。这样，媒体能够迅速了解受众的需要，了解受众对新闻事件的回应，进而增加与受众的沟通，从而缩短他们与受众的心理距离。

4. 增强传统媒介的影响

在媒介整合的进程中，传统的新闻工作者可以利用传媒网络与受众进行互动。因此，新媒体与传统媒体的合作是必不可少的。沟通，获得受众的反馈，并对其进行及时的调整。在社交媒体上，信息的发布和传播速度非常快，与此同时，受众对传统媒介的重视程度也会越来越高。他们对不同的媒介形式有不同的内容偏好，在不同的情境下有不同的信息消费需求。传统传媒在发展的同时，在坚持自身优势的前提下，充分发挥新媒体的优势，并将其成功的传播经验运用于大众传媒，从而在媒介融合的时代创造出新的优势。

5. 建立良好的舆论氛围

在新媒介时代，受众的审美意识和信息获得能力都有了很大的提高，但信息的真实性、可信度等却无法保障。一些媒介通过互联网传播不良信息，使社会舆论走向极端，不仅无法起到科学的引导作用，而且阻碍了建设和谐社会的步伐。传媒融合是新时代传统传媒重获新生的重要支撑，传统媒体在进行整合时，要充分利用自身的严谨、真实、有远见，并能将真实可靠的信息提供给受众。积极引导受众，能使受众在新时代从日常的阅读活动中看到更多的东西。这不仅有利于引导受众树立正确的价值观，而且有利于营造良好的舆论环境。

6. 新闻报道的真实性问题

在传媒一体化的大背景下，受众可以利用传媒。然而，在目前的新媒体平台建设中，由于新闻资讯的爆发性增长，使得新闻信息传播平台在监督管理方面存在着一些问题，常常难以对受众所提供的新闻资讯进行即时甄别。由于我国目前对新闻内容的审查还处于初级阶段，造成了大量的虚假新闻在网上传播，一些受众在浏览新闻时，会将其复制、转发，使社会舆论在发展中受到这些虚假信息的影响，进而对和谐社会的建设造成消极的影响。

7. 新闻报道内容的同质化

在媒体整合的进程中，传统传媒必须加强自身的平台建设和新闻内容建设，能够对同一新闻进行多层次报道、多个平台的分众化报道，强调新闻的深层价值，使新闻再传具有更高的新闻价值，并对受众起到积极的导向作用。然而，在当前媒介融合的进程中，不可避免地存在着内容同质化的问题，同时也使受众对新闻产生了不同的看法。

所谓“内容同质化”，是指不同媒体在新闻报道的主题内容上一涌而起、跟风模仿、依样画葫芦，造成新闻报道千人一面、单调雷同的现象。这是新媒体爆发，原创新闻稀缺，相当一批媒体人素质低下，缺乏开拓、创新精神的结果。“内容同质化”在媒体竞争“内卷化”的阶段将长期存在。

8. 明确职责

在新媒体时代，各类媒体出现了“狂欢”的现象，或博眼球或逗乐或蹭热点。众多的媒体凭借其特有的新闻报道方式，为热门内容的传播提供了更多的支持，形成了二次传播，快速地获得了广大的受众，其社会影响力也得到了显著的提升。一些传统媒体记者为了迅速获得受众的关注，往往会采用自媒体的方式，不顾新闻的真实性和可信度，忽略了传统媒介的作用，这就给社会舆论的构建带来了消极的影响。另外，有些媒体为了快速提高自身的人气，专门写一些博人眼球的文章，冒用别人的名字，用别人的肖像画来吸引眼球。在新媒体、自媒体平台上投入了大量的人力物力，导致大批传统媒体的骨干记者流失，影响了媒体的公信力，影响到媒体融合的进程，也会对媒体产业的健康发展产生不利的影响。

9. 对新型媒介的适应性

在新媒体时代，新媒体凭借其创新的媒介技术和传播途径，使受众能够使用电脑、平板、智能手机在闲暇的时候随时随地阅读新闻获取所需信息，新媒体传播强大的亲和力，吸引了越来越多的受众。

因此，在传媒深度融合的过程中，推动媒体融合发展，需要从本质上坚持一体化的发展方向。传统传媒必须重视新媒体的发展特点，推进传统媒体与新兴媒体的协调发展、融合发展。积极拓展互联网营销，积极构建互联网平台，提升自己的平台覆盖率，拓展自己的新闻覆盖范围。以此为依托，在融传媒时代，积极利用新技术、新媒体的传播优势，拓展新渠道，扩大内容的覆盖面和影响力。通过对受众所推崇的新闻采编模式进行革新，并根据不同的传媒平台特点进行灵活的调整，使受众的阅读舒适感得到显著提高，从而为传统传媒的发展提供有力的支持。同时，记者的采编积极性也会逐步提高，这对推动媒体融合的可持续发展具有十分积极的作用。在媒体融合的过程中，需要对内部组织平台和媒体传播系统进行技术开发和扩展，以适应媒体融合带来的新挑战。

10. 富有创意的风格

在传媒深度融合的大背景下，传统媒体与社交媒体的融合已成为不可阻挡的趋势。网络新闻的写作风格发生了较大变化，传统媒体与社交媒体高度融合。网络分众化报道更贴近现实生活，满足不同人群的个性化需要；内容也越来越细化，有针对性的分化内容，是受众零散阅读中的一个重要部分。在确保新闻内容真实性的基础上，对其新闻发布平台的新闻风格进行了相应的调整，将所搜集到的信息按照一定的级别，按照不同的方式，按照不同的媒体风格进行发布。传统的媒体工作者可以通过多种渠道、多种途径为受众提供第一手的资讯，获得更大的新闻价值。并能有效地满足全方位、不同层次的受众的阅读需求，同时也使传统媒介获得了更多的受众。

11. 受众思考的养成

在媒体深入融合的背景下，传统传媒在注重改变新闻采编方式的同时，也应该更加关注不同层次受众审美取向的改变，并根据受众的需要，在保证新闻内容真实、导向积极的前提下，以受众的审美偏好为参考，进行采编、发布，从而达到更好的传播效果。新闻工作者在工作中要提高受众的专业意识，既要保证自己的工作具有专业性，又要从受众的角色视角出发对财经新闻的重点进行探讨，并通过对其内容的灵活调整，使其更具可读性、更贴近受众。受众在阅读这类新闻后，对传统媒体的观感会得到提升，其黏性和社会影响力也会随之提升。

12. 角色的调整

在媒体深度融合的大背景下，传统媒体必须重视自身的工作原则和严谨性，正视新媒体对传统媒体的冲击，并及时发现其背后的问题，并作出积极应对。推动媒体融合发展，需要从本质上坚持一体化的发展方向。一方面，传统媒介要从新媒介视角出发，积极运用新媒介，拓展受众；要加强原创新闻的真实性和时效性，突破“同质”的封锁，拓宽新闻的传播渠道，在网络上形成一个良性的网络舆论氛围。另一方面，要加强对新时代新闻工作者的正确引导，营造良好的舆论环境；新时期媒体要加强对新时期新闻记者的正面指导。

定期组织记者之间的交流研讨，了解他们在工作中产生的心理困惑，并进行引导帮助。通过开展思想政治教育、党课教育等活动，使记者们能够正确地认识到自己的缺失之处，并进行自我调节，使自己早日回到正常的工作状态。在向受众提供高质量的新闻内容的同时，必须建立新闻信息的筛选机制，对不良信息进行及时的通报，防止此类新闻进入大众视野。同时，要改变思路，以更加积极的心态挖掘新闻事件，塑造出个性化的节目，为传统媒体开辟新的发展方式，提高媒体的社会影响力。

在传媒深度融合的大背景下，传统传媒要转变工作思路，创新工作方法，在传媒深度融合的时代占有一席之地，而传统传媒要坚定自己的工作信念，坚持“内容为王”，科学地开展新闻采访，促进传统传媒向新媒体的不断发展。

（三）创新

1. 坚持理论联系实际

在教学中，既要注重能力的培养，又要注重理论知识的传授与掌握。

2. 注重培养和发展思想

在培养学生媒介适应能力的同时，也要注重培养学生的创造力。

3. 将专业能力和全面素质的培养有机地结合起来

在专业技术的培养与提升中，必须注重人文与品德的培养。着重培养具有坚持党的方针政策定力，有良好新闻工作素养，又有较强社会沟通能力的新闻从业人员。

第三节　财经新闻报道的创新之路

对于财经新闻报道而言，由于经济数据和抽象的语言表达方式，在新闻采编方面需要有更多的创意与技术。拿都市报举例，它的新闻主题主要集中在一般民众的经济报道上，能否吸引到受众群体的兴趣并产生心理共鸣，这就要看它能否和受众群体建立认知和情感上的直接联系，即“接地气”。要使财经新闻大众化、为广大民众所接受，就需要在财经新闻观念上进行革新，拓宽财经新闻内涵的广度和深度，从受众的视角来挖掘、深化其创作主题，增强其传播力与影响力。一般而言，在财经新闻报道中，应强化以下几个方面的创新。

一、全球化的视野

现代的财经新闻是以多种方式传递、视听结合的社会财经信息的传播载体，它不只是一种描述，更是一种指引。时政新闻通过其语言的信息功能、人际功能、指令功能和情感功能，发挥着传递信息、引导舆论和教育的作用。要达到“中国化的报道全球化视野”，就要求我们的财经记者着眼长远、因人而异、以事实为依据，充分发挥新闻舆论引导功能，把问题置于国家民族，才能更全面、更深刻地分析问题。只有这样，才能提升中国媒体的自信心和国际知名度，增加中国媒体在外国媒体上的出镜率和话语份额，使更多的海外受众得以辐射。全球化的视野中，从全球的视角去观察问题、分析问题、研究对策和建议，才能更全面、更深刻地分析问题，才能更有价值。把问题置于国家民族和全球化的视野中，探寻其背后的利益关系和组织，从而深化报道的思想深度和价值意义。结合历史和现实的新闻实践分析问题，体现出理论与实践相结合的水平。

二、对比、发掘新闻素材

在对比中找出独一无二的新闻要点。一些竞争对手的对比分析，这些都是很好的素材。只有“看到别人看不到的东西，说别人没有说的东西”，才会有独特的新闻价值。如何做到“看得见、说得出”，这就要求记者在报道财经新闻时要有创造性的思维，善于运用自己的信息优势进行发散式、反向式思考，学会多角度观察问题、思考问题，增强由小到大、由点及面看问题的能力，突破“只见树木，不见森林”的障碍，使新闻报道既能经得起事实的检验，又能促进现实问题的解决，推动长远发展，并将其与要研究的问题进行对比。例如将抽象的新闻与简洁的图表结合起来，或者以举例的方式进行深入的探索，在对比中，发掘出其独特的新闻价值。

三、对新闻的把控

重返新闻一线，将服务的一面发挥到极致。通过“现场直播”的形式，将最新的热点和趣味性展现在受众面前，让受众对这篇财经报道产生浓厚的兴趣。

我国目前普遍采取的是“以新闻为中心”的方式，使得新闻媒体的传播重心集中于新闻工作者所掌握的部分信息，而信息的零碎和零散，缺乏对新闻报道的全面、深入和启发作用。从总体上讲，“以编辑为中心”的思想重点是从全局角度出发，突出了新闻的总体构思和观众的收听兴趣。比如，在CNN创立之初，特纳就曾提出过一句名言：“人在一边，新闻在前”，CNN将24小时新闻分成六个部门，每一个部门负责4小时的工作，而编辑部的负责人则是一位经验丰富的主持人，这样的结构可以保证CNN新闻的时效性和深度。从目前的情况来看，从“以新闻为中心”向以“以编辑为中心”的转变并不切合实际。因此，目前我们所能做的，其实就是“采编互动”。在危机报道中，记者与编辑合作，在新闻采访中坚持总体规划，并根据观众的需要，使节目的传播效果最大化。

在信息技术飞速发展的今天，突发公共事件日益成为人们关注的焦点。在一系列的危机事件发生后，我们的新闻报道水平逐渐提升，而政府的新闻报道也越来越全面。危机情报的重要性与影响力要求传媒机构对危机的成因和潜在的危机进行深入的研究。所以，只有建立起更加科学的信息传递机制，才能真正实现危机传播，并最终形成具有一定影响力的信息产品。

传统媒体的价值链，最重要的就是如何选择和传播，什么样的新闻才能上头条，哪些新闻是可以报道的，哪些是没有价值的，经常掌握在电视台、报社、广播电台等媒体的手中。因此，我们常常会听到一些地方向记者提供贿赂，以便他们的新闻可以出现在主要的报纸上；有些地方，为了不让媒体知道这些负面消息，就会对记者进行威胁，甚至是暴力。不管怎么说，这都意味着，传统的媒体，已经掌握了一小部分的消息。

这种垄断所带来的一个明显特点就是，接受资讯的人只能看到、听到那些经过筛选、再定义的新闻，虽然他们的职责是客观、公平，但因为筛选的权利有限，所以这个公平、客观的标准，只能被极少数人理解。什么是客观的公证？观众们没有办法知道，也没有办法反驳，他们只能接受那些经过筛选的消息。

四、社会观念

社会发展与社会文化、经济、生态、精神、政治等环境密不可分。社会发展本身就是经济发展的内源性因素和有机组成部分。社会的经济、政治、文化等多种社会因素的综合作用决定着社会的整体变迁。所以，在新闻报道的全过程中，我们必须始终坚持继续解放思想的观念，摒弃经验主义，避免老化僵化，以清醒的头脑看待新形势、以开放的心态接纳新事物、以创新的思维解决新问题。增强社会责任感，善于把握正确的舆论导向，营造良好的舆论氛围，为经济社会发展提供精神动力和智力支持，并对其所引起的问题进行探讨。新闻媒体要增强社会责任感，宣传党的主张，弘扬社会正气，通达社情民意，引导社会热点，疏导公众情绪，搞好舆论监督。只有这样，才能逐步形成良好的社会舆论环境，才能促进社会主义现代化建设的进步和发展。

五、了解新闻的背景

对新闻事件的历史、背景和成因进行阐释，阐释事件的主客观条件和现实意义，为新闻主题的烘托与发挥拓展空间充实材料。越是有深度的报道，就越是需要有相应的背景资料。新闻背景材料是历史、社会、政治、地理、人物经历、科学知识、基本数据等与新闻主题相关的信息。在新闻写作中，新闻背景起着举足轻重的作用，它可以解释新闻事件的生发缘由，也可以为其提供信息的脉络，是新闻事件和新闻主题的补充、烘托的重要素材。

在财经报道中，背景素材可以使受众更好地理解新闻事件，有助于加深受众对新闻本身和新闻背景的理解和认识，使报道更加全面和完整。要从社会的角度，拓宽财经新闻的广度与深度，使不同媒体从不同角度进行充分的报道。让单一的财经新闻更容易被大众所接受，使其内容更加丰富，更加具有感染力。

财经新闻的写作要以社会热点为导向，比如时政新闻、国际新闻、民生新闻等。在不同的时代、不同的新闻事件中，能够把报道的重点放在一些有代表性的地方。对当今的社会热点问题进行总结和梳理，使单一的财经新闻走向社会化。在书写过程中，要注意经济发展过程中的社会意义，以达到最大限度地抓住公众的关注点，同时获得广泛的受众。

六、加强对人的关爱

“人”作为财经活动的主体，我们要把握好“人”的本质，把“人”和“人”联系在一起。财经新闻是一种新的事实，它既要体现物化的力量，又要使人的思想和经济的发展结合在一起，从新闻的视角看，要把“人”放在第一位，以“人”为本位作为新闻财经报道的核心导向，通过先进文化来传播以“人”为财经主体的价值新观念。要把财经报道做活，就必须强化其实效性和服务性，真正做到与受众零距离接触，真正地让受众满意，使财经新闻报道“增值”“添彩”。只有将对经济规律的科学理性和对人生境界的人文理性的探讨结合起来，才能使问题具有更高的视野。

“贴近实际、贴近生活、贴近群众”是我国在宣传思想战线上长期坚持的提高财经新闻实效性、针对性和感染力的工作方针，既要体现物化的威力，又要深入人心，充分体现“以人为本”的人文关怀。2010 年初，央视创新推出了一档大型的互动电视节目，引入了新的新闻形式，为受众带来了新的视角。《提问 2010：百姓最关心的十大经济问题》，透过文字与镜头，我们可以看见民众的故事，也可以了解十大经济议题，可以更准确地了解经济形势。透过真诚、多元的解答，展现出理性与权威，搭建政府与民众的沟通桥梁。“数据新闻”栏目对传统意义上的“硬新闻”和“软新闻”进行了可视化呈现。这是一篇关于经济报道和人文关怀的成功案例，这是报纸传媒在做财经新闻时可以参考的。因为其深入群众，有针对性。

七、普适度

一条新闻要做到让大部分人都能接受，必须要贴近实际、贴近生活、贴近群众，这样才能吸引更多的受众，起到预期的宣传效果。财经新闻报道如何才能加强和扩展其价值，第一，善于把握好话题，题材要选取受众最感兴趣、最有感染力的话题，这样才能使受众的需求得到真正的满足。第二，以故事、图表等形象化的形式，取代那些充斥着大量数据的、抽象的财经新闻报道。通过“财经故事”对“财经新闻”进行加工整理，增加其可读性，满足不同层次受众的需求。第三，要想在受众的经济生活中保持住比较有利的位置，就必须要建立起一种灵活多样、便捷、快速的通信网络，最大限度地满足受众的信息需要。《华尔街日报》总编辑曾经说过，顶尖的新闻工作者可以向专业人士解释问题，也可以在同一时间让小学生对问题清晰明了。与国际上著名的财经媒体相比，国内的财经新闻报道缺乏独立的审视和深刻的思考，忽视了作为市场最终主体的“人”，在对受众的精细分化上还是有着很大的差距。随着经济的融合，中国的经济迅速发展，投资理财成为一项重要的教育内容。这也激发了市场对金融信息的强烈需求，我们相信，中国人民的金融财经活动会越来越多，中国的经济发展也会越来越好。

第四节　把握文体特征，写好新闻特写

特写，第一次出现在电影等影视作品中，是指使用一个或多个镜头来捕获和放大一个或多个对象，使其具有强烈的艺术效果。在影片中，通常对角色的脸部或身体部分进行特写拍摄，并对物体的细节进行近距离的观察。新闻特写是对影片的艺术形式的借鉴，通过对典型事件、人物和场景中的片段、瞬间的生动、形象的描绘，使受众对其印象深刻。作为从新闻与通信衍生而来的一种具有新闻与文学双重属性的新闻报道，以文学的形式呈现新闻，必须严格遵循真实的原则，描述的对象必须是真实的、文学性的存在，甚至是具体的、准确的。否则，就会造成不真实的新闻和错误的报道。

作为一种新闻报道方式，许多人往往会混淆新闻和特写。实际上，两者之间，也有很大的不同。第一方面，在新闻素材的选择和处理上，新闻或新闻报道侧重于全面、完整的报道，如“中景”“远景”和“全景”。特写聚焦于“近景”“微距”等新闻事实中，突出“细节”与“贴近感”。

再者来讲，就表现形式而言，新闻或通讯侧重于纵向上的有序叙述，而新闻专题侧重于集中、细致、深刻的“工笔线描”，突出新闻事实的具体细节。朱尔斯·劳是一位知名的美

联社记者，他认为："消息性报道是让受众知道发生了什么事，特写则告诉受众那里的情况可能会怎样。""特写"在过去的一百多年中不断地扎根和成长，为我们的新闻写作创造提供了广阔的空间。如今，新闻专题已成为各种媒体所重视的一种报道形式，并被不少媒体所采用。它与新闻、通讯、报告文学等其他形式相结合，极大地丰富了新闻报道的形式，起着讯息传播"轻骑兵"的作用。它的新闻价值表现在新闻性强、新闻意义突出等方面。

第五节　特写的分类

一、人物特写

人物特写是一种新闻风格，它真实地再现了一个人在一个特殊的环境里的活动，并把他的性格的一个或多个方面表现出来。但是，新闻并不排斥描写，既要生动、准确地描写人物和情景，又要把新闻写得生动、丰满、吸引人，这是新闻记者必须具备的基本功。和普通的人物通讯不同，特写的视角很窄，只有一个细节，不能反映出被采访对象的方方面面。不同的采访环境，不同的采访对象，可能会使记者的心理发生变化，表现出情绪化的特点。所以，这个特写具有即时性、典型性和动感情的特征，不蔓不枝，笔势专注，有节奏，有条理。将角色的行为或性格形象生动地呈现出来，从而呈现给受众真实的新闻报道，并体现出时代的主题。

二、事件特写

事件特写是对有价值的新闻事件进行特写，使不同媒体从不同角度进行充分的报道。目的是通过叙述具有人文色彩的故事和语言，达到真实报道的目的。事件特写的特征是：只对重大事件的主要场面进行捕获和再现，而不追求内容的全面性；重在现场素描，注重事实的叙述，没有空话，没有废话。对典型的事件进行详细而深刻的描写，并不在面面俱到；而要以主题为导向，突出事件的特点，将其最深、最有价值的内容揭露出来，使受众能从中得到一些启发。

三、镜头特写

部分特写都可以通过镜头特写来总结，因为特写一般都是从一种或多种典型的镜头中选择，不同的拍摄角度会表现出不同的内容和情感，所用的材料也基本相同。镜头特写的题材可以是一个重要的镜头，可以是一个特殊的空间，也可以是一个普通的生活。所以要想真实地反映人们的生活，就必须以具体的生活方式来表现。一幅出色的镜头特写，能反映出浓厚的人文气息，反映出一个时代的光辉。

第六节　特写的写作要领

一、打实基础

清代学者王夫之在《姜斋诗话》中指出："无论诗歌与长行文字，俱以意为主。意犹帅也。无帅之兵，谓之乌合。"强调文章的主题意旨是统帅，是主脑，缺了它，文章就会杂乱无章。所以，作者要加强"炼意"的本领。"意"的高下决定着一篇新闻特写的质量，那么，"意"从何来呢？首先，要加强自身的政治素养，要树立政治、大局、核心、齐抓共管的意识；要严守政治纪律和政治规矩，坚决贯彻上级各项决策部署，确保政令畅通、令行禁止。其次，要提高自己对新闻事件的敏感性，使新闻事件有料可挖，有话可说，要让人一眼就能看出来。要提高与媒体打交道的能力，尊重新闻舆论的传播规律，正确引导舆论，与媒体保持密切联系，自觉接受舆论监督。

新闻专题突出了现场感，在确定了文章的主题之后，记者要马上动手，多听、多看、多跑、多观察、多思考，多实地采访，多取材，做到真实自然、有情怀，这样才能把故事讲得精彩纷呈、讲得娓娓动听、讲得直抵人心。把现场所见与所闻相结合，在创作的时候，选择有代表性、有内涵、集中、生动的题材，把题材表达出来，并且加以升华，才能把新闻的价值发挥到极致。这样才能在新闻事件出现的时候，先人一步，判断其新闻价值，才能写出"人无我有，人有我优"的稿件，才能在报道中做到高人一等。

二、选准"镜头"

我们用摄影来比喻，通常的新闻和新闻报道都是描写中景、全景的，而特写需要作者仔细地观察，把"快门"对准一个有特点的近景，甚至是重要的节点，从而达到出其不意的效果。然而，并非所有的新闻事件都能迅速地找到如此独特的近景，也并非所有的新闻事件都具有"镜头"的特写，它也会被放大、变形，需要特别的关注才能发现它的存在。而这些都需要记者自己去发掘、辨别。"如果你拍得不够好，那是因为你离得不够近。"这是无数新闻记者心中的座右铭。从某种程度上来说，能否拍摄到一个特写镜头，并不是一件简单的事情，而是一件非常遥远的事情，是衡量一个记者新闻敏感度、新闻洞察力的一个重要指标。

三、细节细致

当摄像机拍到某个新闻片段的时候，接下来要做的，就是将画面放大，让受众看得更清楚一些。新闻记者需要运用一定的方法和技巧来提高新闻特写的效果。美联社的一位知

名记者休·马利根曾经说过，“如果能巧妙地利用大量的细节，就能写出有价值的新闻”。生动的细节能让文字在人的心里留下痕迹，也能渗入人心。譬如一张照片，它只是一张纸，但如果是自己的亲人，看到这张照片，就会有一种亲切的感觉。要使人物的近景形象生动，就需要描写人物的个性特点、事迹，从而塑造人物特有的精神境界和思想面貌；要做到准确贴切，就必须善于抓住人物的肖像特征，写出人物的身份、职业、环境、性格等特征。一个事件的特写，要抓住事件的特性，描绘出一个重要的故事，或者是一个必要的片段，而不是事无巨细。镜头特写要捕捉新闻事件中的精彩场景，以生动的细节描述产生强烈的现场感，以生动的人物对话再现新闻现场，使人物形象鲜明，场景生动，使受众有一种身临其境、感同身受、产生共鸣的感觉。

四、结构紧凑

近距离写作的风格特征，在文本和结构方面，要比其他的报道形式精练得多。新闻专题入题迅速、不拖泥带水、条理清晰、叙述简练、语言表达灵活。在这条新闻的中间部分，侧重于对人物或事件的某些特殊的具体内容，在展开叙述时，要尽量避免平铺直叙，而是要层层递进，循序渐进，使受众能够联想和共鸣。结束语要简洁而有力。新闻特写虽然对字数的限制并不严格，但是通常情况下不要超过1000字，长篇最多字数不能超过3000字。

五、活灵活现

首先，要想写出一篇出彩的新闻特写，就必须要“叙事如画”，要善于选择有内涵、有意象的素材，以生动的画面来表达。其次，新闻报道的文字应简练、活泼，尽可能地使用生动的词语，避免“浓妆艳抹”堆砌辞藻或过分直接，要让受众乐于读，读得明白，读有所获；快速引出话题，引起受众的注意，激发受众的阅读兴趣。最后，新闻特写主题必须是故事性的。因为篇幅有限，要做到内容有深度，在一个专题报道中往往选取一两个典型事件故事，突出每个故事的不同点、核心点，以点带面，突出重点，才能引起受众注意，突显效果。用简洁的语言进行阐述，配以设置悬念，解答悬念，以达到直截了当、以点带面的效果。中间穿插抖包袱等情节表达，既增加了报道的趣味性，又深化或烘托了新闻主题，有助于加深受众对新闻本身和新闻背景的理解和认识，从而强化了新闻传播效果。

六、篇中蕴情

记者要把各种场景，人物复杂、丰富的感情表达得淋漓尽致。即使是熟悉的典型人物、典型事例，也能以酣畅淋漓的文字，令人耳目一新。善于把描写、抒情、情景写作有机融合在一起，才能把故事讲得精彩纷呈，讲得娓娓动听，讲得直抵人心。营造出有感情的场景，把受众带入现场。

在访谈中要善于将作者的情感与人物相结合，让受众产生代入感，进而引发受众的共鸣。以情为本，增加文章的感染力；优秀的新闻特写，一定要充满情感，或激起他们对真、善、美的追求，或激起他们对虚伪、邪恶、丑陋的憎恶，恰当地表达情感，表达观点，从而引起他们的强烈共鸣。因此，特写要善于捕捉有情感的事物，为其涂抹“颜色”，加深受众的印象，引发受众的共鸣，从而达到新闻特写的价值。情与景的高度协调，在特写中具有特殊的意义。特别是新闻的特写，因其善于表现、传达意境而受到受众的喜爱。形式新颖，联想意义丰富，能给人一种独特的情趣，给人一种强烈的情感体验。

第七节　财经新闻专题报道的新视角：捕捉、拓展、截取与衔接

特写不仅是一种新闻表现形式，而且是一种创作文体。它是一种综合艺术的融合，更是一种文化与精神文明的外化形式。特写也是一种创作方法，在摄影、文学、新闻写作等各个方面都有广泛的运用。作为一种风格，特写是一种交流方式（也可以说是一种独立的写作形式），是一种将新闻中的片段、场面或细节联系在一起的一种手段。可以对事件、场景、景物等进行宏观、全方位的描绘，形成一种独特的风格，也可以说是一种特殊的技法，因此是新闻中重要又运用广泛的体裁。在传统新闻叙事中，由于技术条件的限制，新闻客观平衡被广泛采用。

怎样才能写出一个好的特写？“现场感”“形象感”“镜头感”的塑造，是创作成功与否的关键，然而，若把特写只总结到几个“感”上，对特写的理解仍然不够全面。那么，让我们从“镜头”这一角度出发，去探寻一个专门的财经新闻的写作角度。

一、镜头的捕捉

（一）深入现场观察

一颦一笑、每一个细节、每一个环节、每一处景物的细微特点和变化。记者在深入现场时，要用听到的、见到的、闻到的等感官功能观察、寻找、捕获各种可能的机遇，能够利用各种不同的感觉来观察和捕捉身边的一切，尤其是瞬间和令人兴奋的、不可复制的片刻。原《人民日报》记者柏生在接受访问时说，要把握好最好的时刻。“两个人在机场迎接一位重要人物，你灵活敏捷，一眼就能看出他从飞机上下来时，脸上带着笑容，和谁说话。你全看出来了，全写下来了，我可不是那么敏感。这是你应该做的，这是一个记者应该做的事。”

（二）寻找场景，捕捉细节

正如上文所述，特写也就是把握住近距离，写作的关键在于创造“感受的重现”。“现

场感”“形象感”“镜头感”实际上都是由细小的“感”构成，在拍摄过程中，如何寻找镜头、捕捉细节，是拍摄成功与否的重要因素。近距离的特写，可以通过对周围环境的观察、对细节的捕捉来实现以上所说的“感”。要想把握好这些细节，就必须要注意。首先，要注重对细节的选取和描述；在选取和描述细节时，要注重突出人物和事物的性格特征。在对人物形象的选择与描述上，既要注重人物形象、性格特点，又要注重对非形象细节的表达，如心态、情绪、表情等。这种细致入微的描写，会让人无限遐想，反复琢磨，细细品味。

（三）移步换景、忠实记录

至此，记者们已将一幕画面观察记录拍摄完毕，即捕捉到镜头。然后，他就开始了下一组的拍摄。“移步换景、忠实记录”就是要强调记者们不能放松，时刻要保持警敏，要把新闻时间的每一个细节、典型场景都记录下来。

二、镜头的拓展

经过上述的过程，我们可以制作出许多镜头，其中不乏精彩的细节，但仔细观察，我们会发现，有些时候，镜头会变得有些单薄，缺乏层次感。怎样才能弥补缺点？我们必须运用其他科技手段，来解决传统写作方法无法解决的问题。用手段放大特写，把特写的深度和厚度都提高。这不仅增加了画面感，而且提高了我们的观看体验。

（一）直接引语，表达真实

在众多的具体内容中，为主题服务的直接引用的被访者的语言，功能十分突出，既是创造现场的强大工具，也是一种表达倾向性、揭示主题的方法。据此，我们可以恰当地使用“点题”这一直接的引言来加深它的表达和内涵。在采用直接引语时，应确保被访者的身份和引述内容的完整性、真实性、准确性。

语言和思维完全一致，没有任何的虚假。讲话是一种情感的交流和心灵的契合，越自然，越顺畅，效果就越好。所以，直接引语更像是一种记载。直接引语在人物语言中具有原创性的表现，因而具有同期声效果。今天的人们看语言，往往有一种历史悠久、源远流长的感觉，同时也有一种距离感。在此背景下，直接引语可以原创性地再现人物的言语，从而实现同期声，从而产生了“心同所感”的效果，即直接引语产生了强烈的现场效应。可以想象，在这个场合，人们七嘴八舌地说了很多的东西，但是，根据主题的要求，并非所有的话语都符合我们的需求，就像是一些具体的表达，只能用到一些典型的细节，因此，我们可以自由地选取人物的语言，为表现主题、深化主题服务。只有这样，才能适合讲话人的口味，才能通得过、用得上。

（二）背景交错，方位拓展

背景材料具有比较、解释、说明的功能，具有很强的参考价值和实用价值，能够解释情势、加深了解、丰富信息量、深度深化主题。利用好背景材料，可以在横向上拓展特写的广度、深度。比如，语言要凝练、事例要精选、详简要得当，用哪个舍弃哪个，哪个详写哪个略写，这里面是有学问的。记者在做特别报道时，必须充分认识到对背景材料的运用。新闻写作不是一门高深的学问，也不是一种专业知识，关键是一种态度、一种习惯；写好文章还是那几句话：一要充分掌握基本情况。

与直接引语类似，它还可以表现出一定的倾向性，因此，它也可以作为一种加深主题的工具，在扩大特写的内涵方面有着很好的效果。

（三）抒情议论，深化主题

在新闻写作中，可以通过直接的引言、背景材料、景物的衬托来加深文章的主旨，此外，还可以通过抒情、言谈来加深主题（把背景素材、直接引述和场景的衬托都归结为间接、隐含的手法，而抒情和言谈则是直截了当的）。

三、“镜头”的截取与衔接

抓住“头”，把“镜头”变成文字，使“头”的含义更加丰富，扩展“头”的含义。

（一）截取场景、情景连缀

选择一个具有代表性的场景是很有必要的。不同的背景、不同的文化、不同的价值观，都可以通过场景来表达。众所周知，事物的产生可能包括一系列的动态图片，在不同的人眼中，自然会呈现出不同的场景。但是并非所有图片都具有代表性。同一场景的背景往往不会有太大的变化，从不同的角度描述对象的变化，不同场景之间的背景也不同，这是划分场景的常用手段。只有那些内容丰富、符合主题需要的场景，才是需要特写的，也就是一般的场景。由于人们对事物的认识和理解不同，想要突出的部分不同，在人们的脑海中就会形成不同的印象。根据这个要求，我们可以从中挑选出最符合主题的图片，由于有了这样的过滤流程，所以，上下两幅图并不是自然的联系，但是更加准确，更加清晰，是一种“断裂”的组合。

将它们缝合在一起，形成一套完整的服装。这也是为什么特写要根据题材的需要，选取一些有代表性的画面来剪辑组合，选取一个典型的情景进行连接，从而产生了断续的连贯效应。

（二）追踪纪实，时段截取

情景连接，是用来组织特写的一种方式，以时间顺序排列一系列的典型场景，就形成了目前最常见的特写表达：跟踪记录。如果你能在剧情的连贯性上下功夫，我们还可以在特写中创造出一些新的东西，把这些元素融入剧情中，从而表达出我们想要表达的东西。例如：两条直线平行、循环中断、镜头切分等。“追踪纪实”是以连续的、典型的场景序列为时间序列的再现，其中“追踪纪实”是当前大多数的新闻专题报道的主要结构。时段截取和景物截取也是新闻特写的一种结构，在不同时空背景下表现出不同的特点。而时段截取则类似于“追踪纪实”，它是将某一特定时刻的新闻事件进行放大，从而使其在一定时期内成为新闻热点事件，如“台风导致多地强降雨”“成都大运会”等热点事件。故事情节生成的目的是提取特定新闻主题下的事件，展示事件随着时间的推移而演变的过程。

一种是“长”，另一种是“广”；一是显示时间，二是显示空间，两种结构都有各自的用途，可以根据具体的情况而灵活使用。要写出好的特写，关键在于抓住细节和描写典型的场景，发掘特写的内涵，以及如何把这些镜头组合在一起，形成一篇文章。

第八节　选择片段场景的重现——简述新闻特写的采编技术

新闻特写，以人物、事件为题材，以文字和文学的形式，聚焦于典型节点，进行精雕细刻，具有强烈的感染力，受到受众的欢迎。一个专业的新闻工作者，既要熟悉新闻、通讯等采编技巧，又要掌握“十八般功夫”，才能成为一位专业的新闻工作者。新闻特写正是展现记者文采的一片“芳草”，应当努力掌握其采写技巧，使之为本人所用。

一、新闻特写、消息、通讯

新闻特写、消息、通讯的定义一般为：

消息：新闻报道通常选择新闻事件发生的整个过程，而特写则是捕捉新闻事件中最具特色的片段，并加以渲染。

新闻：新闻通常选择新闻事件的整个过程，而特写则是捕捉新闻事件中最具特色的片段，并加以渲染。

比如一场比赛，新闻要把比赛的整个过程都记录下来，而特写则是“一球之争”。此外，新闻以简练和使事实脉络清楚为胜，而特写更是以“形象生动”的精彩瞬间赢得了成功。

通讯：专题报道能够充分反映新闻的某些方面，即实景报道；而通讯则是一个交叉发展的客观存在的过程，其前后的时间跨度相对较大。

二、新闻特写与新闻速写、新闻素描的差异

从新闻体裁的分类看，新闻特写也称新闻速写、新闻素描，都不要求对新闻事件的全面反映。但从主题、篇幅、笔法的角度细分，三者之间还是有所不同的。反映主题有大小，篇幅有长短，特写大于素描，更大于速写。描写新闻事件的视角和笔法也各有特点。

新闻特写与新闻速写二者的共同之处，就是抓住了人物和事物的本质，达到了一种契合的境界。不同之处是，特写是从人物或事件中挑选出有特色的片段，用浓墨重彩的方式来表现。它通过突出特定人物局部或物品的细节，或表现内心，或烘托气氛，给人以深刻的印象。而新闻速写，则是抓住事件的本质，将事件的整个过程进行压缩，给人一种强烈的视觉冲击，产生一种震撼人心的效果，强调对人物形象特征或事物发展线索的精准勾勒。

新闻特写与新闻素描：新闻特写是对人物或事件富有特征的片段进行浓墨重彩的描绘和局部放大。新闻素描的特征是不加渲染和修饰，抓住人或事物的特征，用朴实、简洁的文字，

直描其状，力图保持其鲜活的原貌。以简练的白描手法，以客观、朴实的方式，勾勒出新闻事件的大致面貌。

三、如何采编新闻特写专题报道

（一）抓住要点，实地考察

老话说得好：百闻不如一见。做记者都明白，最好的方式就是实地考察。特写是一种典型的新闻报道，而记者的第一要务就是直接地进行现场观察。不然怎么能“再现”？

如何做好现场观察？可以从福尔摩斯身上汲取经验。福尔摩斯跟他的好友华生走在路上，他问华生，这条楼梯有多少个台阶？华生回答不上来，福尔摩斯说是 13 个台阶。他说：“我们两个都看到了外面的楼梯，不过我是在观察，我知道有几个楼梯，你却在看。”西方媒体常常以此为例，表明记者“观察”与普通人“看”有很大不同。“观察”是新闻工作者的基本技能，是新闻工作者写作中的一个重要环节。

（二）选准镜头，加以放大

选择好的镜头（或者说，准确地选择一个故事），就有了一个目的，那就是把它扩大到一个目标上，也就是一种精细的、专注的描写。

新闻特写的主要特点就是将视角和注意力专注于一个重点。没有重点，就没有特写，最忌讳的是从头至尾不分轻重的细致入微。特写应该是对新闻事件或人物的精彩瞬间进行“情景再现”，这个瞬间必须具有典型的代表性和特征。记者也必须明白，并非每一个瞬间都可以成为特写的题材，不能反映新闻事实性质的片段，不能代表新闻人物特征的瞬间，即使再生动、再感人也不适宜于以特写形式呈现。所以，镜头的选择决定着新闻特写的成败。

（三）文学手法，善于描绘

新闻界的新闻报道，主要依靠记叙文，而近景则多靠描写。近景要像画图那样生动、逼真，形象、情景相结合，让受众有一种身临其境、眼见为实的感觉。擅长运用文学手法，善于描述、刻画人物的性格特征，反映人物的内心世界。及时“再现”当时的场景，使人物更加真实，情感更加炽烈，是其独特的魅力。

在描写的时候，不仅要描写轮廓，更要描写细节。没有具体的内容，不会有近距离的感受。有时候，财经新闻工作者要面对的是一系列无法形容的事件，从一个人的行动，到成千上万的受众。这时，记者们便要用寥寥几笔，倾注全部的心血，把事情的主旨写出来，不但要形象化，而且要生动。这是一门对语言、文学基础有很高要求的写作艺术；这是对财经新闻工作者的文化素质和表现实力的测试。

（四）把握特征，写出独特

特写不仅要选择片段，每一个镜头，每一个画面都是经过精心设计的，还要选择镜头，每一个镜头都要仔细调整，要把握人物、事物的“特点”。仔细观察，从细微之处，窥探人物的内心世界，通过观察，比较不同人的不同特征。

新闻的特写必须要有鲜明的个性，在此，重点是对人物的特写。这是一个很大的专题。怎样才能把特定人物的个性特征刻画出来呢？这或许是最困难的一步，也是最关键的一步。如果不能对典型人物的性格进行细致入微的描写，就很难称为成功的新闻特写。

如何刻画人物的个性特征？基本方法可分为四种：外貌描写、语言描写、神态描写、心理描写。外貌是一个人最直观的表现，要突出具体的个性特点。一个个性鲜明、外貌出众或行为奇特的人，总能给人们留下深刻的印象。语言描写就是通过人物的语言，来表达人物的性格特征，展现一个人的人格魅力。一般通过人物对话、引用原话、内心独白来完成。言语是心灵的表达，说话的方式、说话的语言、说话的神情，都能体现出一个人的性格、人格魅力、文化修养和精神状态。表情是人类行为的特点。不同的时间，不同的环境，不同的状态，都会有不同的表现。只要捕捉到了角色的运动特点，就可以真正地展现出一个人的真实情况。心理描写要求真实反映一个人的心理状态，当一个人面对不同的环境时，心里会发生一些变化，如果能够抓住这些变化，把这些状态真实地表现出来，那么这个人的形象就会更加丰富。首先，应该是记者的认真观察；其次，描写人物的性格，是描写他们的社会地位、社会经历等因素对他们的影响；最后，描写一个人的性格，最关键的一点，就是要找到这个人物的“特殊性”，写出人物的个性特点和在事件中所起的作用，所以，特写人物的性格描写越清晰，就越能获得成功。

（五）捕捉动态，多用动词

如果在近景中使用更多的动词，可以让人物形象更加鲜明，可以让近景“活”起来。汉语中的动词多为谓语，在现代汉语中，动词是最具表现力的一类，在许多文章中都占有举足轻重的地位。法国作家莫泊桑曾经说过：“不管是什么东西，都要用一个动词来表达。”巧妙地运用动词，可以点石成金，活灵活现，增添文章的生机和活力。

第十章　财经新闻的传播媒介

第一节　传播媒介的更新换代

网络时代的到来，带来了新型的传播媒介，从而使新闻的传播模式发生了巨大的变革。而财经新闻作为传统报纸的重要组成部分，也在新媒介的影响下受到了巨大的影响。首先，传统的纸质媒体的发行量减少、受众群体减少、经济效益下降。网络传播是一柄双刃剑，它不仅给传统报纸带来了巨大的冲击，也给包括财经类的传统报纸带来了转型发展的契机。

一、新媒介加速传播

大众传媒的发展经历了三个阶段：第一阶段是以纸质印刷为主的报纸杂志；第二阶段是广播电视；第二阶段是以互联网为核心的网络传播阶段。随着市场经济的发展，媒介产业逐渐走向了一个庞大的市场。它涵盖了新闻业，也涵盖了工业、农业、服务业等。关于我国媒体市场的定位，丁柏铨指出四大特征：国内媒体在不同程度上被投放到市场上，至今没有一家是没有进入市场的；媒介在媒介市场中的重要作用被建立，媒介意识到受众是媒介的使用者，媒体的最终目的是满足大众的需求；媒体间已形成了一种竞争模式；媒体的筹资手段得到了广泛的关注。而现在新媒体与非大众媒体也融合在了一起，如网络媒体、手机媒体、社交媒体等，其中既有大众媒体，也有人际媒体、组织媒体、群体媒体等。

经济市场化、社会信息化和媒体自身的内在需要是中国媒体市场形成和发展的基本动力。新媒体可以让大众参与其中，与大众互动，满足大众的需求，打破传统媒体的束缚。

第一个是市场化的经济。“市场的发展，必然会促使媒体意识到自己的利益，从而为自己的利益服务。”从 20 世纪 70 年代后期到现在，中国经济的发展经历了计划经济向市场经济的重大转型，使经济走向市场化。在我国经济由规划转向市场的进程中，有三大要素对媒介市场化起着决定性的作用。首先，由于计划经济的消亡，媒体在物质资源上逐渐丧失了政府的保障，给媒体造成了很大的经济压力。1978 年，我国政府又一次将“事业单位、企业经营”的概念引入并应用于媒体，这也是媒体在市场中寻求利润的强大压力与推动力。其次，随着生产的发展，市场的需求日益增长，消费者对产品的了解也日益增多，因此，要想促进市场，了解消费者的产品，就必须依靠强大的媒介，而媒体是最好的媒介。

于是，广告市场的发展，为媒体的经营开辟了一个初始的市场。最后，由于市场的出现，媒体之间的竞争也随之加剧。没有了经济保障的媒体，只能靠自己的经营来维持自己的生存。这两种市场规模虽大，但并非无穷无尽，在有限的市场中生存的媒体必须通过竞争来获取更多的经济效益；而在竞争中，媒体的市场行为也在不断发展，其经营能力也在不断提升。所以，经济市场化不仅是媒体市场化的初始动力，而且是媒体市场不断向前发展的重要力量。

第二个是信息化的社会。经济体制改革后，市场的扩大和经济交往的扩大，使得大量的非政治性的新闻成为纯粹的信息，同时也刺激了公众对政治之外的其他信息的需要，使得整个社会形成了一个庞大的市场。社会信息化的发展，必然导致媒体意识到自身的信息组织特性。随着社会整体信息量的不断增长，对信息的要求越来越高，媒体已经开始打破传统的单一的政治新闻传播方式，它在传递信息的同时，也使信息的传递变得更有意识。同时，媒介在信息组织的发展过程中，也会发现其潜在的利益，这使得它与利益关系密切地联系在一起。媒体的职能多样化，职能也得到了极大的扩展，由单一的思想媒体向商业性媒体过渡再到独立的新闻媒体，这也是媒体走向市场化的主要推动力。

第三个是媒介本身的内部需要。寻求自我生存与发展的媒体在尝试商业化运作模式时，逐渐认识到自己面临的是一个具有巨大利润空间的市场，同时，广告、发行等多种经营活动也为媒体创造了大量的利润。媒体越依赖自身生存，越有必要介入市场；而参与市场、参与竞争的人越多，市场和利益就会成为他们的行为取向。因此，在媒体中，企业经营的驱动力会随着经营行为的发展而不断增长，直至达到某种程度后，才会以利益为主导，以商业化的方式寻求生存与发展。

二、新媒介带来的机会

（一）“可视化”发展财经新闻

在互联网时代，传统媒体的优势也很明显，除了自己的公司，传统的报纸媒介也可以在网上实现电子化和可视化的发展。利用财经媒体对数据的亲和力，使数据呈现得更加精细、立体化、可视化。传统的财经报刊多以文字叙述为主，并配有必要的资料和图表。纸质媒体有其独特的价值，适合保存，便于长时间使用，所以在关注网络媒体的同时，也不能放松对纸质媒体的关注。随着互联网时代的到来，传统媒体在互联网上的应用越来越广泛。而很多传统媒体，也开始利用网络媒体的优势，在微信上发布信息，然后在报纸上进行深度报道。运用大数据对经济新闻中的各个关键环节进行决策，形成以数据为主导、文字解说为辅的融媒体财经新闻。使其更具有视觉效果，更好地融入人民群众生活，从而实现传统媒体自身的价值。随着新一代信息技术的迅猛发展，信息技术与媒体的融合呈现加速融合的趋势，已成为数字经济发展的重要领域。

（二）充分利用传媒的优势，实现传媒的一体化

互联网带来了海量、复杂的信息资源，财经新闻媒体要乘着互联网的东风，顺势而上，创造出一种新鲜的感觉。传统报纸特别是财经报纸，在权威和可信度上都很高，受众也比较稳定。另外，经过多年的运营与积累，传统的财经新闻媒体保有一定的社会声誉和稳定

的受众群体。

新媒介的发展给财经新闻界带来了巨大的机遇和挑战。新媒介信息不仅注重信息的编辑与排版，而且可以使新闻内容更加丰富，这对于传统的报纸媒介来说，具有很大的冲击和参考意义。财经新闻媒体依托自身的优势在互联网时代积极转型，推进与新媒体的深入融合，发展融媒体财经新闻，为传媒行业带来了新的活力，使传统的财经新闻进入了多样化、个性化的时代。

三、新媒介下的财经新闻

在信息时代，科技的不断更新和发展，使新媒介、互联网等媒介快速发展，对传统媒介产生了一定的影响。财经新闻涉及人们的日常生活，其传播方式也受到了一定的挑战。在新媒介时代，如何在新的环境下，找出当前财经新闻存在的缺陷，并采取相应的应对措施，是当前财经新闻传媒所要面对的问题。

在一定程度上，财经新闻作为一种独特的商品，既具有一定的商品价值，又具有一定的社会价值。对财经新闻的受众而言，其披露的信息、对重大财经政策的专业解读和分析、专业记者对行业发展的预测和数据挖掘、公司内幕交易的真相挖掘、理财产品的风险报告等都具有独特的价值，能够为受众提供投资的指引，提供投资的重要信息，也能为受众提供投资决策。

在经济高速发展的今天，人们需要一种“快餐文化”，以适应人们在短期内的沟通和情绪表达，以及适应日益快速的生活速度。新媒介的出现，让受众从传统的报纸、电视、计算机等媒介中获得资讯，也可以利用手机、iPad 等电子产品，快速获得各类资讯，同时也可以在留言中发表意见，将资讯进行多重传送，十分便利。新媒介是网络与手机终端的融合，具有受众广泛、传播速度快、相对性、交互性和复合性等特征。相对于传统的媒体受众来说，新媒介中的信息发布和互动可以引发受众的讨论与思考。新媒介的传播形式也变得更为灵活，它是图像、文字、音频和视频的融合，使其传播的效果更为显著。由于其覆盖面广、时效性强、阅读成本低、传播速度快等特点，使得新媒介在财经新闻中的地位日益凸显。新媒介条件下的财经新闻具有更大的灵活性、更丰富的资源和更多的受众需要。在新媒体上发布公众号文章、在微博上谈论热点、宣传新闻软件都是一种很好的沟通方式。受众可以从新媒介中获得更多关于当前事件的资讯，同时也能吸取到与金融、经济有关的知识，可谓一箭双雕。

随着网络技术的不断发展，新媒介技术的运用也随之发生了巨大的变革。目前，随着信息传播方式和渠道的不断更新，信息的传递速度和数量都在迅速增加，作为传统传媒的一种重要形式的财经新闻也在不断地遭受着新媒体的猛烈冲击。传统媒体在内容更新和传播的速度上远远不及新媒体，而在新媒体的背景下，新兴的受众群体还没有从传统媒体中获得信息，这就给财经新闻的生存和发展造成了困难。随着网络时代的到来，人们的信息传递速度越来越快，而信息的碎片化也越来越多，这也使得人们能够更好地适应快速的生活节奏。新媒体的灵活设计和优质的内容极大地降低了人们对传统金融媒体的依赖性。同时，目前的金融传媒仍以纸媒和真实传媒为主，新媒体的冲击推动了各种网络资源的整合，网络新媒体也在寻求自身的发展优势。而对纸质、电视媒体的财务管理，则存在着过分依赖文字信息、市场相对滞后、经营不善等问题。

（一）新媒体的财务管理：体制和政策

1. 分级管理

《互联网信息服务管理办法》将经营性和非营利性的互联网信息服务进行了区别，并对其实施了不同的管理办法，即对经营性网络信息服务实行许可证制度，对非经营性网络信息服务实行备案制度。其中，从事新闻网络信息服务的，按照法律、行政法规和国家相关规定，必须经过相关主管部门的审批，在办理经营许可、登记手续之前，必须经有关主管部门审核同意。

《互联网新闻信息服务管理规定》明确指出，新闻媒体的采编经营与经营必须分离，但由于当前的多元经营格局，使得其在实施过程中遇到很大困难。由于新财经传媒的多重身份，使得其管理工作涉及多个政府部门，必须明确各行政主体的界限，避免权力争斗和“三不管”。

2. 新闻观点的革新

相对于传统的媒介，在新媒介的作用下，一天的时间里，财经新闻不再仅仅是一条新闻，而是可以进行多次的更新。因此，要想在新媒介时代脱颖而出，必须更新旧有的报道方式，要有创意、受众的视角，选择更新颖、更有吸引力的话题。具体来说，要从多个方面对新闻进行综合剖析，例如从浅显的经济现象深入剖析其背后的政治动因；或者将科技的理论运用到财经新闻中，为金融行业的发展提供实用的预测和规划，从而为金融行业带来更多的经济效益。最重要的是，要将大众的生活和现实联系在一起，从现实的角度出发，对受众的兴趣进行分析，并提出一些切实可行的投资和理财建议。

3. 坚持合格准入

《互联网新闻信息服务管理规定》明确，通过互联网网站、应用、论坛、博客、微博、公众账号、即时通信工具、网络直播等方式为公众提供互联网新闻信息服务的，必须取得互联网新闻信息服务许可，不得未经许可或超出许可范围开展互联网新闻信息服务活动。根据《互联网视听节目服务管理规定》，按照国家有关规定，在互联网上提供视听节目，必须按照国家有关规定，取得《信息网络传播视听节目许可证》或者办理备案。对新的财经媒体平台来说，通过网络新闻与音像节目的双重准入，可以使媒介的边界更加明确，同时也能保证媒介的服务质量。而隐性主体的资本控制本质上就是逃避了主体的治理，而要实现这一目的，就必须建立完善的制度和严格的执行机制。

4. 开展品牌宣传活动

新媒介的出现极大地提高了财经新闻的曝光度，使财经新闻从传统媒介走向新媒介，必须通过各种形式的活动来提高自己的曝光率，从而达到与其他媒介相抗衡的目的。媒介品牌是受众选择媒介的终极准则。因此，在新形势下，传统的财经传媒必须着力塑造自己的传媒文化，增强企业的竞争能力。财经新闻传媒可以与电视金融频道进行品牌宣传，也可以邀请金融圈的名人做特邀嘉宾，这样既能吸引大批的受众，又能促进金融市场的普及。金融传媒也能借着这个契机，提高自身的品牌影响力和可信度。

新媒介时代的来临，既使传统传媒遭受了极大的冲击，也使传统传媒有了更大的发展空间，尤其是财经传媒，更是如此。要想在新媒介环境中突破，就要从多个角度进行思考，努力做好品牌宣传，并制定出一套科学的、切实可行的战略与手段，以赢得更大的市场空间，从而实现自己的价值。在以手机为代表的移动网络平台越来越普遍的今天，信息的传递速度前所未有的迅速，新闻的更新速度也越来越快。同时，网络上的大量消息，也会在第一时间被淹没。在资讯大爆炸的时代，记者们必须学习如何使自己所采的新闻，跳出庞大的信息量，并吸引受众的点击率，并持续一段时间。而财经新闻作为一种重要的新闻，在新媒体时代，既要有专业性，也要有受众。

（二）反差大的容易被关注

2016 年 9 月，一家上市公司卖房保壳的消息，在各大网站的首页和朋友圈里炸开了锅。新闻的主要内容是，一家连续亏损的上市公司，将在北京卖掉两处学区房，从而实现盈利。这是一篇简单的财经新闻，一般不是炒股的人，也不会关注这些公司的新闻。

但是，正是“房子”引起了人们的注意。由于中国正在经历一波新的房价上涨，很多上市公司一年的收入，都抵不过两套房子的销售，再加上中国人的经济状况，这关系到每个人的生活。在这个过程中，一些人看到了上市公司的表现，一些人看到了房地产价格，也有一些人成为一个热门话题。在那以后，很多上市公司为了扭转亏损而出售房屋，但是这种轰动效果明显不如第一篇。因此，经济上的新闻，除了内容之外，报道时间也很重要。

《董明珠：格力正研发芯片，还要造汽车 !》，《浙江在线》2016 年 4 月的一篇文章。这篇文章在网上引起了很大的轰动，很多人都转发了。格力电器以上市公司的身份进行资产并购，本来就是一种正常的市场行为。但格力的品牌太过响亮，而空调制造商却要收购一家新能源汽车公司，这就引起了很多人的注意。再加上格力曾经做过手机，所以很多人都在猜测，格力会不会再次进军汽车行业？而现在，董明珠作为一个话题人物的专访，更是将这件事情推上了风口浪尖。

（三）贴近生活的讯息容易产生共鸣

有些人觉得，“高大上”的财经新闻，远离老百姓的日常生活，接地气的，还是一些社会上的八卦新闻。其实，许多与我们日常生活密切相关的金融事件，在这种情况下，大众会有一种积极的代入感，从而获得良好的沟通效果。

例如，汽车已经走进了千家万户，开车要加汽油，石油价格的上涨和下跌，自然而然地就成了人们日常生活中最重要的资讯。所以每次油价的调整，都会让无数有车的人心惊肉跳。比如发改委一涨价，就会有一架飞机从天而降，油价上涨前，加油站里排着长长的队伍，而车主们却只想着便宜几块钱。在石油价格上涨和下跌已经成为一种常态、影响到公众的情况下，怎样才能将价格调整的新闻报道做得出神入化、入木三分，充分显示“抓眼球”

的能力？《钱江晚报》的《涨涨自来水跌跌眼药水》，用通俗的语言，将油价的上涨和下跌的情况，都说得清清楚楚。

（四）内容至上是基础

格力的这篇报道，在之前的时候，就被很多媒体报道过。一件曾经非常热门的事情，只要有什么新的消息，还是会吸引人的注意力。吸引人的程度取决于内容的新鲜度和信息的多少，但绝对要比普通的新闻更受欢迎。这是一种有意为之的行为。

《钱江晚报》曾在微信公众号发布了一篇报道：《震惊！女人没买到房子，却白赚了120 万！这是什么？》，该文章讲述了厦门一女子买房事件，因房价飙升卖家出尔反尔，最终卖家被法院判赔偿买家 120 万元。这本是一篇很普通的八卦新闻，但由于涉及房地产行业的热门话题，短短半天的时间，就有了破万的点击量，引来了不少受众的评论，可谓“无心插柳”。

上述两个案例，虽然没有脱离财经类的专业新闻，但是由于其内容吸引人的注意力，在新媒介中的传播效果非常好，同时也是对那些抱怨财经新闻枯燥、难写、生僻等观点的最好的反映。任何一个行业，想要吸引眼球，最重要的，就是“内容为王”。此外，在撰写一些比较专业的经济类新闻的时候，添加一些社会、文化、历史等方面的背景素材，增加文章的数量。近年来，在科技发展的推动下，新媒体作为一种新兴的媒体，凭借其信息内容丰富、传播范围广以及传播速度快等优势对传统媒体产生了较大的影响。

第二节　从经济角度看媒体的市场特性

人们普遍认为，媒体是一种具有高度意识形态化、具有信息传递作用的社会组织。因此，它既有意识形态、网络意识形态的共同特征，又有其独特的表现形式。中国特色社会主义市场经济的不断发展和完善，使人们意识到，媒体行业除了具备社会信息的作用外，还具备着巨大的、潜在的经济作用。新媒体与传统媒体的合作是必不可少的。因此，要想进一步推进我国媒体的发展，就必须从经济学的视角来研究媒体的特性，以便对媒介的经济职能有一个更加清晰的了解，并对其进行必要的规范和指导。传媒经济学是多学科交叉的重要学科，已成为一门显学。

媒体市场其实是媒体、媒体受众与媒体的广告主的全部联系，即媒体的商品从供应商到消费者的不同经济行为的联系。它通过揭示市场环境下生产者与消费者之间的具体经济关系及其变化规律，从而合理地调节市场需求与供给之间的关系。媒介市场的构成要素主要有：大众是媒介产品的使用者；各种媒体机构是媒体产品的提供者；而媒介产品是媒介市场中的交易和交流的对象，也是媒介市场的目标。媒介市场的主体和对象是媒介市场的重要组成部分。媒体形式多种多样，典型的媒体有报纸、杂志、广播、电视、网络等。

一、从经济角度看媒体的市场特性

（一）传媒市场本质为资讯市场

就其实质而言，媒体对公众所传达的内容，基本可以归入资讯的范畴。但我们也不能否认，随着网络、数字技术对印刷、电子技术的超越，单一的文字、线条、声音的传统媒介已被综合的多媒体所取代。1987 年，国家科学技术委员会第一次对我国的信息工业进行了全面的统计分析。“新闻事业”和“广播电视事业”是中国信息工业的一部分。这说明政府已开始把新闻行业看作信息工业的一部分，因为它的投入是有价值的。电视媒体和广播媒体一样，最初是由国家设立的，后来允许私营电视事业的建设和发展。媒体市场归根结底还是一个资讯市场，媒体市场具备一定的资讯市场特性。新闻媒介的特征是分层次呈现的，在不同的场合、不同的情况下有不同的描述。

第一，媒体市场是一个扩展的市场。新媒介的产生是时代发展的必然结果，它可以穿越时间和空间，为人类提供各种信息，满足个人需要，渗透力极强。在信息时代，无论是政府、企业还是普通百姓，都需要更多的信息，而他们的信息需要则主要依靠媒体市场，所以媒体产品的供应将会随着媒体行业的发展和媒体的商品化而不断扩大。随着人们文化素质的提高、信息的共享和娱乐的多样化，传统的媒体已不能满足人们的需要。比如上海，青鸟华光已经与江苏的一家媒体公司联合投资 3600 万元，对上海《青年报》进行了一次全方位的改造。同时，北京的一家报纸公司在上海投资成立了一家晨报。此前，上海报纸业先后出现了《外滩画报》《东方早报》两大综合性报纸。其中，上海文汇新民传媒集团控股的《东方早报》，与浙江和江苏的报业集团共同出资，投入近一亿元。中国媒体业正蓬勃发展，国外的大型跨国媒体企业也在积极寻求与其进行合作。2021 年 2 月 22 日，韩国放送公社（KBS）与中央广播电视总台（CCTV）以视频方式签署合作协议。这一次，央视之所以和 KBS 达成合作，是因为韩国方面不断发出希望合作的信号，可以说，媒介产品消费的连锁效应也是媒介市场扩展的结果。随着新媒体的发展，媒介融合已成为国内媒体整合发展的一条出路。因为信息的累积会使其更为系统化，其影响也会更大。在媒体融合的过程中，需要对内部组织平台和媒体传播系统进行技术开发和扩展，以适应媒体融合带来的新挑战。

第二，媒介市场呈现出多元化的特征。互联网时代的受众日益分众化、碎片化，他们对不同的媒介形式有不同的内容偏好，在不同的情境下有不同的信息消费需求。媒介市场的多元化取决于多种销售模式。大众普遍认为，媒体市场存在着两元结构，即发行（收视）和广告（消费）两个市场。全媒体时代信息传播方式的多样化主要表现在三个方面：传播手段的融合、传播形式的多样化、传播方式的双向化。就拿报纸来说，一方面，它的新闻版面是可以卖给读者的；另一方面，报纸的广告版面也可以卖给广告客户。除了上述两种形式之外，媒体也应该包括节目市场，媒体是消费者，节目提供者是消费者。媒介市场是由内容市场、广告市场和接收市场三部分组成的。另外，媒介产品的内涵是非常丰富的，而媒介产品在传播的过程中，也会有各自的特点，从而对媒介产品的市场形势产生影响，从而使得媒介产品的市场形势变得更为复杂和多样。

第三，媒介市场交易的地域特征。媒介商品的本质是信息，其在传播中不会受到商品技术因素的影响，而与实物产品不同。在当今信息发达的时代，商家可以通过多种渠道进行信息的传递和发布，使公众能够广泛、快速、有效地获取信息。实物商品在时空上的流动受到技术因素的制约。像新鲜的蔬菜，为了避免腐烂，只有在最短的时间里，就近出售。而媒体产品就不一样了，只要其资讯的利用价值还在，就会有流通的可能性，并且其利用价值不会随着传播的次数或载体的变化而降低，从而为媒介产品的广泛传播创造了条件。同时，由于通信技术的普及，媒介产品的广域传播成为可能。媒介市场的交易具有其他商品所不能及的地域范围。CNN、福克斯新闻频道等，都是全球知名的新闻频道，它们的新闻报道遍及全球。2003 年伊拉克战争期间，美国有线新闻网和 Jazeera 的报道被全球主流媒体所采纳。20 世纪 80 年代，因特网的迅猛发展，资讯的即时传递已大大超过过去报刊、电视台、电台等物质环境的局限，“地球村”的观念在社会上根深蒂固，资讯的全球化也已成为事实。很多学者都相信，媒体市场将迎来一个真正的全球化时代。因特网的普及使网络不再是专家们的技术沙龙，人们可以跨越时间和地域的限制，共享信息资源，实现全天候的信息交流。

第四，媒介交易不具有独特性。通常，物物的交易就是物权的转移，即所谓的“消费者专有权”，而媒介物品的交易就不一定了。因此，不同的人在不同的媒介世界中，对外界的印象也是各不相同的。媒介物品的分享特性，使媒介物品的销售者在销售媒介物品后，通常仍享有对媒介物品的所有权、使用权，因而，在传播媒介物品的交易中，其所有者可以将其多次销售，直到媒介物品的使用价值完全消失。媒介产品的交易量自然也不是无限制的，它的数量主要取决于媒介产品的新鲜性、适用性和区域性。媒介物品的数量要达到唯一，就需要借助专利法、知识产权法等法律途径。因此，要实现市场流通，就必须对其制造方法进行研究，使其易于操作，使其更好地应用于各个领域，方便人们的生活。

（二）传媒市场是典型的公共性市场

这是由于媒介的产品特性和媒介特性所决定的，在此我们首先要介绍“公共品”这个经济概念。它是一种可以惠及社会中所有成员的商品，不管他们愿不愿意，他们都能从中受益，比如国防和社会基础设施。一个国家存在着不同的利益群体，因此，国家应该有自己的偏好和选择，为公众提供更好的公共产品。在公共市场中，个体的利益最大化并非其主要追求的目的，公共市场主要是为了实现整个社会的利益最大化。在一个社会中，如果所有人都故步自封，那么这个社会就不可能再有合作，更不可能解决最起码的公共品供应问题。毫无疑问，我国的媒体也可以归入“公共品”的范围，而媒体也是公共市场的一种。因此，我们会进一步思考，什么样的物品应该被定义为私人物品，什么样的物品应该被定义为公共物品？媒体市场是社会主义市场经济体制下的一个重要组成部分，其市场利益的最大化是其发展的必然规律。市场经济制度是一种追求经济效益的制度，它可以通过各种合法的手段来实现。在没有市场和政府参与的情况下，每个人都有独立的权利，没有任何独立的个体可以将自己的权利授予他人，也没有人能够将自己的权利集中在一个人的身上。媒体产品的生产与销售都是以市场为导向，让消费者能够消费，从而达到市场利益，同时，在市场经济的发展过程中，经济的快速发展产生了新的财源和新的权利来源。

然而，媒体市场与普通市场有很大的区别。在寻求最大的市场利益的同时，也存在着遵守法律、法规、职业道德、社会公德等问题，这是一个尽量兼顾社会效益的问题。即使是在相当完善的法治制度下，政府在没有市场机制的情况下，也无法有效地解决上述种种问题。所以，媒体市场不仅要考虑到市场的需求，还要考虑到市场的发展，媒体市场要以整体的社会利益最大化为目标。只有这样，才能逐步形成良好的社会舆论环境，才能促进社会主义现代化建设的进步和发展。

媒体产品与普通的实物产品在本质上是相同的：两者都具有商品的特性，并通过市场被消费者消费。在信息化时代，网络媒体是唯一的主流和强势媒体，媒体与记者的社会权利也相当于公共权力。区别在于，商品是为消费者提供物质消费，而精神商品则是为了满足消费者的心理需求。随着社会文明程度的提高，精神文化和信息消费在消费中所占的比重也会越来越大，因此，精神文化和信息消费的比重也就越来越高。商品的生产与销售，必须坚持市场需要；而媒体产品不能忽视市场需要的引导功能，也不能完全被其影响。在信息时代，市场需求完全饱和，谁掌握了有效的信息传播媒介，谁就掌握了市场的话语权。媒体产品如果没有市场需要，就无法产生经济效益和社会效益。之所以说它不能被市场的需求所左右，是因为它本身就含有一种价值观念的表达，它对社会的不良倾向的否定，以及对理想境界的追求。而这些东西，是有形的产物所没有的。它是人类社会的产物，是基于社会的意识形态，它本身也在不断地演变和发展，所以我们不必盲目地去相信它。

而媒体又肩负着引导公众舆论的重任。他们是“把关人”，负责接收和筛选信息，拥有解读和保护信息的能力。他们掌握着新媒体时代的话语权，在这种环境下，他们可以影响到更多的人。信息在“把关人”的保护下，在数量和质量上都会有改变。新闻媒体如果完全受市场导向的影响，就会片面地追逐“卖点”，盲目寻觅，最终会迷失在正确的道路上。网络舆论是一把双刃剑，它本身就是一个中性词，只有当它被引导到某个方向的时候，它才会产生价值判断。目前存在着一种误解，即只注重经济效益，不注重社会效益；为了经济利益，不惜一切代价，甚至不惜牺牲社会福利。例如，当前媒体市场上的某些现象：某些运营商以受众需求为幌子，大量生产低俗的媒体产品；一些经营者以发展媒体市场为幌子，制造了大量的伪劣产品。这些都违反了媒体的运作规则，不应该被允许。媒体工作者需要认清自己的社会角色，尤其是作为“社会公器”的新闻媒体，是为社会服务的，不能为了一己私利而隐瞒事实或发布错误的信息。

（三）传媒市场是注意力资源生产和消费的主要市场

注意力的来源是一种经济的观念。如何吸引观众的眼球，稳定地保持这样的关注，是当今媒体在市场竞争中的重点。新媒体的兴起，对传统媒体的消费和市场分流以及人力资源的分流，给传统的市场化媒体带来了更大的压力。麦克卢汉是加拿大最早的一位传播学者。他举了电视作为例子，说电视台其实是在借我们的眼睛和耳朵来制造产品。电视台为了吸引公众的眼球，就是为了让观众喜欢，而让他们花钱。观众把注意力转移到电视台身上，成为电视台庞大的资源，再以高价出售给那些有需求的人（广告商）。对广告主而言，广告是为了吸引更多的关注。1997年，美国传播学家麦克尔·高尔德·哈勃就发表了《注意力购买者》，他认为关注资源的商业价值，而不是一味地关注爆炸式增长的信息。他说，最成功的商业运作模式就是尽可能多地使用价格最低的资源，以保存最昂贵的资源。

我们都知道，关注是受信息支配的，而在这个信息时代，最显著的特征就是信息的无限增长，也就是信息的爆炸。所以，信息来源越复杂，信息越多，社交平台越多，媒体就越需要发挥自己的传统功能——在纷繁复杂的信息中，给读者准确而权威的信息。在当今社会逐渐步入后资讯时代的今天，关注成为一种稀缺的资源。诺贝尔经济学家赫伯特·西蒙在对后资讯社会特性进行了一次调查之后说道："当资讯不断进步时，资讯不再有价值，而在于你的注意力。在这个信息时代，货币已经不是货币了。"在这个信息爆炸的时代，我们身边充斥着各种各样的信息，同时，我们的各种信息也在被收集和利用着。因此，在当今世界，谁先掌握了知识和信息，谁就有机会创造更多的财富。

随着大量的信息涌入，人们的注意力资源逐渐变得越来越紧缺。而随着知识的不断增长和变化，人们对信息的需求也在不断增长。如今，收视率、收听率、读书率都被称作"关注资源"。大众媒体千方百计地进行创新，以获得观众的关注。而且，广告客户不会从报纸上买到某一块版面，也不会买到某一段时间的广播节目，而只会从这个版面上、这个节目中吸收的观众的阅读和观看行为中产生的效果。中国人民大学民意研究院院长喻国明表示："真正能给传媒带来巨大收益的，是他们的新闻和节目吸引了观众。"因此，电视媒体如何提高媒体市场的占有率，形成广泛的受众群体，是实现深度报道的基本需求，也是体现其价值所在。

二、财经新闻在新媒介环境下的生存状况

（一）阅读金融信息的人越来越少

传统的金融信息沟通主要依靠报纸、广播、电视等媒介进行，但在这一阶段，由于新媒介的兴起，信息的传播模式逐步走向了数字化、网络化。这就导致了财经新闻的传播不再是单纯的单一媒体，它所使用的通信工具和产品也在某种程度上发生了变化，受众通过互联网获得新闻的方式也从线下转向了网络，通过平板电脑、手机等移动终端，随时随地都能获得新闻资讯，为受众提供了便利。然而，由于新媒介的存在，很多财经新闻在传播过程中并未认识到这些问题，依然沿用传统的报纸、广播、电视等传统媒介，传统的金融信息传播方式难以适应受众的需要，从而使人们获得的信息数量越来越少。

（二）传统媒介的发展受到新媒介的严重限制

与新兴媒介相比，经过长久的发展，传统媒介的成熟、稳重、谨慎的风格，在经历了新媒介的冲击之后，难以在原有的发展模式上做出突破和创新。除此之外，新媒介的发展趋势也越来越多元化，它的传播速度也比传统的媒介要快得多，用户可以通过定期的微博来获得金融方面的消息，也可以通过网络上的金融网站来获得自己想要的金融信息。然而，

传统的财经新闻传播必须先对其进行处理，然后才能呈现给受众，其传播速度难以与之相媲美，从而对财经新闻的传播产生一定的负面影响。

（三）财经新闻传统的传播方式不够新颖

新媒介的新闻传播速度快、效率高，同时也是它在传播过程中能引起受众注意的重要因素之一。它通过动画、图片、音乐、视频等多种形式进行传播，既可以加深受众对金融信息的理解，也可以将复杂的信息传达给受众。而传统的媒体，只能通过文字传达金融信息，而年轻人却没有耐心逐字阅读，从而影响整个金融信息的传播效果。

三、财经新闻在新媒介中的生存战略

（一）与时俱进，丰富金融信息的内容

首先，相对于新媒介而言，传统媒介下的金融信息传播相对缓慢，这对于金融信息的传播是非常不利的。因此，在进行信息交流时，必须要有自己独特的视角和思维，以吸引更多的受众，从而在新媒体时代取得竞争优势。比如，针对某些金融政策，在宣传时，可以在内容的编辑中添加自己的观点，并对此项金融政策进行分析，引导受众在此金融政策下做好理财工作。另外，在传播时，也要区别于其他的经济新闻，要有自己的独特的视角和见解，并且要邀请一些有经验的专家来解读这些信息，以达到自己的特色，吸引更多的受众。

其次，在传统媒介环境下，要打破传统媒介的封锁，必须对受众所关注的内容进行编辑与传播。然而，在传播的同时，一些传统媒体的新闻工作者也会在网上搜索到相关的新闻信息，并对其进行处理。而在传播的时候，尤其要注意的是，这种方式固然可以吸引受众的注意力，但网络上的消息也是真假难辨的，如果将虚假的消息散播出去，势必会削弱传统的报纸的权威。在这种情况下，传统的媒介在传播时，可以从网上引述新闻的内容，但必须先核实其真实性，即从网络上获得的新闻资讯，经过传统媒介的传播，其品质要比网上的好，从而使其在众多的新闻中脱颖而出。

（二）要建立品牌意识，做好特色的宣传

新媒介不仅对传统媒介产生了冲击，也给其提供了巨大的发展机会。因此，在广告宣传中，要树立品牌意识，开展具有特色的宣传活动，以获得更广泛的受众。比如，在报纸上，可以专门针对财经信息的一个领域进行一个特别的品牌宣传，通过举办一个关于财经新闻的评选，可以让那些业界人士对传统的财经新闻更加关注，同时，也可以和央视财经频道进行合作，既可以给传统的新闻带来机会，也可以更加凸显出传统媒介的独特之处，进而促进财经新闻的传播。

（三）优化服务意识，提升传媒服务质量

在新媒介时代，受众对阅读的需求日益增加，受众在阅读中除了要获取感官体验外，还需要更高的质量享受。在这种发展态势下，要从受众的情感出发，力求为受众提供优质的新闻资讯，以达到更好的效果。因此，在服务上，首先要保证财经新闻的真实性，在发

布前要反复验证和考虑，然后将其与传统媒体的服务品质相比较，汲取新媒体的优质服务，从而为传统传媒的发展带来新的机遇，从而巩固其在市场上的地位。比如，可以组织一场金融讲座，请一些专业的金融专家来做讲解，这种讲座可以采取商业化的方式，实行门票销售。这既可以满足大众的需要，又可以拓展传统媒介的盈利空间，为财经新闻的发展奠定良好的基础。另外，要注重多元化的服务，比如开设一个人工咨询平台，让受众在看过了金融信息后，可以向他们请教自己不明白的问题，这样就能吸引更多的受众。

在新媒介时代，财经新闻要发展，首先要认识到当前财经新闻的生存状况，运用现代科技手段和网络手段，为财经新闻的发展创造更大的空间。只有如此，才能使新闻的传播效果得到持续的优化，从而使之健康、持续地发展。信息量、新媒体的出现，不但使人类的信息传递方式发生了变化，也使人们的行为发生了巨大的变化，使整个社会格局发生了翻天覆地的变化，进入了一个新的语境时代。

第三节　财经新闻的传播状况与问题

一、新媒体下的传播状况

随着数字化技术的飞速发展，大众媒体的职能角色发生了变化，以网络为代表的新型媒体，所以，新媒介是什么？在新媒介时代，我们应该怎样去认识沟通的语境？新媒介环境的特点是什么？新媒介不仅改变了人们的交流行为，改变了人们的生活方式，也为学术界提出了一个崭新的问题。

自从全球化时代网络兴起以来，国内外对新媒介的研究已有了较多的界定，一是从传播模式上来说，美国《连线》杂志把新媒介界定为“人人皆宜”；二是从不同于传统媒体的视角，例如上海戏剧学院新媒体系的陈永东教授指出，“新媒体是一种与传统媒体相比较的媒体及各种应用方式，目前主要有互联网、掌上、数字互动、车载移动、户外媒体、新媒体艺术”；三是技术的运用，例如，清华大学新闻与传播学院熊澄宇教授把新媒介界定为“以电脑资讯科技为基础而产生的媒介形式”，并指出，“新媒介是一种相对的观念、一种时间观念、一种发展观念”“具有极大的包容性”；四是从社会关系的层面来看，《人民日报》前任社长胡绩伟指出：“新闻媒体和文艺作品逐步放开，对社会种种罪恶可以进行揭露和鞭挞，扭转某些不良的社会风气。”

任何一种科学的概念都有其内涵与外延，从内容上看，新媒介是在20世纪末，随着科技的飞速发展，以数字技术为基础，能够极大地提升信息的传播速度。从外延上看，新媒体包括光缆通信网络，都市型双向通信电视网，图文电视，电子计算机通信网络，大型计算机数据库通信系统，卫星和卫星电视系统，高清电视，互联网，手机短信和多媒体信息交互平台，多媒体技术，以及使用数码技术进行广播的广播网络，等等。

科学技术的进步为新媒介的发展提供了最基本的技术支撑与保证。随着Web 2.0时代的到来，Web 3.0 被提出，媒体的信息化发展趋势越来越明显，新媒体和传统媒体之间也出现了多功能的融合，新媒体技术形式也将迎来新的更新换代。清华大学新闻系熊澄宇教授认为，新媒介是一个相对的概念，“新”指“旧”；与收音机相比，电视是一种新的媒介；与电视相比，现在的互联网是一种全新的媒介。那么，未来的“新媒体”与今日的新媒介相比，可能出现的变化是：随着现代科技的发展，新媒介的出现将会极大地改变人们的生活、生产，实现思想和文化的大融合。

（一）新媒体视角下的思想解读

传媒作为一种以文字为载体的大众传媒，其传播方式、社会环境的变迁，使每一时期的传播都具有其独特的“语境”，而“传播语境”是指特定历史时期与社会生活中的一种稳定的交际体系。

纵观当今的新媒介，我们可以发现，因特网技术的飞速发展，各种装置、终端的使用，使它与社会的互动愈加显著，并在持续地改变着传播生态与社会的面貌，并最终完成“从单一的资讯传递方式向普遍化、内化”的转型。马克·波斯特在《信息方式：后结构主义与社会语境》一书中阐述了“信息方式”对波斯教会的深远影响。他认为，随着电子媒介的不断发展，其语言的多样化造成了语义上的不统一，进而使人们的自我意识逐渐消失，深刻地影响到人们对自身、对现实的认知，以及对自身的“包装”。在这种“深刻影响”和“重新构型”的过程中，新媒介环境下的话语表达、社会性格和文化形式得以形成。

从认识论角度来看，新媒体语境也可以扩展为思维框架、理论范式、社会历史、政治、经济、文化、科学、技术等诸多要素之间的相互作用和联系，就像托马斯·库恩在 1962 年的《科学革命的结构》中提出“范式”这一概念在各个学科的研究中扮演着一个限制和解释的角色，即约束和解释，是人类的一种内在的认知模式，能够有效地反映和了解被研究的目标的社会价值，包括历史、社会、文化、民族等，这就意味着“一种不必然的、但却是有限的、约束的力量”。因此，我们可以把新媒体语境看作一种特殊的社会交往体系，即新媒体对社会的普遍性和限制，并因此重新构建了社会结构。

（二）新媒体特征的解读

新媒体的兴起所形成的新媒体环境正在以一种不可阻挡的速度快速扩展，并将作为一个时代的开端；新媒介具有开放性、平等性、匿名性、交互性等特征，使其与传统媒介文化语境相比呈现出新的特征。

1. 公众用语的表达

在传统的新闻沟通中，从开始到接受者，呈现出一种线性的沟通模式，也就是“少数人对大多数人”的单向沟通，以及由上而下的层层过滤。新媒体的出现，迫使传统媒体在新闻传播上更注重新闻传播的品质，注重新闻的深度、权威。媒介传播手段的改变，让大众获得了自己的话语权，大众可以透过新闻跟帖、网络论坛、博客、电子邮件、个人空间等多种媒介来发表自己的意见，并利用“群体极化”的影响力，在新闻事件中发挥重要的影响力。

2. 全球化的意义

麦克卢汉曾于1967年出版过一本名为《理解媒介：人的延伸》的书，他曾预言过“世界村”。基于计算机、通信和数字广播的新媒体，通过互联网、无线、卫星等技术，使人们与世界的联系更加紧密，由此，人们对信息、知识、思想的理解也随之扩展，并在全球化背景下对世界进行认知和改造。如今，不管你身处纽约还是巴黎，抑或是天山下的一个小镇，你都可以通过计算机、手机、PDA、MP5等媒体，从全世界各地收集到大量的消息，还可以主动搜索、查找资料、浏览网页，让你真正感受到世界的国际化。在全球化背景下，传统的时空观念被彻底颠覆，而新的认知模式也将人类带入一个全新的沟通环境，在此期间，人们可以通过各种媒体，在全球范围内进行沟通，实现信息的全球化。

3. 多元化的文化

文化是与人民群众密切联系的产物，具有时代特色。基于互联网等数字技术的新兴媒体，更是以“多元、开放、共享”的精神，以科技的力量渗透到社会的各个角落，拥有空前的受众群体，最大限度地体现了大众的多元文化诉求，并由此呈现出多元文化并存的欣欣向荣的局面。多元文化形态的形成，一方面是多种意识形态、多种文化观念、多种学术流派并存于一个时间点上，也就是主流文化相互竞争、融合，不仅是一个国家的文化消亡，还在不断地迎合大众多元化的需求，并与世界文化接轨。另一方面，网络上的“草根文化”兴起，即大众文化在因特网上的特性上的差异。在新媒体如网络社群的兴起后，血缘关系、地域关系、工作学习关系不再是一种特殊的关系，而是一种基于利益与价值观的认同，使人们形成了“群”。从传统文化的继承和大众文化的需要两个角度出发，多元化的群体文化已经成为人类社会不可或缺的精神家园。文章的易读性和写作技巧的灵活运用，对新闻的发展起到一定的推动作用。

截至2022年12月，全国网民数已达10.67亿，网络普及率高达75.6%，特别是在新冠肺炎疫情期间，网络应用出现爆发式增长，其中手机网民规模达10.65亿。截至2022年12月，我国网络新闻用户规模达7.83亿，占总网民整体的73.4%；移动互联网新闻用户数量已达7.26亿，在移动电话用户中占据了81.0%。在今天，大众对新闻媒介的选择已经发生了变化，而新媒介的使用也逐渐成为一种习惯。新媒介如智能手机等，其影响力已远远超过传统的报纸、广播等传统媒介，因而对人们的生活产生了深刻的影响。

随着互联网的发展，新闻传媒也在不断地进行着体制和形式上的变革，不断地创造出更有吸引力的内容，以适应新的技术，就像《人民日报》，从一开始的单纯报纸，变成了一个拥有报纸、杂志、官方网站、微信公众号、微博官方账号、手机App的全媒体新闻中心。《第一财经日报》《中国经济报》和《21世纪经济报》等新媒体也纷纷加入新媒体环境中，例如建立新媒体平台、建立新媒体客户端等，都标志着财经媒体在新媒体环境下不断发展。

（三）以《第一财经日报》为例分析

当前，网络技术高度发展，金融传媒在这一背景下取得了很大的发展，但是，在传媒高度融合的新媒体环境下，如何走出一条适合我国金融传媒自身的稳健发展道路，是一个值得探讨的问题。《第一财经日报》是一家全国性的金融期刊，在全球范围内的影响力和发行量都是数一数二的。本文选择《第一财经日报》为案例研究，通过文献研究、对比分析、案例研究等研究手段，通过对期刊定位、内容编排、报道特色、发展状况等方面的研究，发现其问题，探讨其未来发展趋势，最后总结出在新媒体环境下财经媒体的创新发展之路。

1. 教学方法

（1）文献调研。首先，我们会从电子文献、网站、专著等数据库中查阅相关文献，并对《第一财经日报》现有的相关资料进行整理。

（2）内容分析。一般的财经新闻报道类型各异，而内容分析则是对《第一财经日报》所报道的内容进行系统的、定量的分析，从语言和话语中推测出其中蕴含的含义。

（3）比较分析。从自身定位、发展阶段、内容生产等角度，与国内其他财经媒体进行比较，从而对《第一财经日报》进行综合分析。

2. 创新研究

当前，对《第一财经日报》的研究大多停留在文本层面，即内容和风格的阐释。本书结合新媒体时代的传媒融合状况，从电子杂志、网站、App、微博、微信公众号等多个角度，对新媒体的创作实践进行了全面的探讨。

（1）关于内容的确定：《第一财经日报》的内容既包括金融信息，也包括行业政策等；在对商务活动的报道中，不仅要注重过程，还要对环境进行解释；除了提供行业的最新信息，也会对行业进行实时的深度分析，以及对行业的未来做出预测。

此外，该报的报道范围很广，内容的专业性也很强，这主要表现在报纸的视角不局限于国内，更多地着眼于全球，从全球的经济、金融、投资状况，中国的经济发展、社会发展等方面来描绘分析中国的总体情况。

总之，这份报纸的内容既实用又丰富，报道风格虽然轻松，但并不缺乏专业的知识。《第一财经日报》是一家以“大财经”为导向，内容真实、权威，具有较高公信力的财经报纸。

（2）受众群体：《第一财经日报》的受众群体也在不断地发生着变化。早期，报纸以中高端、专业性较强的商界精英和管理层领导为目标。早期，《华尔街日报》的受众对象也是中高端、专业性较强的商界精英，如管理层领袖、投资人士、经济工作者等。这些群体具有三大特征：“决策力强”“影响力大”“消费力高”，所以这些群体又被称作“三大群体”。这些群体的整体素质、收入都处于高层次，在市场和财务方面的判断与决策都会对他人有很大的影响，所以他们的市场领导力很强，所以被选为第一批目标受众。

《第一财经日报》在“三大群体”的基础上，根据经济、市场环境的变化，对受众进行了重新分类，将其分为“核心受众”和“辅助性受众”。所谓核心受众，就是“三最人群”，而辅助性受众，则是那些对金融感兴趣的专业人士（EMBA、MBA 以及相关的大学生）。从其受众群体的变化可以看出，《第一财经日报》为了吸引更多的受众，降低受众的阅读门槛，从而使之成为一个主流的金融传媒。

3. 新闻记者的思想

《第一财经日报》的经营理念是：“对时代负责”，反映了《第一财经日报》的时代感和对新闻真实性的责任感。《第一次财经日报》在其 2004 年发表的一篇文章中，曾提及“将业务视为一种责任”，由此可以从权威、专业、负责、独立四个角度来审视其经营理念。

（1）权威。《第一财经日报》之所以具有权威，是因为它对新闻报道的真实性和准确性的要求高。世界上的媒体，一般都会使用一些权威的指数，如“日经 225 指数”、道琼斯指数等，都是世界著名的财经指数，也是世界上最权威的新闻机构。第一金融有限公司于 2005 年联合道琼斯指数发布了中国首家传媒指数——道琼斯金融中国 600 强指数。该指数跟踪 14 家中国上市公司的前 15 只股票。该指数不但在中国公布，而且通过了世界知名媒体如路透社、《华尔街日报》的刊载，《第一财经日报》也由此确立了它的权威和地位。除了这些，报纸所引用和发表的新闻资料都是由官方媒体公布的，因此，报纸也因此赢得了公众的广泛认同。

（2）职业道德。《第一财经日报》是一家财经日报，它的专业性比一般的报纸要强，所以它的编辑必须要有敏锐的观察力和专业的知识，而且要有足够的专业知识。只有这样一支高质量的队伍，才能提升报纸的专业性，使《第一财经日报》成为一份具有财经特色的报纸。

（3）责任意识。新闻媒介的职责在于它对所报道的事实承担责任。《第一财经日报》是一家专业的财经媒体，它的报道内容要比一般的报纸更客观、专业。记者在对新闻报道进行采访时，往往要对其进行一系列的数据采集，这是一种职业的财经新闻媒介必须具备的素质。新闻传媒是社会舆论的领袖，是新闻传播的媒介，它应该担负起对社会、对人民群众的责任，这对维护社会稳定、保护公众利益都是有益的。

（4）自主性。财经新闻媒体的独立性，是指报纸在客观事实面前有自己的判断和决定，而不受外部因素的干扰。媒体是舆论导向、传播信息的媒介，不应以个人的利益为媒介。《第一财经日报》自创办以来，作为一家财经传媒，在其内容更加独特的情况下，始终保持着一种客观、审慎的态度，不受外部商业利益的影响，不畏惧压力，坚持自己的原则，坚持群众的利益，提供真实可信的消息，充当舆论的代言人。

4.《第一财经日报》栏目设置

报纸的版面编排通常反映着它的思想和政策，反映着它的风格和特点。本文从《第一财经日报》的版式布局和栏目设置两个方面对其特色进行了分析。

《第一财经日报》的版式经过了多次修改，初期与今天的版式布局有了很大的不同，本文将会对两版进行比较和分析。

（1）预设排版。《第一财经日报》于 2004 年成立之初，由四大核心版块和其他版块组成。此外，还有《房地产周刊》《风尚周刊》《财商周刊》等。版块之多，涵盖的范围之广，可见其在创刊之初就已具备了内容广度和内容深度的意识。

（2）现行排版。《第一财经日报》，于 2019 年重大改版。主要是对内容版块进行了调整，包含了综合新闻、产经新闻、财经新闻、产业周刊、人文 & 生活、环球经济评论、《风尚》周刊、《财商》周刊。前五个版块星期一至星期五每天都有一个版块出版，而环球经济评论这一版块改为每星期一出版，最后两个版块分别于星期五或星期六出版。

改版后的主要变化有以下两点：一是利用规模化的原创团队，提供更多独家新闻、深度调查报道以及专业的解读文章。二是在移动终端满足人们随时随地阅读的需求背景下，纸质读本可以构架的是一个适合于安静阅读的场景，增加了图文并茂的纸媒版式提供的“悦读感”。

从这一点上可以看出，《第一财经日报》在 2019 年的改版后，对原有的内容进行了大量的删减，并增加了新的版面，以代替原有的版面，让版面更加简洁，更加精准。最重要的是，日报上的深度内容也将同步进入即将上线的付费产品，成为高端用户重要的决策参考。

5.《第一财经日报》栏目的建设

任何一家好的金融传媒都必须具备良好的栏目运营意识。世界上最好的财经日报，无论在国内还是国外，都会有自己独特的版面，比如《华尔街日报》的“非常之道”，《中国经营报》的“案例点评”，《第一财经日报》最大的特点就是栏目的组合。其中最具代表性的例子是 A03 中国版与 A04 的国际版块，而《第一财经日报》则在中国版刊登了三篇有关 App （中国）生活用纸的公益报道，并在同年 12 月发表了三篇有关巴黎气候会议的文章。《第一财经日报》通过聚焦主题、聚焦报道的方式，极大地提升了媒体的关注度和传播力。

栏目是报纸的命脉，各家报纸都有自己独特的品牌专栏，其中最著名的就是《第一财经日报》的“产业周刊”。通过对“产业周刊”这一版块的考察可以看出，它涵盖的领域很广，内容也很多，与其他栏目相比，它的表现形式和内容都有很大的不同，例如 2023 年 7 月 4 日的《特斯拉如何颠覆传统汽车工业？》。

“产业周刊”这一版块的风格别具一格，它所采用的问句也是较为直接、通俗易懂的，但一针见血，令人一目了然。这种标题，很容易吸引受众的注意力，从而引发受众的兴趣。

6. 策划与《第一财经日报》的新闻特点

一篇好的新闻报道，必须要有充分的预设和充分的准备。第一，要与报纸的定位相匹配，使其具有鲜明的个性和风格；第二，新闻策划是一项很有系统的工作，把大量的小事情整理成一个有秩序、有条理的整体。

在《第一财经日报》的选题上，有学者对《第一财经日报》2015 年 10 月至 12 月的 334 篇文章进行了分析。从上面的数据可以看出，《第一财经日报》在投融资、国内政策、房地产等方面的选择占据了很大的比重。由此可见，它在主题策划上秉承了“对时代的责任”、面向大众的“大财经”的思想，所以它的选题不仅涵盖了综合性的新闻，还涵盖了金融、资本市场、行业的发展趋势、行业的最新信息，还为受众们提供了专业的政策解读，为受众们扫清了迷雾。同时，它还以图片和文字相结合的形式进行了深入的剖析。

7.《第一财经日报》新闻报道的特点

《21 世纪经济报》曾在 2009 年的报纸上刊登过这样的一句话：“他们追求速度和数量，我们注重逻辑和潮流。”而“快和多”正是《第一财经日报》的一个典型特征。《第一财经日报》的新闻报道特点如下：

（1）及时的报告和快速的回应。新闻本身被界定为“新近发表的事实报道”，这一界定清楚地反映了新闻报道的一个重要特征——及时和迅速。这一特性为新闻媒体提供了一种需要，从而把握好媒体的第一传播时机，抢占新闻市场。

总的来说，国内的财经报纸都是以每周一期的形式发表的，像《21世纪经济报》《经济观察报》等。但实际上，这与时效性的要求是背道而驰的，因为周刊的时代已经过去了很长一段时间，所以并不能完全满足受众的需要，但《第一财经周刊》却率先推出了《财经日报》，这就是《第一财经日报》的先河。

从新闻的具体内容上来看，《第一财经日报》的报道速度很快，比如央视大厦失火的那一年，《第一财经日报》就在第一时间把新华社的新闻《央视新大楼配楼元宵夜大火》转发了出去，而《21世纪经济报》等财经报纸当时并没有相关的新闻，这说明《第一财经日报》的及时。

（2）涵盖范围广，内容丰富。“多”是《第一财经日报》的第二个特征，它的报道范围和信息量都很大。长篇大论的新闻，往往会耗费大量的时间和精力，而不是最好的选择，因为它能抓住受众的心理，将重点放在简短、突出的报道上，让受众能够在有限的篇幅上获得更多的信息。作者对2020年的数据进行了统计，从《21世纪经济报》《第一财经日报》两家报纸的数据来看，从报纸上可以看出，从星期一到星期五，前者的信息量是99，75，70，62，63，而后者的信息量是118，130，127，133，168。由此可见，与《21世纪经济报》相比，《第一财经日报》在制作长篇新闻时，更加注重新闻的涵盖范围。

《华尔街日报》的报道范围之广，是出了名的，它的版面很广，除了“政经新闻”“产经新闻”“深度评论”“商业人物”之外，还有一个独特的版面：《全球经济》，以中国为中心，面向全球；关注现实生活与流行趋势；也有一些“商业报告”，以环保为重点。这一系列涵盖了金融、商业等多个领域，成为《第一财经日报》独有的一道风景线。

（3）新奇的视角，独家报道。《第一财经日报》非常注重独家报道，自创立之初，就占据了40%的独家稿件，这也是报纸独特的观点和思维方式，以及独特的写作视角。最近几年，电商的直播非常受欢迎，在2020年电商平台“6·18”大促的时候，各大财经媒体都在报道各大平台的销量、金融走势，也在感叹消费者的购买力，与此同时，“字节跳动”也将目光投向了字节跳动旗下的“抖音”，并对其内部的电商结构进行了深入的研究。当时很多人可能只是听说过直播，却不知道直播是怎么回事，所以《第一次财经日报》专门采访了抖音，采访了主播，从各个方面进行了深度的报道，并撰写了题为《字节跳动“电商”组织架构大调整，抖音带货要常态化？》的财经新闻稿。这种报道既有创意，又有专业性。

（4）立足国内，面向全球。《第一财经日报》将以全球视野为视角，关注并分析新闻。李文龙在《第一财经日报》中发表的“完善体制机制，激发民营经济活力”一文中提到，当前阶段，中国与全球面临百年之大变局，在此背景下，通过大力支持民营经济发展，提振民营经济信心、稳定民营经济的长期预期、提升民营经济投资实业积极性，有助于促进整体投资与稳定经济发展动能、扩大就业、加速技术创新、促进国内安定团结以更好应对外部压力。

（5）富于人性的关怀。《第一财经日报》始终恪守着自己的职责。2006年，华为员工胡新宇猝死事件，被报社第一时间报道，《一位逝去的华为青年胡新宇：天堂里不再有加班》一文引发了强烈的反响。紧接着，又是一篇关于捍卫劳动者权益的文章，号召社会各界关心劳动者，尊重劳动者的权利。从这一点可以看出，《第一财经日报》并非一家毫无情感的金融日报，它是一家为大众说话、捍卫大众权益、充分体现社会关怀的报纸。

（6）加强对文化副刊的关注。一提起“财经报刊”，大家第一时间就会想起一些专业的经济学和财务名词，以及大量的客观数据，但这些东西往往晦涩难懂、枯燥乏味、缺乏可读性，并不为大多数受众所接受。《第一财经日报》也看到了这个问题，所以十分重视它的文化副刊。《第一财经日报》每周四天，每期都会有一段“封底生活”，以记录人们的文化生活。这家报纸的文化副刊内容十分丰富，涵盖了政治、旅游、运动比赛、时尚动态等。比如阿玛尼的最新设计，还有香奈儿的配饰，都是很有创意的。因此，《第一财经日报》在把财经新闻做得更专业的同时，也不忘记增加它的文化娱乐性，这种报纸的专业性和可读性都很好。

8.《第一财经日报》在新媒体中所面临的问题

（1）“报网融合”没有向“报网互动”发展。这主要是因为没有充分利用因特网的特点。第一，不太常用“网页编辑语言”。报纸与互联网最大的不同之处就在于它的传播模式，一种是平面媒体，一种是互联网，所以我们在进行网络交流时，不能再按照原来的“传统思维”，而要采取“网络语言”。“网络语言”最突出的特征是图像、视频等数码化的效果。但是《第一财经日报》在网上的内容中却没有太多的图片和视频，所以网上的阅读和纸质的区别不大，缺少了网上的阅读体验，导致了阅读的枯燥。第二，宣传工作做得不到位。在新闻媒体上，从交互式广告推广通常都是开设栏目，但该报在网上的宣传力度不够，没有充分利用互联网的快捷。在网上开展活动，应该更快、更详尽、更全面地宣传，例如开设现场直播、实时滚动新闻等。第三，缺乏与受众的交流。从《第一财经日报》的官方网站上可以看到，网上的评论很少，有的甚至是零，可见网站和受众的互动性很差，受众的参与程度也很低，这时候，可以考虑在评论区发表一些帖子，让大家互相交流，互相支持。

（2）由于未充分使用数字空间而造成的费用上升。《第一财经日报》率先推出了数字报刊的收费模式，这一举动确实值得称赞，因为数字出版要花钱，付费内容也会比较多，比如图片、视频等。不过，这家报纸虽然有收费功能，但并没有很好地利用电子出版物，再加上广告宣传力度不够，即使是电子版，也只有极少数的用户，这就造成了电子版的亏本。报纸可以通过使用电子版进行广告发布，从而获取一定的利润。

（3）在官方媒体上的宣传力度不足。现在最火的官方推广平台就是微博，微博上的内容更新速度很快，每一个人都是其中的一员。不过，《第一财经日报》的微博也遇到了很多问题，比如微博的粉丝数量太少，如何在众多财经媒体中脱颖而出等。

（4）手机新媒介缺乏内容。《第一财经日报》的新媒体手机客户端，主要就是把新闻的内容做了一些简单的改动，缺少了手机客户端的独特性和创意，再加上《第一财经日报》的手机 App 只有中文版，并不能吸引更多的受众，这就导致了它的受众群体受到了很大的限制。

9. 新媒体发展策略——《第一财经日报》

（1）以发展为基础。

①以内容为王的发展模式。“内容为王”是任何时代的主流媒介。现在的媒体有很多种，但质量最重要的就是内容。像《华尔街日报》和《金融时报》，以其高品质的内容而

著称于世，而国内的财经报刊，则在内容上略显不足。这就要求《第一财经日报》提高对新闻内容的重视程度，加强对员工的专业素质的训练，以及在内容上的打磨，比如将标题的垂直细分，打造“爆款”；积极创新创意，打造金融传媒核心竞争能力；付费内容投放，构建用户需要的付费产品；丰富的视频，震撼的视觉效果。这种高质量、高深度的新闻报道，正是报纸深受受众欢迎的根本所在。

②建立权威。新闻信息具有传播速度快、信息量大等显著特征，但同时也有其自身的缺陷。由于“把关人”的作用不存在，使得新媒介很容易成为虚假新闻的源头，《第一财经日报》要重视每一条新闻的质量，通过优质、权威的报道来塑造自己的形象，赢得受众的信任。

（2）技术平台的层次。

①整合报网。金融媒体不能单纯地提供信息，因为不是每个人都是专业的，所以要从海量的金融数据中提取出最有价值的内容。由于报纸版面有限，所以在内容上要解决纸质版的不足，比如将一些深度报道放在显眼的地方，增加直播和其他视频窗口，以满足受众在线观看的需求。风格上一改以往单一的报纸，例如把资料变成图片等，让资料可视化，增加可读性；在与使用者的交互界面中，可以设置独立的活动区域，让使用者进行交流等。

②建设手机平台。移动平台的建设主要由微博、微信、手机 App 移动客户端三大部分组成，也就是“两微一端”。微博是目前最受欢迎的一种社交媒体，不管是文字、视频还是图片，只要一出现在微博上，就会立刻成为热门话题。微博上的热门话题也引起了全国人民的注意，它的巨大流量让很多媒体和个人都为之惊叹。《第一财经日报》不仅要建立自己的官方微博，还要实时更新微博，利用自己的微博，来吸引更多的受众。微信的作用，就是扩大自己的公众号，不断地更新推文，保持自己的原创，增加读者的兴趣，增加自己的公众号影响力。可以在公众号的后台添加链接，比如直播链接、重播链接等。在 App 的开发上，要注意内容的分配，视频和图片要结合在一起，让 App 的使用更加直观。

③建立一个新的融媒体平台。手机 App 的数量在飞速增长，“抖音”和“快手”等高流量手机平台也应运而生。就拿“抖音”来说，它的趣味性和娱乐性受到了广泛的欢迎，《第一财经日报》可以通过它的平台来提高自己的曝光率。《第一财经新闻》有“抖音”的官方账号，可以将它的优势发挥到极致，比如将财经新闻做成短视频，然后进行创意推广，这样就能吸引更多的粉丝，更好地宣传自己的品牌。

（3）积极准确行销。为了吸引更多的忠实受众，《第一财经日报》必须在报纸、网站、微博、微信、App 等渠道上推广，在报纸上加上微信公众号的二维码，在公众号上加上微博的链接，在微博的官方主页上添加 App 的链接。另外，精准营销也要聚焦于大众最关心的问题，寻找“共同话题”，也就意味着更多的人来报道。

只有通过这种方式，《第一财经日报》才能与受众产生更多的联系，从而获得更多的受众。新闻媒体发展是一项长远的策略，它不仅需要时间和精力，而且还需要巨额的财政支持。资本的获取离不开外部的支持，所以《第一财经日报》要想实现新的媒介化，就必须要有强有力的广告客户，所以要想吸引到更多的广告客户，在新媒介上进行创意宣传，这是报纸今后的新媒介发展之路不可或缺的一环。

《第一财经日报》是国内具有较高知名度的财经类专业报纸，其办报定位与理念、版面编排与栏目设置、内容选题、报道特点等方面均堪称国内一流。但是，它处在媒体技术的不断革新中，在媒体融合的过程中，找到一条适合自己的发展道路，这是报纸时代的一个重要问题。《第一财经日报》必须要改变自己的传统媒体思维，用网络思维来进行新闻报道，通过媒介融合、形式创新、内容创新，才能在金融传媒行业中脱颖而出。

二、新媒介下存在的问题

（一）基础需求大，受众增加不多

随着互联网的发展，信息的传播速度越来越快，越来越“碎片化”的信息，越来越便捷的资讯获取方式，更加适合那些忙碌于学习和工作之中的人群，他们可以利用琐碎的空闲时间通过随身的手持终端设备——智能手机——来获取必要的社会信息。同时，由于新媒介本身的独特设计和便捷的传播与接受方式，使得许多人对传统媒介的依赖性和需求大大减弱，传统媒体遭遇了前所未有的全面冲击。中国互联网络信息中心（CNNIC）第 51 次《中国互联网络发展状况统计报告》指出，截至 2022 年 12 月，我国互联网用户总数达到 10.67 亿，移动电话用户达到 16.83 亿人。互联网用户中 99.6% 的人都在使用智能手机。截至 2022 年，我国网民主要集中在 10~39 岁人群，约 19.6%。在这其中，高中及以上学历的网民比例相对较高。传统媒体尤其是纸质报纸面对互联网新媒体的爆发式扩张，一度陷入了困境。

传统传媒虽然得益于历史积淀和融合传媒的变革，仍然有很大的受众和市场基础，但是其主要受众群体已出现了老化的特征。对于电视、报纸、杂志的调查结果表明，大部分的受众年龄都超过了 40 岁，这个群体的投资和支出能力很强，但是总体来说，这个数字并没有增长，而是会减少。“90 后”的人很少读新闻。尤其是在财务领域，现在的年轻人越来越依赖智能手机、平板电脑等新媒介来获得资讯。从社会发展的趋势来看，青年受众是主流，也是传媒改革的受益者，因此，历来依靠传统传媒的财经新闻，要认清现实，积极转型，推进与新媒体的深入融合，突破困境，闯出新路。

（二）新媒介发展迅速

以资讯科技为基础的新型媒体技术在飞速发展，特别是在智能手机、社交网络等传媒领域，更是出现了显著的科技变革，特别是对传统媒体的冲击巨大。从传统媒介时代的“把关”“选择性”的新闻制作、“垄断性”的传播进入了门户时代，编辑人员与计算机的自动“整合”“海量聚合”“集中分发”；然后，在社会化媒体时代，专业媒体与自媒体各自发挥自己的能力，实现“垂直化、个性化生产”，并借助社会媒体的大数据进行精确的匹配与分发。新媒介催生了新闻与内容社会化的生产力，好的内容既要有共同的社会价值，又要有正确的使用者，但要怎样才能找到合适的使用者呢？这要看社交媒体平台、大数据以及技术的强大。

新媒体几乎是零成本地发行资讯，而且大部分受众都是免费观看的，这就给传统媒体的新闻创作带来了挑战，比如伦敦爆炸事件，就是一个案例，说明了新媒体在多媒体上的融合。人们用自己的手机拍照，通过自己牢牢地把握第一手的珍贵的现场权利，用朋友们的博客来记录这次的灾难。这些图片迅速成为主要网络媒体的头版头条。在这些报道里，移动电话、部落格、网络、播客紧密合作，将即时资讯与新媒介相融合，展现出强大的力量。

新媒介既能将传统媒介的优点结合起来，又能实现文字、图像、声音同时传送，还具有跨时空、可检索、超文本、交互性等特性。以前，人们只能看报纸，听广播，看电视；现在，人们在电脑前能看、能听、能读；有特殊兴趣的资讯，只要按一下鼠标，就可以下载、录音、录像、储存、整理、评论、复制、裁剪；能够随时呼叫、传送讯息，与自然的人际沟通更为贴近，极大地降低了传播媒介所造成的距离。

（三）竞争和新闻传播改革的机会

目前，财经新闻传播的主流媒介还是纸质媒体，但是并不能否认新媒体的冲击推动了各种在线资源的开发与整合，财经新闻自己的融媒体频道也在积极寻找自身的品牌优势。目前我国财经报纸的经营管理制度还存在着问题：一是报纸企业的宣传、印刷等各个环节各自为政，缺少交流与协作；二是财经媒体以文字为主，数据资源为辅，缺少相应的数字化技术；三是传统金融媒体的发展面临着外部环境的压力，还存在着不成熟的问题，如市场的滞后、外部因素的影响。所以，财经报纸必须充分认识新媒体的优越性，吸收和整合各类媒介优质内容资源。

第四节　新媒介背景下财经新闻传播的发展战略

一、使新闻的内容更加丰富

在新媒介时代，除了新闻的发布与传递速度的提高外，新闻的内容承载能力也随之发生了巨大的改变。新媒体信息的传递速度与内容的碎片化处理的特征，对于财经新闻而言面临的挑战更为突出。就拿最广泛的个人金融信息来说，传统的媒体在做相关分析时，多采用数百字的篇幅来解读，而新媒体却可以用更直观的视频来表现；传统媒体在传播信息的过程中，往往会对相关的政策做出准确的评论，影响并引导人们的投资意愿和偏好，这是传统媒体的优势，也是新媒体“略输一筹”之处。因此，财经新闻在深入融合新媒体多元化发展时，一定要坚持自身的优势，在内容上下功夫。努力做到内容上丰富，资讯上具体，重点上突出，细节上精确，让新闻更有价值、更有意义。

二、新闻观的改革

首先我们必须转变观念，在坚持国家利益的前提下，增强受众对新闻资讯的依赖与需求。

其次，对不同的受众进行细分，媒体要有自己的特点，才能真正体现其生存的价值，才能赢得独特的生存。毫无疑问的是，新媒介的信息传递速度明显要比传统媒体快。但是传统媒体在速度上的先天缺陷可以用广度来弥补，即拓宽报道的角度和渠道，并将其作为一种策略，不断地扩大自己的影响力。

财经传媒要强化预见性报道，这必将成为传媒的主要核心产品，并逐步在发展中走向成熟。媒体在进行预测的时候，也要对所报道的经济活动进行大量的论证，解释经济用语，使其成为大众所熟知的知识。高质量的财经报道所追求的理想状态是："专家看了觉得有水平，老百姓也看得懂。"要做到这一点，就要努力缩小由于受众理解能力的差异所造成的信息消化差异，使其能够更好地解读信息，更好地反映出隐藏在信息后面的真实意义，并对当前信息的未来走势做出预测，降低其对市场的干扰。

财经新闻的三重强效竞争力：新闻视野中最新发生的新闻报道事实；由表及里和由此及彼的深度报道；超乎一般预期的、具有特别重大影响的独家深度新闻报道。这些就需要财经记者具有敏锐的新闻视野，打破固有的思维定式，从整体的角度审视社会，发掘有用的资讯。未来的社会发展必然给财经新闻带来更大的发展空间，因此，必须抓住机遇。

同样的消息，在不同的时间点上进行分析，产生的影响也是不尽相同的，短时间内或许可以吸引到更多的受众，但想要长久地留住用户就没那么简单了。所以，在新媒介的冲击与竞争中，要想"长盛不衰"，必须要有一个稳固的市场和销售渠道，不断地吸引更多的忠实顾客。

三、充分利用互联网的力量

从财经新闻传播的视角来看，尽管新媒介拥有庞大的网民数量和传递速度，但是在编辑和内容选择上，存在过于依赖人工智能，过于迎合受众的偏好，缺少相关的价值观指导等短板。因此，在实际的新闻生产与传播中，财经新闻记者可以站在自己的角度，整合和利用互联网的资讯平台，以融媒体的形式通过与使用者的互动与反馈，来实现对新闻资讯的有效处理。同时，也能降低目前网络中大量的信息干扰，避免可能存在的问题。所以，在财经新闻中，借助互联网的优势，不仅仅是指一般意义的信息的传递，更重要的是在获得后的甄别、求证等专业的后续服务。因此，在此背景下，财经深度报道既要把握好新闻资源，又要确保其核心内容的真实性和准确性。

第五节　新媒体下新闻写作的特点

作为信息传递的重要手段，传统的新闻报道形式单一，已不能适应人们对信息的需求。因此，新闻写作必须适应新媒介需求，转变写作方法。本文通过对新媒介新闻写作的特征和发展趋势的分析，以期对新媒介下的新闻工作有所帮助。

一、新媒介环境下写作总体特色

（一）内容精练

新闻的时效性使新闻记者有机会在第一时间获得新闻播报，这就要求用概要的语言来描述事件的始末，而传统的媒体新闻制作周期较长，跟踪的时间也漫长。新媒介下的新闻制作简单，能迅速跟踪新闻事件，增加新闻的内容。

（二）标题鲜明

当今社会，人们的工作节奏很快，工作也很紧张，人们往往会把更多的精力放在那些可以引起他们兴趣的内容上，而标题则是引导新闻的关键，如果标题足够吸引人，那么它就会引起读者的关注，从而使其价值得以实现。因此，记者必须针对不同年龄段的受众，设置一个清晰的标题，使其简练、重点突出。

（三）视觉吸引

新闻的组织结构也是提高新闻魅力的一种手段，在传统的新闻报道中，用大量的词语来传达信息，而冗长的报道往往会使受众失去兴趣。由于新媒介是通过互联网产生的，其庞大的信息量为新闻提供了充足的存储空间，同时也提供了可以播放的影像，让读者能够更好地理解新闻的全过程，所以在写新闻时，必须要结合图像和视频来表现。

二、新媒介环境下的新闻报道问题

（一）内容的真实性

真实性是新闻写作的基本要素，记者的工作就是保证新闻的真实，而互联网的开放性与隐蔽性，让人们可以随意地在网上发表自己的观点，从而造成大量的虚假新闻。记者必须加强对新闻的辨别，保证自己的报道的真实性，向受众提供准确的消息。

（二）不雅信息影响

当今社会，各行各业都在相互竞争，传媒业也是如此。一些新闻媒介往往会使用一些低俗的内容来获取利益。过度夸张的新闻事件，特别是暴力、色情事件等，会严重影响受众的心理健康。特别是在新媒介时代，记者的职业水准下降，使不良信息在某种程度上被放大。

（三）新闻撰写人的能力不足

由于新闻作者自身素质的欠缺，传统的新闻报道模式已经深深扎根于作者的创作之中，缺乏对新媒体报道风格的理解，从而造成了新闻创作的冷淡。另外，一些记者由于缺乏专业素质，在没有经过核实的情况下进行新闻采访，导致受众产生了误解。

三、新媒体下新闻写作的发展趋势

（一）形式丰富

新媒介的兴起，使传统媒介的新闻报道不再是单一的形式，它通过网络迅速地进行大规模的传播，同时也为受众提供了一个不断重复的信息获取渠道，增强了新闻的影响力。在新媒体时代，新闻传播 App 大量涌现，在各种 App 中，新闻撰稿人的写作角度也各不相同，这给受众以更多的角度去认识新闻。此外，在新媒体环境下，新闻互动能力得到加强，读者可以在任何时候发表意见，从而增加了新闻的影响力。

（二）写作传播规范化

新媒体下的新闻是通过互联网进行传播的，因此，新闻的真实性问题也就越来越突出，而在互联网上，虚假信息的数量也越来越多，如果不加以有效的遏制，将会严重地危害到人们的生活和社会的发展。为此，我国颁布了大量的法律法规，对新媒介下的网络信息进行了管制。

（三）内容更专业

新闻撰稿人在适应新媒介发展的同时，也在不断地运用新的创作手法，以适应受众的需要。特别是在社会上，人们对社会热点事件的关注不断加深。社会培养出了更多具有新观念和新技术的作家。

新媒介已经成为人们获得信息的主要渠道，而作为传统媒介发展的一个重要环节，如果不能适应新媒介的发展，它的影响力将会逐步下降。然而，在新媒介环境下，新闻报道的写作方法与传统的媒介有很大的不同，这就要求记者必须熟悉其传播特征，并能适应大众的需要。

第十一章　财经调查性报道写作

第一节　浅谈调查与深度报道的关系

新闻工作者在深入报道事件前，通常会先进行调查性采访，如问卷调查等，以收集、整理相关的材料。新闻工作者的调查访谈与深度访谈有着较为紧密的联系，两者相互补充，最终形成具有社会意义的深度报道。

调查访谈与深入访谈是相互关联的。记者在进行新闻报道时，要从调查式访谈中获得信息，使其深度报道的内容更为丰富、高效、真实。正确处理好调查和深度报道之间的关系，是搞好调查研究的重要基础，有助于增强新闻真实性，丰富新闻内容，拓宽新闻视角，提高新闻敏感度。确保新闻更贴近群众，使调查研究更加全面客观、更加真实可靠，为社会做出应有的贡献。

一、调查性采访和深度报道

（一）调查性采访的内涵

调查性采访是一种进行采访的方式，是对社会事实及人们的行为和态度进行采访的一种技术手段。它是一种为获取有关的资料而进行的一系列的活动，也是一种常用的科学而经济的传统调查手法，其中包括观察、访问、记录、摄影、录影等。这通常要求新闻工作者和当事人进行面对面的沟通。这种用谈话方式进行的调查活动，分为引导性调查与非引导型调查。而调查性访谈更多地侧重于实地考察，更重视对事件事实的调查与证实。调查研究方法有很多，应根据不同情况、针对不同对象，因地制宜、灵活地加以综合运用。

（二）深度报道的内涵

深度报道是新闻工作者对一则新闻事件进行全方位的报道，是实现深度报道的基本需求，也是体现其价值所在。既要深入挖掘其社会价值，又要对其进行长期、全面的跟踪。新闻之“新”，不仅在于报道时效之新，更在于报道内容之新、方式之新。它常常对重大而深刻的社会问题作系统性的解释，并以充分的资料为依据，对其进行综合的分析。就报道的形式而言，有解释性报道、调查性报道、预测性报道、精确报道和典型报道；按类型划分，可以分为三大类：深度型、快速型、客体型。深度报道充分利用传统媒体的信任感、严肃感，深度报道社会重大问题；利用传统媒体一百多年积累的丰富经验，在长久的发展中，培育出一批专业的新闻人，对社会热点、重大事件、特别关注的事件进行深度、专业的评述，使群众得以更加深刻明确重大社会事件的来龙去脉。新闻深度报道，着力点在于新闻要素及内容的丰富，让新闻从跟踪报道到深入调查的演绎中，实现新闻的全天候呈现，这是新媒体时代新闻报道的发展趋势。

二、新闻调查的程序

深度报道的新闻是以充分、深入的调查为基础的，而记者不但要参考相关方的证词，从当事人那里得到直接的证据，还要从其他相关方和知情人士那里得到有关的评估。此外，调查所使用的问题涉及政府制定的政策，这些政策可能会影响我们的研究结果。因此，深度报道的调查流程更加复杂，但无论多么复杂，其所遵循的基本原则都是一样的。任何研究项目的开展都需要按照一定的程序和规则进行，这样不但可以获得研究所需的信息，而且可以保证研究结论的有效性。

（一）坚持真实性原则

新闻写作要遵循“真实”的原则。新闻的真实性是新闻获得大众认同的最直接因素。一个国家有多少记者可以遵循真理的准则，持续的报道部分地反映了该国的资讯公开程度。任何社会的新闻活动，都要受到这个社会占统治地位的政治思想及国家政治制度的指导和制约。所以，在撰写财经新闻深度报道时，必须遵循“真实”的原则。

（二）保证新闻价值

深度报道本质上是新闻媒介，针对特定的新闻事件进行全方位、深入的、持续的跟踪报道。所以，新闻内容的价值越高，就越能为广大受众所接受，取得较好的经济效益和社会效益。为了保证新闻的价值，新闻编辑人员在工作中要严格从新闻角度出发，选择群众喜爱的新闻内容，确保新闻的及时性和真实性，提高地方新闻节目的收视率。就必须对新闻事件进行深入、广泛的调查，对所获取的新闻事件进行综合的分析、解读，从而使其成为具有较高价值、真正产生社会和经济效益的深度新闻。

三、调查性采访与深度报道间的关系

调查访谈是一种收集新闻材料的方法，而“深度报道”则是一种类型新闻报道。两者之间的关系，就像是方法论与世界观的关系一样，它们相互关联、相互印证。相比一般的新闻报道，一篇扎实的调查性新闻报道，往往需要记者付出超乎寻常的努力去采访、调查、取证。而要做好调查研究，绝非易事，必须深刻把握调查研究背后所体现的科学逻辑和实践层次，抡好调查研究的“三板斧”。两者之间的关系是密不可分的。调查访谈与深度访谈并非矛盾，但两者的有机结合可以有效地提高两者的价值，获得更多的效益，从而实现自身价值的进一步提升。

（一）以调查访谈为基础的深度报道

新闻工作者在做深度报道时的搜集与整理大都是以调查访问为主。即通过调查访谈获得的新闻材料，可以很好地弥补利用其他方法收集新闻资料的缺陷。调查访谈是对新闻事件发生的前后、时间、地点以及相关的各个方面进行全方位的咨询，充分了解相关的当事人、知情人、见证人，充分了解其所处的社会环境、相关人物的观点和态度，从而获得较为详尽的第一手信息。对于深度新闻来说，以第一人称材料为依据的新闻内容，其真实性要高得多。通过问卷调查式的访谈，来进行深入的报道，更接近于在建造高楼前先打好地基；基础愈深，建筑愈高。而越是详尽的素材，越是有深度的报道，越是具有社会价值，越是具有受众的影响力，而详尽的调查数据，才能为深度报道的成功奠定基础。

（二）调查性采访

调查性采访要求记者深入了解事件的各个方面，从当事人、旁观者、利害关系人那里获取具体的信息，因为要了解的信息必须详尽、具体，所以往往会涉及侵犯当事人的隐私。也正是因为这种调查式采访会侵犯到当事人的个人隐私，所以往往会发生一些不合作的事情。

其实，由于我国的国情和中国人的思维特征，使有关部门在记者面前表现出一定的戒心，从而使他们不愿配合记者的调查和取证，在一些极端的情况下，还会产生矛盾。在接受调查时，若能清楚地告诉被采访者这个报道的社会重要性，他们就会放下防备，并愿意提供更多、更详尽的资料。这样，调查式访谈就不那么困难了。以深入报道为目的的问卷调查式访谈可以使调查性访谈的功能更清晰、更深入，从而提升其社会价值，从而促进整个新闻业的发展。

（三）体现新闻人的问题意识

必须清楚的是，事实上，调查性访谈是一件十分乏味的工作。记者们不但要在不同的省份、不同的地方，采访一些重要的人，如果他们的工作很忙，或者有一定的社会地位，记者就很有可能会被拒绝。此外，在接受访谈的过程中，由于人们对访谈对象的偏好差异，往往会得出一些截然不同的结论。所以，在进行深度调查的时候，人们会下意识地将各种观点进行比较，从而找到矛盾的根源所在。所以，把调查采访和深度报道相结合，不仅可以增强记者的问题意识，而且可以使记者们在时事上有所建树，从而使记者能够在新闻报道中发挥作用，推动整个社会的发展。

（四）体现对新闻报道的深度精练

深度的新闻报道要求有详尽、有深度的内容，对每一个记者的价值都是非常重要的，同时也会提升他们的社会价值。但也不一定要有长篇大论。而真正的精练、犀利、清晰、深入的新闻报道，则具有较强的社会影响力。尤其是互联网新闻的发展，使得受众对篇幅过长的文章越来越不耐烦，在新的内容层出不穷的情况下，太过繁杂的内容自然就失去了吸引力。因此，在最短的篇幅、最简洁的语言、最合理的组织下，最大限度地传达新闻的信息，是当代记者必须要解决的一个重要问题。所以，通过问卷调查，可以使记者对新闻的内容有更深刻、更透彻的把握，从而使记者在写作中抓住重点，从而使新闻报道得到更深层次的精练。两者的有机结合，可以促进新闻的精练和丰富的内容，从而适应当前的新闻发展趋势，增强对社会的影响。

一方面，调查性访谈与深入访谈是密切相关的。调查性访谈是记者获取和整理新闻资讯的重要途径，是进行深入报道的前提。另一方面，调查访问不仅仅是收集、整理资料的途径，还必须求真务实，这样才是有价值、有意义的。只有深入挖掘，将其转化为真实的新闻，才能让这些信息对社会产生巨大的影响，从而发挥出更大的作用。两者相互联系、相互影响，共同保障了新闻传播的社会影响力。在新闻报道领域，深挖报道历来是“硬骨头”，而选择主题是实现一篇有影响力、有深度报道的先决条件。

一篇文章，要从海量的主题中，找出一个有意义的主题。这个有意义的主题有什么特点？怎样才能在主题中找出最有说服力的故事？怎样才能最大限度地发挥主题的价值？事件纷繁复杂，采访对象众多，线索千差万别，财经调查报道的难度很大。但是，财经调查报告也不是没有规律的。在选题的构思、调查采访和写作方法上，都有自己的原则和方法。

调查报道历来是新闻工作者最向往的一种类型，也是运用最广泛的一种风格，尤其是在金融类新闻中。中国目前正处于经济转型的紧要关头，各类矛盾日益凸现，因此，财经调查性报道的出现对于拓宽财经新闻报道领域、加强舆论监督具有十分重要的意义。在激烈的新闻竞争中，财经调查报道具有独特性、深刻性和专业性等特点，是塑造传媒影响力的最前线。

第二节　调查性财经新闻报道兴起的原因

随着资本市场的迅速发展，一些以跟踪和报道上市公司事件、调查资本市场内部状况为核心的调查和调查报告应运而生，其中包括《华尔街见闻》《21世纪经济报道》等。其中既有正面的经济政策宣传，也有对公司内部事件的揭露。当前，我国正处在新世纪“转型期”的时期，市场监管领域的改革迫在眉睫，这对新形势下市场监管部门的监管能力提出了更高的要求。大量的财经新闻报道在扩大财经报道领域、发挥舆论监督的作用方面有着重要的意义，已经得到了众多专家学者的认同。媒体监督能够影响大众的价值判断，对市场估值产生影响，并且反映我国股票市场的现状，但这并不能从根本上带来健康的资本市场。

调查新闻报道中，最熟悉的是央视《新闻调查》和《焦点访谈》，这两个栏目在全国范围内享有很高的声誉和广泛的社会影响。但是，《新闻调查》和《焦点访谈》都是以国家大事、民生为主题的，很少有以资本市场为主题的专题，所以，如何在新闻媒体上进行创意，扩大新闻的深度和广度，就变得非常重要。在这个信息大爆炸的时代，各种信息铺天盖地，如何在众多的信息中脱颖而出，显得尤为重要。当然，新媒体只是一个载体，受众关注更多的是内容，所以内容要丰富，并且保证内容的系统性和连续性。

一、调查性报道是保障投资者知情权的有效手段

证券市场对信息披露的要求一向很高，因为任何信息都会引起市场的波动，影响到投资者的利益，但现实中，由于各个参与者的身份不同，信息不对称的情况时有发生，导致股票市场上的虚假信息和谣言四起。作为一家主流传媒，必须加强对其进行调查，以便能够及时准确地掌握其经营动态，要既能给出积极的答复，又能给公众提供更多的资讯，为投资者进行投资决策和维护投资者利益提供依据。因此，投资者在获取信息时，应以合法的信息披露渠道为准，确保信息的准确性、权威性，然后才能慎重选择，这才是正确的投资决策方式。

二、发展调查性报道符合我国证券市场的现状

我国的发展模式相对特殊，证券市场是从计划经济中诞生的，国有股和法人股是我国证券市场的一部分，但随着国有股和法人股的解禁，国有股和法人股的一举一动都会对股票的价格产生直接的影响，这其中，大股东参与到上市公司的生产经营中，“公”的信息往往会被泄露。2010 年 7 月，中国银监会主席尚福林提出，要完善证券交易所的信息公开制度，建立专业化、国际化的信息披露制度，不断健全符合国际惯例的开放性金融制度体系，加强对证券市场的公众监督。从监管决策、信息公开、舆论监督等多个层面来看，在全面依法监管的大背景下，中国资本市场的监管框架正在逐步完善。在资本市场上，要形成一个良好的外部环境，确保人民群众的监督权非常重要。为了确保证券市场的健康和长远发展，改变过度投机的市场形态，监管机构必须严厉打击证券市场中的各种违法违规行为。在西方资本主义发达的股票市场，特别是在西方股票市场出现了内线交易后，“揭丑式”的调查报道更是不遗余力地挖掘、披露一些鲜为人知的内情，损害了投资者的利益，在市场上造成了极其恶劣的影响，在一定程度上影响了资本市场的健康发展。比如国美公司控制权之争、“陈黄”丑闻等，都有大量的媒体介入，充分说明了新闻的介入作用和调查力度。

三、财经类新闻的比重日益增加

近年来，由于世界经济一体化的加速，国内经济得到了快速发展，相关的新闻报道也越来越多，媒体的热度也越来越高，大大小小的媒体也跟着热闹了起来。而近几年，调查性报道逐渐摆脱了表面现象，重视对事实的发掘，成为“负责记者的最爱”。央视已经开通了财经频道，湖南卫视、宁夏卫视等多家卫视也将大量的时间投入财经类节目中，在这段时间里，涌现了一批金融、证券等领域的优秀财经记者和编辑，他们的报道具有客观、深刻的精神和高度的社会责任感，他们的作品往往被社会各界所关注。当然，由于调查新闻的特殊性，使得采访和调查的工作要比一般的新闻更加困难，例如“五粮液造假”“董正青内幕交易”“九发集团：破产民事赔偿”等，都是由财经记者首先介入，并在各大媒体上发表了大量的调查报告，引发了相关部门的高度重视。《证券市场周刊》副社长于颖表示：“宁冒职业风险，不负媒体人时代。”这句话体现了财经记者的坚定与对事实发掘的重视。

第三节　调查性财经新闻报道发展的意义

一、促进我国证券金融行业健康发展

欧美媒体保持的观点是：调查性报道是当今社会团体以揭露、报道重大问题而著称的，将会引起整个社会的关注，并推动问题的解决，使社会各组织得以有效运作。《华尔街日报》披露的美国证券市场存在的问题，远超过美国证券交易委员会所披露的问题。当前，我国股票市场正处于一个有待规范发展的时期，通过对各种问题的调查报道，必将推动股票市场的健康发展。同时，一些具有建设性、探究性的调研报告，也会吸引更多的监管部门的注意，推动我们的股票市场更加成熟。

二、推动我国经济结构方式的转变

当前，我国经济正处在转型的紧要关头，改变以往的粗放经营模式，大力发展新能源、新材料等节能环保行业，为今后的发展创造了广阔的发展空间。2009 年，关于多晶硅的制造在财经媒体上出现，作为一个新兴的行业，多晶硅的生产成本高，能源消耗高，环境污染严重，这件事在媒体上引起了很大的反响，也让这个行业走上了一个好的发展道路。

诸如中国平安、各家上市银行频频向资本市场筹资的报道，促进了我国的金融体制建设规范化；上市公司各种内幕信息的揭露加快了信息披露的完善；等等，而其稳步发展对我国金融市场的发展和资本市场的发展起到了巨大的推动作用。调查性报道的兴起已经成为舆论监督的有力武器，其意义也将在进一步的市场竞争中充分体现，进而提升整个社会的公共利益，通过维护证券市场秩序，保证证券市场的效率与公平，从而促进整个资本市场乃至整个市场经济的长期健康发展。唯有如此，才能真正地为我国市场经济的发展营造一个健康、生机勃勃的环境。综合以上分析，中国证券市场监管的根本目标是矫正市场失灵，促进市场机制的正常运行，发挥证券市场的功能，促进证券市场的稳定、持续、健康、高效发展，促进整个国民经济的稳定和发展，维护社会秩序，促进社会安定、和谐、健康发展。

第四节　新闻采访的方法和实践的创新

一、拓宽报道领域

近几年，我国的财经新闻报道在摸索中不断发展，过去人们对于金融的认识比较狭隘，

一旦涉及金融、理论、数据、政策等方面的问题，人们就会听到“有关部门”和“有关专家”的说法。所以，这些年来，很多人都指责金融市场出了问题，让金融市场脱离了实体经济，并且声称要加强监管，解决金融市场的问题。现在，人们对于金融的认识越来越宽泛，金融、证券、贸易等领域都有了新的认识。拓宽报道的范围，应抛弃过去的理论化、数据化、专业化的金融报道，抓住受众的收视心理，把“话销对路”的经济新闻作为一种方向。对金融工作的创新，应该包括产品创新、技术创新、业务创新、机构创新、体制创新、文化创新、理论创新等诸多方面。《财经》是一家以调查为主的报纸，它已经摆脱了市场的激烈竞争，从一个默默无闻的小公司发展到在今天的市场占有重要地位。

二、突出指导，追求深度

财经新闻报道的主题选择很重要，而调查型的财经报道更要重视深度，而要做好的调查报告，首先就要从全面的社会经济发展的大环境中来考虑问题。例如，我们可以概括为三个方面：一是经济发展的新常态，二是新的发展理念，三是供给侧结构性改革。其次，要抓住当前最突出、最尖锐、最紧迫的经济趋势和问题，最具代表性和指导意义的事件，使受众能够“一窥全局”。比如认识经济发展新常态，为什么经济由高速增长转为中高速增长会成为中国经济发展的新常态？对经济发展新常态的认识关系到如何把握我国经济增长走势以及在此基础上制定什么样的经济政策。

三、注重事件的发生与服务

新闻事件报道中的一个关键问题是，一天之内，成千上万的事件，只有具有代表性的事件，才值得报道。调查性新闻的深度取决于事件所反映的本质，这就需要记者对事件进行深入的研究，跳出叙述层面，运用恰当的分析方法，使其具备逻辑和层次感；只有事件本身足够吸引人，受众才会有兴趣。试想，一篇长篇大论的描写、解说，分成十天半月，一段一段地刊出，那“情节”和“高潮”又是什么呢？而且，从不同的角度、不同的立场，也会得出不同的看法和所谓的“真相”。具体来说，研究性新闻应该从四个方面进行突破：一是“新”，即对经济发展的新趋势、新成就、新现象、新时尚进行挖掘；二是“精”，就是通过调查和评论各类经济现象，对具体的经济问题进行深度挖掘；三是“灵”，指的是别人没有说的，并且要有自己的观点，流利的语言；四是“博”，要注重思想的表达，多角度的沟通，广泛吸引专家学者和社会各界人士参与。其实，越是基层，越靠近百姓，越了解民生，新闻信息的鲜活度就越高，关键就看记者有没有新闻敏感度，懂不懂得去挖掘。

四、财经新闻的社会化与经济化

本文针对当前电视采访中出现的“两面皮”的问题，提出了“财经新闻社会化，社会新闻经济化”的基本观点。“财经新闻社会化”是指在接受采访时，更多地从民众的视角出发，发掘与社会生活密切相关的内容，并以通俗的方式表达。不仅对新闻报道的客观公正具有现实意义，而且能避免对社会生活、经济生活等多方面产生消极影响，促进社会有序发展。

而“社会新闻经济化”是指通过对社会新闻的关注，发掘其内在的经济因素，通过社会新闻事件来揭示其背后的经济现象。这种社会经济新闻既能增强新闻的清晰度，又能有效地解决社会新闻的肤浅和深度不足。同时，对于认识社会问题，解决现实生活中的问题，也是有益的。社会经济现象是复杂的，通常一种社会经济现象往往与多种现象相联系。

五、“过犹不及”的调查新闻报道

在进行调查报道时，不能把社会新闻的做法用在财经新闻上，也不能像娱乐行业那样，去捕捉八卦。财经新闻应当具有权威，以政府的形式向大众传达政府政策，避免为了“创新”而生硬低趣味地“创新”。

对于新闻报道，我们要做的就是理性客观，因为经济热点的新闻往往都是我们要处理的，但在选择热门话题的时候，也要考虑到它的实用性和社会影响性，如果你只去关注那些看似很有必要，却又不适合公众关注的话题，非但无济于事，反而会加剧矛盾，给社会带来不稳定的影响。

因此，对金融行业的热门话题进行调查，“心要热，心要凉”。别对“热点”盲目追逐。随着中国经济的快速发展，特别是随着新技术的快速发展，金融领域出现了很多新业态。某些财经媒体在报道经济热点时，往往只追求“社会轰动”的效果，而现实中，优质的经济新闻不但能够及时、有效地抓住受众的注意力，起到加分作用，而且能够对国家的政策产生重要的推动作用。

第十二章　大数据下的财经新闻写作

第一节　不可忽视的大数据

一、大数据的特征

大数据的特点是数据类型涵盖面广，内容量大，价值密度低。在大数据时代，人们的工作和生活方式都发生了巨大的改变，这主要表现在：第一，技术人员可以通过特定的数学方法，对目标群体的利益进行预测，最大限度地发挥预测作用；第二，技术人员利用资料的外部理解力，可以对事件的发展趋势进行分析，获取整体的样本，从而避免了对随机抽样的依赖，使分析更为准确和全面。

二、金融信息传播中的大数据效应

大数据对人类的生产和生活产生了深远的影响，金融信息的发展给金融信息带来了巨大的机遇和挑战。特别是大数据在金融信息传播中的产生的影响，主要体现在以下几个方面。

（一）积极作用

1. 推动了新闻业的蓬勃发展

由于计算机技术和软件技术的快速发展，信息传递的速率大大提高，数据传输速度也大大提高，这意味着我们能够更快、更全面地收集和分析越来越多的可用数据，数据分析也变得越来越复杂。当今信息技术迅猛发展，人工智能与 AR 技术的发展促进了新闻技术的创新，媒体人要能够掌握新时期的新闻传播规律，掌握新媒体发展的新趋势，以不变应万变。同时，在新闻审查、资质核发等方面，国家的监督力度也在不断加大，使得新闻业越来越规范，进而促进了新闻业的迅速发展。

2. 增加了接受新闻的人数

在大数据时代，网络媒体的发展速度很快，人们获得信息的方式也变得多种多样，随着越来越多的人参加金融信息的交换，越来越多的人开始体验到与大数据相关的科技带来的便利。

（二）消极作用

1. 更复杂的信息传递环境

随着互联网的发展，信息资源的获取变得越来越容易，但由于大众传媒素养低、信息判断能力差，加上人们的盲从心理，导致人们失去了理智，这也给了谣言可乘之机。网络上出现了大量虚假信息和谣言，其传播速度之快、传播范围之广，为谣言的产生和传播提供了天然的平台。这既会对公众产生一定的误导，也会让传统媒体对金融信息的传播产生阻力。首先，数字金融的不确定性、互联网的普遍性和金融行为的复杂性，使得金融风险更容易扩大，传播速度更快，隐蔽性更强。

2. 原创作品数量下降

目前互联网上存在内容与形式同质化，各种媒体对同一来源进行抄袭、复制，新闻著作权意识薄弱，对原创作品的创作热情有很大的影响，它严重拖累了媒体的改革发展，影响了党的新闻传播事业的健康发展。金融信息传播在信息技术的发展中，面临着机遇与挑战。金融科技作为一种技术驱动的金融创新，为金融发展注入了新的活力，同时也给金融安全带来了新的挑战。面对这样的形势，财经新闻工作者要主动适应互联网的新发展，积极运用新技术、新手段，努力开拓新业务和新领域，为广大网民提供及时、真实、生动的新闻信息服务。与此同时，政府相关部门要加大对金融信息的监管力度；运用科技监管手段，对金融业务进行穿透式监管，完善征信体系，从而保障金融市场的健康发展，保障金融消费者的合法权益。

第二节　报纸新闻写作与网络新闻写作的差异

随着时代的发展和电脑技术的发展，互联网在人们的日常生活中占有举足轻重的地位。随着互联网的普及和使用，新媒介的发展速度越来越快。利用互联网技术，可以获得更多的新闻资讯，在最短的时间里获得更多的新鲜资讯，进而促进整个新闻业的发展。

与网络新闻相比，传统的报纸报道具有客观真实、重视报道规律等特点，因此需要更高的报道质量。长久以来，特别是在网络还没有普及的时代，作为新闻传播的主要媒介，报纸受到了受众的重视和肯定。然而，互联网技术的飞速发展，使人们的生活变得丰富多彩。在网络技术飞速发展的今天，传统报纸的发展受到了很大的压力，一些年轻人会通过手机、电脑来了解和获取信息，而忽略了作为传统媒介的报纸。

一、写作主体差异

顾名思义，报纸的新闻写作就是在实践中不断地向公众传递更多的讯息。在此过程中，必须具备专业知识以及写作技巧，以最快的速度抓住新闻焦点，向受众传递更多的信息和正面的内容。报社的记者以新闻记者为主，他们可以通过对不同的人进行客观的采访和调查，并从这些报道中提取出一些有用的消息。报纸新闻是人们广泛关注的一种媒介，它的采访活动需要记者深入基层，确保报道的真实性。记者写作时，不能只从个人的视角来分析，而要从客观的视角来反映社会的问题与现象。在传媒普及的今天，记者要充分认识到传统报纸和互联网报纸之间的差异，才能提高自身的写作水平，促进新闻行业的可持续发展；在信息技术飞速发展的今天，运用互联网技术进行新闻报道是一种必然的发展趋势。在智能手机与电脑的普及下，网络新闻逐渐走入大众视野，并成为主流新闻媒介。

二、观点不同

目前的报纸新闻已经形成了一个相对固定的格局，具有其自身的特点和优势。报纸的新闻报道主要集中在社会上的一些重要的事件和现象，而网上的新闻则是另一种形式。互联网上的新闻数量很多，对后台的监控也不到位。普通的事情也会被放大变成新闻，所以网上的新闻很多，没有一个固定的格式。报纸新闻更多地关注时政新闻，因为报纸新闻在发行过程中会经过层层筛选，使其具有客观、严肃性，同时也保证了其真实性。网上的新闻写作，有很多种观点，不同的作者有不同的观点，有不成熟的，有错误的，有不完整的，都可以在这个论坛上发表。

三、写作方式区别

随着科技的进步，新闻写作方法也在不断地革新。传统媒体具有较为固定的传播方式，因此，它的正确性和客观性得到了保障。由于传统的写作方式，报纸要求新闻的条条框框较多，因此，新闻记者必须具备较高的职业素质。报纸新闻写作首先要对新闻材料进行选择、实地考察、选择独特的视角来进行报道。但是，从另一个角度来看，传统的新闻报道方式较为僵化，很难引起受众的兴趣。

由于网络新闻具有材料丰富、较为多样化和较为灵活的写作方式，因而得以快速发展并获得广大受众的认同。

四、写作结构区别

随着媒体的变化，新闻的写作结构也发生了变化。通常，报纸的标题必须能真实地反映出全文的大致内容。传统的报纸新闻报道存在一定的延迟，因为制作的过程是有一个流程的，首先是现场采访，其次是新闻稿，最后是编辑、制作、发行。在新闻报道中，更多的是以倒金字塔型的形式进行报道。

网络新闻就不一样了。与传统新闻相比，互联网新闻的最大区别就是它没有以文章为单位，而采用了层次化的文本结构，以多层次的文本形式来展现一条新闻的内容。网络新闻的表现可以大致分成三个层面：标题、摘要、主体；新闻语篇，包括关键词或背景，相关的文章或延伸阅读。层级和层级的连接主要是由超级链接构成，使用者通过超级链接，可以从新闻文字中的特定关键字获得，由单词或关键词链接到其他文字。这种方法既能防止网页上的信息积累过多，又能简化网页，使网页更具美感。

第三节　论财经新闻在大数据时代的转型

在大数据时代，新媒体、云计算技术不断发展，金融传媒的受众也越来越多。而对于财经新闻的要求，也早已呈现出更深层、多元化的趋势。要适应大数据时代的要求，财经新闻必须从多方面、多角度上来分析和了解经济发展趋势。财经新闻必须加强数据库建设，加强数据之间的竞争。通过搭建一个协作平台，可以进行资源的交流和分享。本节对财经新闻的主要职能进行了探讨，并据此提出了运用财经权威信息、开放互动平台、加强舆论监督等对策。以期能在未来的大数据环境下，迅速提高财经新闻的核心能力。

财经新闻是一种全新的、动态的、能让人理解经济发展的媒体。随着大数据时代的发展，数据量的膨胀问题越来越突出，这就要求企业在经营方式上做出相应的调整，以满足公众对信息的需求，从而向网络财经新闻转型。通过搭建网络协作平台，加速信息的传播，确保财经信息的真实性和正确性，从而为人们提供信息的重要参考。

一、财经新闻的基本职能

（一）金融信息的传播

在我国经济发展的进程中，金融信息将发挥着巨大的促进作用。随着社会生产力的发展，各种市场经济已经渗透到了人民的生活中，不管是精英还是普通人，都需要通过对金融信息的分析，来获得最好的信息。金融信息涉及的范围很广，内容也很复杂，它可以从公众最关注的话题中挑选出最热门的话题，然后进行整理和处理，以确保人们能够在第一时间得到最新的经济信息。

（二）金融知识的普及

随着市场经济的发展，各种理财手段层出不穷，对老百姓的生活产生了很大的影响，也让民众对金融有了更多的需求，而大多数人对金融的了解并不多，所以通过这些信息，可以让他们更好地了解这些知识。

二、财经新闻在大数据时代的转型

（一）公开运用权威金融资讯

在大数据时代来临的时候，各种金融资讯都变得五花八门，所以，在大数据时代，财经新闻必须具有权威，掌握最新的政府信息，宣传政策，解读政策，为民众答疑解惑，根据目前的经济形势，分析未来的经济走势。此外，财经新闻还包含了央行利率调整、股票市场变化等方面的内容。对普通民众而言，物价上涨、房价变动等都是重大资讯，在公布运用权威财经资讯的同时，也要考虑到民众的个人需求。

（二）建立与互联网的联系，建立一个开放的交流平台

在新的时代背景下，人们每天都要面对大量的数字和信息，而经济新闻又与互联网有着密切的联系，因此，必须以开放、互动为基本目的，促进报纸和互联网的相互联系。从目前的现实来看，报纸和互联网的互动，都被整合到了一个品牌的概念和营销战略之中，而数字媒体则是利用了传统的媒体，将信息传递到互联网上，通过改变网络的结构和内容，来确保财经新闻的真实性。随着财经新闻的开放性和互动性的发展，大众在互联网上可以更好地理解金融信息，而不再受时空的限制。在财经新闻中，加入了报纸的活动观念，对互联网的影响进行了分析，并鼓励记者们多用丰富的词语与事件撰写一些相关财经的稿件。

（三）为资源共享搭建一个合作平台

一个单一的公司，要构建一个完整的资料库，花费更大，而且整个系统的维护也有困难。所以，在一个经济规模内，多媒介的融合，可以加速信息的传播。通过搭建一个合作平台，充分发挥全媒体的作用，构建一个跨媒介的互动机制，实现多方资源的共享，从而拓展其影响力。只有确保信息资源和技术合作的精确，才能确保新闻媒介的权威和可信度。

总之，在新媒介和云计算技术的发展下，人们对金融媒介的需求将呈现出多样化的趋势，这就要求金融信息的内涵层次也要逐步深化。因此，面对大数据时代的发展，金融传媒必须不断提高自己的数据竞争力和品牌核心能力。通过对新闻内容的改进，使品牌的影响力得以充分发挥。新闻人要不断地提升自己的技术和创作水准，要与时俱进，要确保产品的寿命，要从大量的资料中汲取有价值的金融资讯，才能使我们的经济得以持续成长。

第四节　网络媒体作用于财经新闻

目前，大数据、金融信息已经深入人们的日常生活中，很多金融媒体都利用大数据的便利，对其进行了相应的调整。通过对财经新闻的分析，可以更直观、更方便地传达金融信息，从而更好地满足当前经济形势的需要。

一、财经信息中的数据已经成为最基本的要素

在财经新闻中，数据是一个必不可少的要素。比如宏观经济，就不能脱离通货膨胀、财政收入、进出口贸易等因素，在股市上，所有的分析，最终都要看的是价格、涨幅、亏损。因为这些指数既能反映宏观经济，又能反映股市的动态，反映证券市场的动态。由于这些

指标不仅是宏观经济的晴雨表，也是股票市场变化的一个重要指标，而且媒体对此进行了报道，也满足了大众对券商的期望。

二、受众媒介的主要动机是财经新闻内容的实用性

一般民众在观看财经新闻时，除了要了解国家政策、了解经济发展的过程之外，更重要的是要为自己的经济行为，特别是投资行为找到一个可供参考的基础。而过去的财经新闻报道，往往侧重于对党和国家有关的政策的宣传，而对“大好形势”“先进典型”的介绍却忽略了其紧迫性、实效性。事实上，财经新闻作为一种专业化的报道，能够满足受众的特定需求，为受众解惑、排忧解难，始终是其基本任务，而实效性则是其立足点。受众最根本的需求是“有用”，希望借此提升自己的理性思考与决策能力，提升对国家经济运行的洞察力和先知先觉，从而掌握市场机遇。随着经济的快速发展，金融传媒的服务对象（领域）也越来越广，因此，财经新闻不能只是一些专业术语和数据的展示，而要做到实用，要做到通俗易懂。

在当今快速发展的社会中，“有用”的消息应该来自对数据的分析。在《聚光灯，不是“真相的机器”》一书中，迈克尔·苏德森认为，“新闻并非是真理的机器，而只是李普曼所谓的“聚光灯”和“探照灯”。在这个大数据和资讯泛滥的时代，最有价值的消息，应该是以‘预测到明天会有一场风暴’的数据为基础，向大众提供建议、指引、通告和警告。”喻国明指出，大数据技术已经彻底改变了传统，人们可以利用大数据分析来预测未来的发展方向，不仅可以给受众带来过去和现在的故事，还可以预测未来的发展方向。数据本身就是一种信息，需要深入挖掘其中的深层含义，在财经新闻中，数据是一种很重要的手段，通过数字来分析，可以得到一些很难被忽略的信息。

三、金融资讯交流互动化，已经形成了一种内在动力，使之不断更新和完善

传统的金融媒介的信息传递途径是线性的、单向的，缺少一种即时的、双向的沟通和交流。同时，由于新媒介技术的发展，金融资讯的交互作用也越来越强，使用者会自觉地将注意力集中在新闻制作和传播的过程上。利用信息，通过用户的认知信息，来表达自己对财经信息的理解和认识，并从技术上对信息的生产、包装、传播途径等进行评估。其实，这样的回馈让金融传媒不断充实，不断修正，不断提高。财经媒体将会利用最新的数据，对消费者最感兴趣的问题进行分析，从中发现问题，并对其进行调整。因此，在新闻生产中，使用者的参与是促使财经新闻自身不断更新和完善的内在动力。在《财经》网站的左侧，有一个由用户选择的栏目，每个页面的底部都有一个可以自由评论的区域，在这个区域，用户可以通过电子邮件和微信、微博等社交平台进行交流，这样就能提高互动的效果。在新媒介快速发展的今天，数据作为一种重要的社会资源，对经济信息的传播起到了一定的推动作用。

第五节　网络新闻的语言特点

网络新闻是指由网络媒介在网上传播的新闻和对其进行的评论。在网络新闻中，网络新闻语言是新闻传播的重要内容。互联网上的新闻语言为新闻的交流提供了条件。

新闻语言发挥着信息功能，不仅传达了真实的信息，而且对国家和社会也起到了积极的引导作用，随着网络和媒体的普及，网络技术的不断革新，每天都有大量的新闻文本产生，网络作为一种新的传播媒介，存储着海量的信息。在这样的环境下，人们可以很方便地上网，不仅能及时了解各方面的信息，还能在网络上自由发表自己的见解和看法。网络技术的迅速发展，极大地改变了大众传播的方式、内容和效果，深刻影响着当今经济、社会和文化等各个领域的发展。

网络新闻是一种全新的方式，这种方式的变化使其具有与传统媒介不同的特征。在形式上，互联网新闻的展示和传播都是建立在超级链接的基础之上的。与传统的平面媒体相比，在互联网上，由于超链接的存在，将其划分为多个层面。不同水平的网页呈现出不同的内容。随着互联网技术的飞速发展，网络正越来越多地融入人们的日常生活中。互联网因其语言简练、信息容量大、成本低廉而备受人们的重视。

相对于传统的新闻而言，扁平化的传播环境使受众和受众的关系发生了根本改变，促进了新闻发布方式的转变，促进了新闻观念的转变，甚至推动了传统媒体从业人员向新媒体领域的转型。从受众的自我需求中寻找有用的信息，转向了传播者根据受众的需求选择组织相关信息。随着新技术的发展，大众传播媒体继报纸、广播、电视之后，又出现了网络媒体、手机媒体等新媒体，使信息传播的内容和渠道更加多元化。网络新闻“传播者为中心”与“受众为中心”的转变，使得网络新闻的话语结构发生了改变，呈现出迎合受众的特点，迎合受众的语言习惯和心理需求。信息的传播速度、传播渠道、传播方式都发生了变化，手机、网络等新媒体，与广播、电视、报纸形成了媒体圈，为大众提供了信息的渠道。而现在新媒体与非大众媒体也融合在了一起，如网络媒体、手机媒体、社交媒体等，其中既有大众媒体，也有人际媒体、组织媒体、群体媒体等。随着网络技术的不断发展和社交媒体的普及与发展，我国社会已进入了“媒体融合”的时代，传统媒体与新兴媒体的融合，融媒体与受众的互动。

语言学家于根元曾经说过，“从 1980 年开始，就可以看出，新闻语言的研究一直是很薄弱的”。进入 21 世纪以来，语言研究的理论研究和实际应用受到了越来越多的关注和重视。虽然近几年来，许多学者对新闻语言进行了大量的研究，但大多是从写作的角度进行的。吴珏的《新闻标题的主观性：语用身份论视角》（2019 年）只对一条好的新闻标题的重要性进行阐述；黄匡宇的《当代电视新闻语言学》（2011 年）只对电视新闻语言的特征进行了初步的论述；赵丽芳的《新闻学基础词条》（2022 年）主要对新闻学以及传播学研究方法等展开研究。

目前，人们对各种媒介（报纸、广播、电视和互联网）的报道语言的理解存在着较大的差距。这一类型的研究仍需借助社会语言学 / 语用学、批评性话语研究、媒体研究与政治传播学等学科的理论框架和研究方法，从多领域、多学科的角度进行深入研究。

一、呈现形式

与传统新闻相比，互联网新闻的最大区别就是它没有以文章为单位，而采用了层次化的文本结构，以多层文字呈现一条新闻的内容。

网络新闻的呈现一般通过五个层次进行呈现：

层次一：标题

层次二：提要

层次三：正文

层次四：由关键词、句或背景连接的新闻语篇

层次五：相关文章或延伸性阅读

层级和层级的连接主要是由超链接构成，使用者可以从新闻文章中的一个关键字或关键句“链接”到其他的文字。这种方法既能防止网页上的信息积累过多，又能简化网页，使网页更具美感。

例如，仅包含三个层面的网络新闻，一般都是以一条新闻的一层作为标题，简洁地展示了整个新闻的主旨；第二层是“中流砥柱”，以简练的语言，将最重要的消息传达给受众，使受众能快速地把握新闻的重点；第三层次是新闻的具体内容，更为详尽的报道，说明了新闻的真相，描绘了一些有意义的、值得关注的细节。这种网络新闻的结构要求比较高，为了满足网民的阅读习惯，往往采用“倒金字塔”的结构。同样一条新闻从不同的角度报道，或者由不同的记者来编写，效果是大不一样的。同时，不同版式的设计和色彩的运用也表现出不同的编辑思路，也有助于形成不同的报纸风格。

新闻版式设计是新闻媒体将新闻信息通过文字、图片、色彩等符号传递给大众的一种方式。目前网络新闻的内容往往也是由新闻文本和新闻图片组合而成，新闻图片更是成为“标题党”新闻用来吸引用户的新手段。

二、网络新闻标题的语言特征

网络新闻的标题，通常和主体放在另一个页面里，即在第二个页面上要再次点击。因此，标题可以被视为一个独立的个体，成为受众选择阅读的首要“形象代言人”。

互联网上大量的信息、受众的阅读偏好、信息的同质性，都给报纸标题赋予了一个能够引起受众注意的重大任务。由此可以看出，网络新闻标题与传统的新闻标题有许多差异，例如：网络新闻标题通常没有分支，而助词、介词则被省略。

（一）变化

1. 固有词语变用

所谓“固有词语变用”，就是指在标题中创建一个与原文单词发音、语义相似的新词，

让受众对这个词语有一种既陌生又熟悉的感觉，进而引起受众对这个单词的更深层次的理解。比如："揽金望银稳为先 2010 年理清思路觅'钱途'"。标题中的"钱途"和"前途"的发音是一样的，二者有隐晦的联系，能引发受众的联想，引发受众的阅读兴趣。

2. 固有词语新用

是指在互联网新闻标题中，将固有的词语赋予新的概念，这一概念在今天的特殊情况下得到了广泛的认同，比如经常出现在网上的流行词。

3. 词语呼应使用

网络新闻标题中的词语往往不会单独出现，它们会互相呼应，从而产生强烈的对比，从而达到精妙的效果。如标题："《大众电影》否认破产　创刊 59 年缘何变'小众'"，"小众"与"大众"的对比感，一下子抓住了受众的注意力。

4. 中英文简称使用

网络新成语大多来源于网络事件，借助微博、微信等网络媒介广泛传播。网络新闻中标题语言也相对简单，并且因为篇幅的限制，许多中文缩写都是英文的简称，例如 CEO、PK 等。

5. 词语、成分简化使用

由于新闻标题简短、简洁，所以通常采用"能省则省"这一经济原理，以较少的成本换取较大的经济效益。将两个词结合在一起，既不会改变原文的含义，也不会影响受众的阅读。也可以在不影响理解的情况下删除一句话。

在报道一些社会新闻时，中文新闻标题除了记录事件的人物、事件、地点外，还会加上一小段评述或其他与新闻相关的细节。

6. 经常运用辞藻

网络新闻标题往往运用多种修辞手段来达到生动、直观、有趣的目的，常用的修辞方法有：比喻、对偶、引用、设问、反问等。例如"海归怎样找到'好婆家'？关键在于跨出'第一步'"（人民日报海外版，2008 年 1 月 12 日），将"海归求职"比作"寻找好婆家"，凸显了"海归求职"的现状及其重要意义，形象的比喻使人能够感同身受。

（二）缺点

1. 缺少独创性

一些财经新闻报道缺乏原创喜欢跟风。一些记者表示，在网络时代，信息的传播已经超越了时空的局限，"百度一下"就可以得到解答，而访问则是一种多余的劳动。然而，这种财经新闻的报道显然不会具有深刻的思想、独到见解，不能给受众带来独特的价值。

2. 不够深入

一些财经记者满足于从知情者提供的现成资料，或活动主办方的新闻通稿来"表明文章"，而不愿发掘这一现象背后的不为人知的真相。还有人照本宣科，这就彻底丧失了记者的采访价值。

3. 计划不足

一些新闻财经报道事先没有整体的计划，没有根据自己的位置，从不同的角度去解读一项经济政策对相关行业的影响，做出与众不同的财经新闻作品，并不能提升其影响力、引导力。

4. 空口白话

部分财经新闻报道缺乏坚实的内容支持，既不能“上天”，也不能“入地”，受众能从中了解到的消息太少，大话、空话、套话连篇，“有道理讲不出来，讲不下去”。

5. 言语不清

用“行话”“接地气”的语言，受众很容易接受，比如在股市上抛售股票就是“割肉”，而不是“投资股市亏损”。但是一些财经新闻报道，仅仅是数词和对比，就算偶尔出现的例子，也是简略地铺垫，不能用接地气的文字来描述，让人觉得枯燥乏味，不鲜活，没有美感，看过一次就不想再看第二遍。这是一个很大的问题，一个是没有一个科学的评价体系，一个是有计划、有创意、有深度、有价值的文章，它需要花费大量的时间和精力，去完成一篇普通的财经新闻，而不是百度 + 复制 + 粘贴，应该在稿费上给予一定的支持，但现在一些财经媒体还没有这样做，甚至还没有做好准备。一是缺乏物质上的支持；二是缺乏对财经新闻原创、深度、策划、内容、语言等方面的重视；三是缺少足力、眼力、脑力和笔力，不能深入基层，不能深入企业。

三、改进建议

（一）坚持以“内容为王”，增强专业与独特的内容

无论金融媒体如何发展，其最大的优点就是内容。新媒体是靠渠道起家的，但内容仍然是它的灵魂，是它的基石。《第一财经日报》凭借多年的专业素养和优质的内容积累了良好的口碑，在短期内是难以比拟的。通过多方整合媒体资源，现在的它不仅是一份报纸，还包括视频制作、网络媒体等，这是一种可喜的变化。因此，在大数据时代，我们要坚持“内容为王”的思想，把优质的内容做好，提升自己。

首先，可以利用大数据和信息化技术来挖掘财务数据，进而产生财务资讯。人类的视觉信息处理能力是文字的 6000 倍，将图像嵌入报刊上，能为受众带来更多的视觉感受，让枯燥的财务数据以直观、形象的方式呈现出来。内容优势是传统纸媒最大的优势，我们要把这一优势转化为融合发展的优势。

其次，要积极推动财经报刊杂志化。在大数据时代，财务数据在网络上快速蔓延，信息的快速传播，要使受众满意，就必须重视时效性，次日的新闻报道将以前一天的财务资讯为主，并在报纸产品上进行革新。在新媒体内容的编辑制作上，要把传统媒体的内容变换形式、重新编排，转化成适合新媒体推送的内容进行有效传播。报纸新闻要对海量的数据、资讯进行全面的控制与发掘，要用浅显的语言去剖析，内容要有层次，才能满足不同

受众的需要，才能做出避免投资风险的分析，才能更好地宣传金融知识。要把传统媒体和新兴媒体结合起来，使传统媒体与新兴媒体融合发展，这是我们必须面对的问题。

（二）注重公共服务，向受众提供有益的资讯

公共服务性是新闻的核心，所谓的公共服务性新闻的引导和使用，是指新闻报道以“公众服务”为中心，对“公共服务”新闻的导向与利用，不仅对新闻报道的客观公正具有现实意义，而且能避免对社会生活、经济生活等多方面产生消极影响，促进社会有序发展。在社会治理体系中，新闻发布具有降低风险、降低治理成本、降低社会对抗的作用，是提升国家治理能力的重要环节。在民主机制和法治社会中，新闻媒体代表公众行使知情权、监督权，对缓解社会矛盾、维护社会和谐稳定发挥着不可替代的重要作用。新闻媒体开辟了一个广泛的参与渠道，为公众提供了一个表达民意的公共平台，鼓励和协助公众参与公共事务管理，能对受众引导和提高受众对金融知识的理解，具有十分重要的现实意义。

新闻传播都有其特定的目的，新闻报道对社会、对自然都有一定的意义，受众接受新闻不仅能理解新闻的意义，而且还会产生情感上的反应。为了达到公共服务的目的，新闻报道应注重与大众生活密切相关的内容，扩大其报道范围，由高端的财务资讯逐步延伸到楼市、车市、股市、保险、银行利率等资讯，以及医疗、水电、油气等多个行业，传递对大众有益的资讯。对新闻的定义和理解应从以往的新闻组织和新闻事实转向受众及其兴趣和选择。把新闻报道的视角拓展到社会生活的各个方面，摆脱广告新闻的束缚，既能提高新闻报道的质量，又能在无形中积累公众的关注度，提高发行量，获得更高的经济效益，形成良性循环。同时也有助于提高我国新闻生产者和消费者对新闻报道的制作和理解水平，提高他们的批判性思考和阅读能力。

（三）拓宽新闻传播途径和创新经营方式

在大数据时代，财经报纸媒体要加强对移动终端的重视，充分认识到通过对微博和各种 App 终端的全面布局，构建一个完整的品牌网络，巩固用户基础，促进传统媒体的发展。在传统媒体向新媒体转型过程中，推动媒体融合，构建全媒体传播平台是大势所趋。比如，传统的纸媒可能会推出一些联合的产品，比如在微博和 App 付费区，提供一个包含纸质和付费两部分的套餐。通过引入协作产品，扩大客户基础。同时，利用移动电话广告收入，提高报刊传媒的利润。为了避免内容同质化，应区分纸质和移动电话的内容。此外，新媒体由于有共同的技术基础，更多的是互动合作，而传统媒体在经营和操作上都是独立的，互动合作不像新媒体那样紧密和谐。财经新闻传媒可以通过聘请知名财经博主、知名大V等，丰富财经新闻报道的写作视角，充分发挥微博大V的粉丝效应，扩大财经纸媒的受众群体。传统媒体与新兴媒体融合的过程中，在尚不具备独立开发和构建新媒体平台实力的情况下，加强信息资源共享十分必要。传统媒体应顺应时代潮流，加大与新媒体融合发展的力度，适应全媒体融合的趋势，吸收新媒体的优势，利用各大社交平台组织、参与受众的讨论，了解受众的需求，拓宽反馈渠道。

在信息来源上，要挖掘多种渠道，这样才能找到不同的信息来源和素材，避免内容的

同质化。基于传统新闻传播规律和专业资源优势的媒体必须取长补短，结合新的社会需求，开发新产品和信息服务形态，走出创新之路。

（四）全面整合金融数据

在大数据时代，综合型报纸媒体已经成为必然趋势，逐渐形成多平台的联合发布模式，使得单一的内容无法满足其需求。内容整合，并不是把一个消息放在多个平台上，而是要根据各个平台的特性，对其进行深入的分析，同时也要利用最新的技术，不断地更新各个平台的内容。报纸上的新闻，更多的是关于数据的报道，运用大数据技术进行深度剖析。可以采用手机版的问卷调查，了解到受众在报纸上的阅读时间和意见，并据此对报纸的各个版面做出相应的调整，以提高报纸的质量。

（五）积极营造企业的品牌影响力

财经报刊媒介要有针对性的定位，并依据受众的不同，建立自己的品牌优势。金融媒体以高质量、深层次的内容实现发展，提高新闻传播的影响力，使人们逐渐改变获取金融信息的途径。信息来源越复杂，信息越多，社交平台越多，媒体就越需要发挥自己的传统功能——在纷繁复杂的信息中，给受众准确而权威的信息。财经新闻媒体应发挥其自身的优势，逐步建立移动、网站媒体等，并不断探索各种形式。财经报纸要做到内容丰富、专业、面向大众，同时要有一定的吸引力。尤其应把握现代新闻传播规律，加强资源整合，做到新闻信息内容一次性采集、多媒体呈现、多渠道发布。网络媒体也应不断推陈出新，逐渐丰富自身的新闻传播渠道，在报道体裁上应逐步深入报道，探索新闻本质。

所以，在发展金融报刊时，应当着手建立金融报刊的财务数据库，为金融数据的分析奠定基础，并提高数据检索的响应速度。同时，要充分利用基于数据采集和分析技术的资源，实现个性化、智能化的资源服务。通过机制创新和业务创新，积极应对移动互联网和用户需求的变化，打造财经全媒体服务第一平台。

财务资料是金融报纸最主要的资讯来源，资讯整合的能力是影响其品质的关键因素。当前，报纸金融媒体所获得的财务数据大部分来自专业媒体，而报纸媒体则是通过构建一个数据库来整合信息资源，从而为报纸媒体的发展提供了有力的支持。一旦发生财经新闻事件，采编人员可以运用资料库进行比较，对时事进行分析，从而使其更全面、更具深度。坚持“内容为王”“增强新闻传播的专业性”“个性化”“公共服务”，向受众提供更好的新闻。利用财经媒体对数据的专业性，使数据呈现得更加精细、立体化、可视化、交互性。同时，积极开拓新闻传播途径，创新经营方式，实现全方位的整合，深度挖掘财务数据，建立企业的品牌优势。打造以媒体为纽带，以数据交易为特色，以金融服务为支撑的现代财经传媒集团，不断更新，不断适应时代特点，不断发展。不管时代如何变化，媒体的形态如何变化，媒体的使命都不会变，媒体就是要利用最先进的手段，以最快的速度，最大限度地将信息传播给受众。

第六节　大数据对财经新闻的影响及发展策略

一、财经新闻大数据时代特征

（一）太复杂的财务信息会冲淡财经新闻的价值

大数据环境下的新闻资讯浩如烟海。在这样的环境下，如果没有足够的数据分析和判断力，或者没有足够的网络管理机构对“信源”的监控，那么各个平台的数据就会因为“感染”而失效，甚至会影响到新闻的真实性，干扰报道的客观性，虽然大数据的数量很多，但也无法解释太多。如果仅仅是材料的堆叠，不仅不能提升报道的深度，还会淡化其新闻价值，从而影响受众对整个新闻的认知。因此，在新闻来源的选择和新闻真实性的辨别上，新闻工作者应慎重对待，首先要考虑媒体的社会责任。在大数据时代，财经新闻是要依靠数据说话，高质量的数据必须是真实的，但有时真实的数据并不能代表高质量的数据。但这并不代表，当数据被收集到之后，财经新闻大功告成，就能“高枕无忧”，收集数据就像是收集新闻的真相，只不过是众多的财经新闻的一部分，接着是数据的筛选、组织和优化，这就决定了数据越多越好，越全面越好，因为只有这样，才能更接近数据的整体，才能更接近事情的真相和本质。以最大限度地挖掘数据的潜力，并将其所蕴含的信息价值展现出来。在大数据时代，我们能够获取、分析和处理海量格式复杂的数据，有时甚至可以处理与事件相关的所有信息和数据，新闻传播者也可以对海量的信息和数据进行深度挖掘。

（二）职业门槛对受众了解与兴趣的影响

一是由于大样本群体涵盖了全部的观测目标，也就是全部的样本，因此，样本的数量非常巨大；二是因为“全息观察”、层出不穷的观测视角，造成了大量的样本类型。因此，在大数据时代，人们经常会觉得财经新闻中的专业术语太多，甚至会让受众失去对海量信息的兴趣，更重要的是，现在的大数据分析，往往只是一个简单的结论，而不是细致的数据分析，就像是一个“塑箱”。大数据应用所遇到的问题也呈现出一种趋势，那就是好像有了大数据，就会有一个整体，没有必要再进行科学取样，似乎只要有足够多的数据，就可以通过有限的资料来推断出实际情况的不确定性。北京大学国家发展研究院沈艳指出，“大数据傲慢”趋势之所以令人担忧，有两个原因：一是数据所反映的信息很可能是整体；二是整体的科学采样，只要有了足够的数据，就能从有限的信息中，推论出真实的不确定因素。北京大学国家发展研究院沈艳表示，“大资料傲慢”的倾向，有两方面的原因：一是资料所反映的资讯，二是全面性。情况也会随着时代的发展、环境的改变、相关的假设条件的改变而改变。比如，关联分析是一种基于数据的统计方法，但数据的产生规律并不是一成不变的，如果在经济繁荣时期，银行的信用就会在经济萧条时期出现巨大的亏损，例如有可能会出现产生坏账或呆账。在景气的时候，由于机器学习不能理解经济衰退，而运算法则又不能预测经济的变动，所以数据处理就要求大量数据采集、存储、清洗和挖掘。可视化等专业技术在无形中构筑了一道从搜集到解读金融信息的专业障碍，客观上“收窄”了其传播的空间。

（三）监管失灵容易导致“数据寻租”

揭露丑闻是金融传媒最有力的监督工具，但是，随着新媒介的迅速发展和监管机制的相对滞后，金融传媒很容易被居心叵测的人所利用或者引诱，成为一些人牟取不法利益的工具。在当今大数据时代，由于政府的干预和管制，客观上导致了各市场主体通过“支付租金”获取信息的优势，也就是资本对媒介的侵蚀日益加剧，它的产生不仅损害了市场主体的利益，而且还会从根本上破坏市场经济的运作规则，归根到底是一种寻租，因为在大数据的大环境中，数据导向是为数不多的几个具有优势的行业信息、金融信息、信息技术或数据信息引诱、索取的方法。2016 年魏则西事件引发了全社会的关注和热议，百度上的关键词竞价排行榜严重误导了魏则西的判断，并在客观上造成了受害者的死亡。

二、财经新闻在大数据环境下的发展策略

在大数据背景下，挖掘数据的潜在价值变得越来越重要，如何更好地利用这些复杂的数据越来越受到人们的重视。财经新闻要在服务社会、推动经济发展、满足受众需求等方面做出新的贡献，就必须扎根在实体经济中，与实体经济一起发展，这样才能找到更有价值的生态模型和大数据，更好地解决实体经济中的金融需求。主动寻找改善或转变发展方向，金融企业只有通过发展与创新不断适应时代的潮流，才能在未来的发展中占据有利地位，以顺应时代潮流。当前，我国面临着加快转变发展方式、调整经济结构的艰巨任务，这对金融业的发展和金融服务提出了更高的要求。

（一）构建传媒财务数据库的专业化

在大数据时代，信息的种类繁多，需要及时处理的信息也越来越多，准确、及时、有针对性的信息就显得尤为重要。要保持对相关的财务信息进行不断的收集、分析和整合，这样既能保证从数据中提取到足够多的有用信息，又能避免错误信息的抽取，才能保持其生机勃勃的生命力，进而促进企业的财务价值和市场价值的提升。而作为一个职业的新闻媒体，要以专业的眼光来审视数据，审慎地使用数据，才能从海量数据中获取有价值的信息，才能从容应对海量、快速、多变的大数据带来的挑战。力求利用现有数据挖掘出新闻事实背后的内涵，表现出财经数据的价值。在大数据时代，复杂的数据只有经过适当的处理和分析，才能转化为有价值的数据。

在传媒一体化的今天，企业财务信息的集成程度将对企业的经营业绩产生重要的影响。企业财务管理需要专业软件来实现信息处理，然后通过网络平台进行信息传递，不仅需要专业的财务知识，还需要一定的计算机和网络技术。财经媒体应充分利用大数据的优势，

对社会热点问题进行深入的剖析，挖掘出各类财务信息。彭博社、路透社等媒体对各种金融数据进行了深入的挖掘，为受众提供了更多有价值的信息。随着信息化时代各个行业数据的爆发式增长，挖掘数据的潜在价值变得越来越重要，如何更好地利用这些复杂的数据越来越受到人们的重视。《经济学人》等都有自己的资料库，每次活动的时候，后台的分析师都会根据自己的数据，对这些数据进行分析，然后得到一个大概的走势图，可以清楚地看到这些数据背后的动向。然而，就当前中国而言，某些经济信息的发布通常都是政府内部的相关采编部门，加上没有权威的信息发布渠道，一些政府也会对公开的数据进行隐瞒，甚至有些地方政府还会对信息进行造假，这就很容易造成信息扭曲，让政府在面对重大事件前处于被动地位，往往会让事情变得更糟。

如果一个财经新闻机构能够通过自己的专业数据库来优化其生产过程，从而产生更多的对用户有价值的内容，让其获得更多的利益，就可以通过互联网平台上的大量数据，对行业的发展趋势进行监测，为行业的发展提供客观的参考。

（二）金融数据的可视化表达形式的丰富

随着大数据时代的来临，金融信息和数据之间的联系越来越紧密。清华大学彭兰教授于 2013 年提出，信息图的可视化、视图、以图整合为三大发展趋势。

财务信息是以数据为依据的，各种形式的可视化显示金融数据的含义，使受众更容易、更快速地了解金融信息。现在很多财经新闻都是用直方图、饼状图来解释，也可以通过各种不同的图表来传达金融信息，比如数字地图等。复杂的经济信息，都可以用直观的方式来表达，让财经新闻的发展趋势更加清晰和形象。随着大数据技术的发展，很多财经媒体都开设了自己的 App，开设了专门的数据新闻栏目，例如，财新网的“数字说”，就是其中的佼佼者，通过大数据的可视化展示，创作出了很多精彩的作品。

（三）加强新闻报道的可读性

著名的《经济学家赶集》用一个故事和一个简短的词语来回答问题。金融记者们对这些数据进行解释、描述、预测，并对这些数据所反映的情况进行分析、验证，进而形成深度的新闻报道，这样的报道往往具有深刻的思维、严密的逻辑。《华尔街日报》的写作方式为此类财经新闻提供了很好的参考，其文字的特征是：以特定的实例为起点，比如人物的故事情节，把它放在新闻的主要部分，然后用总结、悬念来结束。这是一种小而精的写作方法，它能引导受众从个人到一般，从感性到理智，因此深受受众的喜爱，将《华尔街日报》作为一种经济新闻，将一篇枯燥乏味的报纸变成一种通俗易懂的报道方式。

（四）强化指导和监督

在市场经济条件下，信息不对称是一种常见的现象，例如：买方和卖方对产品的认识程度不同，而中小投资者对证券的认识程度也较低，这些都是造成经济人不能做出合理的判断的主要因素。投资者在进行投资决策之前，通常会对市场的基本面进行分析、搜集、研究相关信息，并根据所获得的信息进行投资决策。在新闻报道中，财经传媒要扮演一个现实的新闻消费者、投资者和生产者，提供客观、真实、快速、准确的金融资讯，从而指导企业和个人做出正确的经济决定。但在现实的金融市场中，投资者不可能在有限的时间内掌握所有的信息，并且存在信息噪声、信息模糊等情况，使得投资者不具备完全理性的条件。因此，投资者在获取信息时，应以合法的信息披露渠道为准，确保信息的准确性、权威性，然后才能慎重选择，这才是正确的投资决策方式。

在市场经济条件下，经济人的性质是“有限理性”。投资者对信息的处理能力有限，投资者在决策过程中受到认知、情绪、心理等因素的影响，使得投资者在决策过程中难以做出理性的决策。如果任由以上因素的存在，将会损害公平、公正、公开的市场交易原则。传媒是一种公共工具，在市场经济条件下，企业的生产、流通、分配和消费都要涉及，又要能正确地评价它们的经济行为，即对它们的理性的行动给予肯定和奖赏。财经新闻应具有指导性和前瞻性，信息有利于投资者、行业、资本市场的判断，同时也有利于金融市场的判断。

凯恩斯理论指出，在市场上，人们常常愚昧无知、无能为力，人们很容易产生集体心理，并采取集体行为，这就是卡特·卢因的团体动力学思想。而一些不良的机构和投机商，则是通过对群体心理倾向的预测，从而获得更大的收益。面对证券市场中严重的信息不对称，财经媒体应充分发挥信息优势，积极发挥舆论监督的作用，揭露并打破这种信息操控，将真实的信息呈现给全社会。在加强公众信任的同时，也要加强对金融传媒的规范，避免不良资金对传媒的侵蚀，使之成为一种道德败坏，进而让不良资本有机可乘，侵蚀媒体初衷。同时，任何人在网络上发布有关证券市场的信息都要遵守法律规定，不得随意造谣、误导、制造恐慌，扰乱市场秩序，影响市场机制的正常运行。

（五）财经新闻工作者的数据素质培养

在经济新闻报道中，数据占有举足轻重的位置，只有不断提高自己的数据素质，才能使其得到更好的发展。作为一名合格的财经新闻工作者，必须具备可靠的、重要的第一手资料。

三、“百姓化”

财经新闻必须清楚自己的位置，清楚自己究竟是向内展示，还是向外展示。这里有两种不同的观念：财务资讯与金融资讯。不同之处在于：财务资讯主要来自金融机构、企业及专业人士；而财经新闻则是面向公众的，它不仅涵盖了被报道的受众，而且涵盖了那些有需要或感兴趣的公众。但是，财经新闻并不只是一种金融资讯，它为受众提供了更多的服务。目前中国的金融传媒所面对的群体，大部分都是普通民众，所以财经新闻应该兼顾大众的专业素养和接受性，并在表现形式上具有可读性，这样才能更好地吸引大众。

财经新闻要通俗易懂，让老百姓听得懂，让人听不懂，哪怕内容再好，也没有任何意义，要让人听得懂，最关键的一点，就是尽量不用那些专业的词汇，那些老生常谈或者公事公办的风格，让一般人敬而远之。财经新闻要把专业术语转换为通俗易懂的语言。在一些特殊的场合，需要使用特定的术语时，可以在文章的结尾处加入“数据链接”“相关资讯链接”，以便让受众更好地了解专业术语、背景和数字。此外，还可以对这些数字和专业词汇进行解释，以便让受众理解他们想要传达的信息。

财经新闻要有故事情节，这样才能引起受众的关注。所谓故事化，就是指“新闻工作者在客观、真实地报道事件的同时，力求发掘事件的各个细节与情节，使之以生动、有趣的方式呈现，以吸引大众的阅读、收听，达到喜爱和可读的目的”。财经新闻的故事化，在一定程度上消除了传统新闻描写的严肃性，让每个新闻都能用生动、有趣的故事来展现，使得财经新闻更具人情味，受众也能看得津津有味。但并不是完全地将所有的故事生编硬套地模式化，根据内容有所取舍。比如《华尔街日报》，它通过文学作品的叙述能力，让枯燥乏味的报纸变得鲜活、受欢迎、趣味盎然。“华体”是在文章的开头，以一个典型的人物或事件的形式呈现，再用营造的气氛把受众带入新闻，让受众身临其境。从一个特定的人物、场景、细节开始，到一个故事的转折，再回到故事的开头，让人回味无穷，深受受众的欢迎。

财经新闻在传播的同时，也要顺应新媒体的步伐，积极运用 H5 等多种方式进行广告宣传，让受众对财经新闻有更深刻的认识，同时也能让受众更好地理解财经新闻。比如著名金融主播王牧笛创立的“功夫财经”，集合中国金融圈颇具影响力的经济学家“天团”，每日第一时间解读各种财经新闻，洞察财富人生。“功夫财经”的有趣之处在于，它在每篇文章的开头都有一段“给老师打 call”，用简短的三句话来总结文章的核心内容，让人一眼就能看懂，这样可以节约很多时间。

财经新闻要“百姓化”，最关键的一点是要和人民的生活密切相关，不管是国家出台的宏观经济政策，还是与人民生活密切相关的消费性金融，都必须掌握这些财经新闻的联系。关注社会实际，把握人民群众关心的经济热点，确保新闻能为受众提供引导。比如，在新的主题下，会计标准发生了变化，财经新闻的焦点瞄准在新的会计标准下，上市公司在合并报表中的业绩将如何变化？哪些类型的上市公司将会因新的会计标准而获益？这样公众就可以“触摸”到新的会计标准所带来的变化，从而为人们提供实际的投资建议。这种金融消息无疑会更受投资者青睐。

在新媒介时代，财经新闻不仅要做到形式多元化、内容专业化，而且要让受众了解财经新闻，让它更贴近社会，更好地为每个人服务，因此，“百姓化”成为经济新闻的必然趋势。对于中国这个庞大的国家而言，要做到既要充分发挥新媒介的作用，又要充分发挥自己的人才优势，将其“百姓化”解读出来，既要符合新闻的规律，又要充分挖掘其内在的内容，既要做到实用又要服务，还要做到让大众都满意。

第七节　培养数字化记者

一、范型转换：强调“社会泡沫”的价值关怀

杨保军认为，“新闻学证诞生于职业语境，并形成了专业研究范式，在此基础上创新

与重建，结合现实及历史涌动的整体趋向展开扬弃、探索、创新和建设。”因此，要构建具有鲜明特色的新闻学，就需要“去粗取精，去伪存真”，从专业化到社会化。作为一所具有鲜明特色的财经类院校，新闻专业的培养应遵循“职业范式”的价值观，并根据网络环境下新闻从业人员的职业困境，寻求其独特的发展路径。

（一）从价值的角度看，新闻教育的职业化模式

从学科类型上看，新闻学是以职业为中心的。约斯特、小野秀雄、道比法特、徐宝璜等的许多著作都围绕着专业的新闻活动展开。按照黄旦的说法，新闻是一种由记者的职业所累积和综合而成的一套知识系统。具体地说，财经类新闻专业人才的培养要坚守“本真”，应该把重点放在“应用新闻”的培养内容上，把“复合型”的“财经＋新闻”效应真实地体现在对就业评估的提高上。

从新闻专业培养的时代背景出发，必须树立“时代特色”；财经院校注重培养财经类专业的人才，既符合时代的发展趋势，也是一次突破传统新闻教育的重要尝试。这是中央媒体与地方媒体、传统媒体与新媒体互动融合的范例，具有一定的典型示范意义。20 世纪 80 年代以后，报纸、广播等媒介产品逐渐进入了人民的生活，经济和媒体之间的联系日益紧密。这就实现了从旧媒体发展到新媒体的转变，当然，新媒体也因为网络的存在，改变了报纸和电视上的宣传方式。今天，在“高质量发展”和“讲好中国故事”的时代，我们必须培养一批“讲好中国经济”的复合型媒体人才。传播中国声音，不仅需要主流媒体打造互联互通的全媒体平台，更需要培养一批全能型的传媒人才。

无论从学科的源头或时代背景来看，“财经＋新闻”可以让学生在职业生涯的基础上，建立一套以职业新闻理念为核心的财经新闻理念、理论体系，培养有道德、有秩序、有职业习惯、有保守意识的职业群体。

（二）网络革命对新闻专业的选择

财经新闻的特点塑造，除“外部助推”时代潮流外，也与新闻教育部门在转型时期的“内在动因”紧密联系。任平指出：“任何一种学术图像的产生和转变，都是在特定的历史背景下出现的。”第一，在网络时代，麦克卢汉提出的“媒体就是信息”的观点是：媒体是一个时代的面貌，而网络革命内部因素不可忽略。第二，中国加入 WTO 与 Web 2.0 的到来在时间上基本吻合，而财经新闻的编辑技术环境也发生了根本性的变化。受众主体得到了极大的提高，这就迫使新闻教育从单一经济“供给”型向“需求”型的网络财经新闻形态转型。第三，媒体技术变革带来了面对着新闻传播渠道面临的各种危机，网络技术使新闻业的生存方式和行业形势发生了变化，同时也需要对其进行相应的培训。

（三）运用会计学的方法，为财经新闻学人才的培养提供一个系统化的图表

杨保军从科研的角度出发，从学术角度思考了范式转变，而实际上，随着互联网技术的飞速发展，杨保军以“社会范式”取代了职业范式，这一点是毫无疑问的。由于新闻教育的专业范式和社会范式的“非通约化”，因此，必须寻求一种全新的“系统谱图”。“去中心化”是网络时代最明显的特点，因此，培养新闻传播人才必须要适应新技术、新时期、

新方法、新思路。为此，建构了新闻工作者在社会范式中的角色：一是夯实基础，即培养具备马克思主义新闻观的新闻基本功；二是要突出特色，即培养具备经营管理专业知识的专业新闻人才；三是打通财经信息服务，培养具有实际应用能力的财经类新闻从业人员。

综合以上三大“内在动因”，应对网络变革中财经新闻教育面临的职业范式困境显得尤为重要。在媒介技术的变化中，新闻教育要从职业模式向社会模式转变，而不是打补丁式的补充型教育。

二、特色化：对专业课程结构的探讨

从社会模式下的人才培养系统来看，知识与价值的结合是哲学社会科学发展的生命线，由此可以看出，新闻学分为以“新闻为本”、“创新融合”和“实践教学”为主要内容。

（一）“金融＋新闻”专业课程体系的不断完善

从这一时期起，各大高校都在积极探索以课程整合为特色的办学模式，而“学科融合”“新路径”的实现并非易事。作为一门集管理、金融、财务分析为一体的新兴交叉学科，更注重培养学生的创新能力和实践能力。新文科的“新”在于“创新”，而非“全新”。未来的发展方向，将是高精度、高效率、高创新，而更高的层次，则是打破固有学科的局限，加强交叉学科的融合，才能产生新的火花。通过对十余所具有代表性的财经类院校的课程和核心课程的教学大纲进行分析，可以发现，过于注重特色而忽视本源，对其进行实际操作的改革，往往是事倍功半，因此，要办好这一特色，就要从新闻传播入手，从经济管理入手，从“固本型”入手，注重自身的优势，注重自身的建设，建立“新闻＋财经”特色专业，以培养传媒人才为重点，以适应媒体生态环境的变迁，而不是培养经管人。以金融学科为例，可以结合自身优势打造特色专业，如理工科院校利用数理教学优势，将专业调整到金融工程、金融科技等方向，促进学科交叉融合，培养应用型人才。

在发展观念上，要在经济类院校中不断挖掘特色，创造亮点。具体来说，要加强“财经特色”“财经重点”“财经内容”的优化，才能更好地满足社会的需求。为了完善经济新闻专业的课程体系，必须在不断地充实和发展马克思主义的新闻理念的基础上，把数字技术、数字经济、数据新闻等与当今5G时代的大背景结合起来。要从政治、经济两方面入手，强化观念引导，密切关注经济发展的变化，努力培养具有鲜明经济特征的新闻专业人才，以适应时代发展的需要。在教学体制上，应采取“走出去、引进来”的办法，增加与各大财经院校的交流学习机会，学习他人的长处。在结构的安排上，财务的内涵更为突出。强化“财经特色”的融合属性，开设“传媒经济学”“整合营销传播”“广告策划与企业营销”“经济新闻理论与实务”等课程，为学员提供有关银行、证券、保险等宏观经济领域的知识。在课程内容上，应适时开展研究型课程和实践活动，丰富选修课课程内容等。此外，各高校还可以根据学校现有的基础和优势学科，结合国家和地方经济发展的需要，对交叉学科的建设进行有针对性的研究，找准学科发展的有效增长点，调整学科结构，优化资源配置，缩小学科间的差距，促进学科间的合作、交叉和渗透，设置有特色的跨学科专业，培养具有特色的复合型人才。

了解受众的偏好，把握文章的写作规律。新开设的“文化企业理财学”，可使学生对媒体公司的财务管理有一个整体的了解，并能对媒体产业进行宏观的了解，在此基础上，构建了一套完善的传媒公司财务管理体系。努力发挥自己的特色优势，比如利用各省的地域经济文化特色，建设特色一流学科，既能传播地方特色文化，又能提升高校间学科建设的竞争力。在课程设置层次上实现“学科融合”，以适应中国经济发展的多元化需要。如高等院校应加强自身的软硬件建设，包括提高高校教师的教学质量，拓展教学资源，培养学生扎实的理论基础和创新意识。

（二）构建一套完整的财经新闻实训课程体系

构建完善的实习课程体系，提高学生的专业素质和职业技能，是高职高专院校应用型人才培养的目的与追求。从一定意义上说，“三个课堂”是由“理实结合的全面育人”“全员参与实践活动”“全面实施实践教学”三大环节组成的。在此背景下，可以形成一个整体的教学链，使教学的时间与空间得以扩展，使现有的实践教学满足学生的创造性需求。在实践教学环节中，通过课程设计、组织学生参加各类竞赛、组织学生第二课堂等多种方式构建实践教学体系，培养学生的实际动手能力。

首先，要适度增加学生的专业实践学分，拓宽学生的专业实践活动，积极探索“全面育人”的方法。注重专业人才培养方案的制订，注重理论知识的训练，注重实践，在教学环节中，对“全面育人”进行探讨。将课本上的知识运用到实践中，有助于提高学生的动手能力，促进学生对社会的了解，激发学生对社会问题的思考，提高学生的综合素质。

其次，要加强对院校教师的培养，使学生获得更多的专业前沿知识，以实现“全员育人”。通过对企业岗位需求的调查研究，制订实践教学方案，邀请用人单位和行业专家共同论证，制定切实可行的人才培养路线，分阶段、分专业培养学生的专业能力、实践能力、职业素质等各方面能力，达到理论与实践相结合的良好效果。

再次，在实践教学环节，坚持产教融合、校企合作，在名师与学生之间建立新型师徒关系，培养学生对职业的敬畏和对技艺的执着，使学生具有职业神圣感和使命感。

最后，做到知行合一，把实践与理论结合起来，学校可以在适当的时候开设一些课外实践课程，让学生在实践中学习，在实践中积累经验。这不仅能为创业积累经验，也能提高学生的就业能力和职业能力。

参考文献

[1] 罗立东.《环球财经》杂志编辑特色研究（2013—2015年）[D]. 保定：河北大学，2016.

[2] 林春辉.财经类媒体微信公众号运营策略研究[D]. 广州：暨南大学，2018.

[3] 夏琼，陈刚.财经新闻写作的读解与思考[J]. 写作：中学版，2003，13（11）：26-28.

[4] 杨华.财经新闻大众化的演变发展与特点[J]. 今传媒（学术版），2015，23（9）：57-58.

[5] 陈红艳.新兴财经报纸发展研究[D]. 武汉：武汉大学，2005.

[6] 尧小锋.两匹“黑马”的报道风格《经济观察报》和《21世纪经济报道》的风格解读[J]. 新闻记者，2003（3）：71-72.

[7] 王婷婷.我国财经新闻报道探析[D]. 郑州：郑州大学，2007.

[8] 万鑫.财经报纸的“圣经”——英国《金融时报》发展策略浅析[J]. 传媒，2006（10）：59-61.

[9] 陈娜.《华尔街日报》的办报理念[J]. 传媒，2006（5）：63-64.

[10] 倪洪江.财经新闻叙事研究[D]. 南昌：南昌大学，2005.

[11] 何敏.财经新闻写作必须实现专业性和可读性的结合[J]. 湖南商学院学报，2004（3）：108-109.

[12] 党圣元.微信：文艺和舆情研究新领域[J]. 江海学刊，2016（5）：168-173.

[13] 佚名.“偶像”的沉沦——21世纪传媒公司及原总裁沈颢罪案启示录[J]. 法治人生，2015，3：26-28.

[14] 范佳.浅谈财经新闻节目的大众化传播[J]. 新西部，2020（14）：112-113.

[15] 聂文静，伽红凯.内卷视域下农业院校学生焦虑水平及其对职业发展的影响[J]. 中国农业教育，2021，22（6）：43-52.

[16] 新一酱.新一线城市研究室.到底是谁在影响经济型酒店的价格?[EB/OL]. [2017-05-25].

[17] 杨成万.互联网时代财经新闻采访初探[J]. 新闻文化建设，2021（9）：28-30.

[18] 解希民.如何用讲故事的形式写财经新闻——以两篇获奖作品为例[J]. 青年记者，2014（36）：68-69.

[19] 王珂，林丽鹂，齐志明，等.《人民日报》调查近百家民企发展环境：政策执行，知冷暖才更给力[N]. 人民日报，2018，17：11-26.

[20] 史为恒.把握文体特征写好新闻特写[J]. 应用写作，2016（8）：22-25.

[21] 罗珺元.大数据时代下财经新闻失实的成因与应对策略[D]. 南昌：南昌大学，2020.

后　　记

本书对目前财经新闻报道的现状和不足进行了简单的剖析，总结了目前财经新闻报道的发展趋势，并从叙事学、话语学等角度，对其特点和作用进行了界定和分析，并对其各元素进行了结构化整合，得出了一种新的观点，即充分利用不同的要素，才能更好地达到财经报道的聚合效果。在对财经新闻写作分析中，书中指出了在确定条件下财经媒体叙事中，如何巧妙地进行专业化与通俗化的平衡。本书认为，国外财经媒体的报道风格，以及国内散文化文风与陌生化写作，已在无形中影响到国内财经新闻的叙事风格。最后书中对大数据作了特别强调，着重叙述了在融媒体大数据时代，财经记者如何寻找细节，建立多维叙述视角。

全书从财经新闻写作的全局视野着眼，抛弃一切新闻体裁传统分类的约束，直接对财经报道作品进行叙事元素的分解、重组，从而确认各元素的功用、地位，探讨最合适的几种叙事框架；同时引入大量案例式分析，对叙事语言、叙事者性质、作用进行重新定位，这些分析对财经新闻报道理论与实践具有方法论上的探索意义和启迪作用。

当然，财经叙事研究的关注点还有很多，还需要笔者在今后的实践与学习中继续探索与思考。随着财经媒体博弈的持续升温，肯定还会出现更多的值得探讨的现象，所以，财经新闻报道理论与实践也必须与时俱进。